ABITUR-WISSEN ETHIK

Gebauer • Kres • Moisel

Philosophische Ethik

STARK

ISBN: 3-89449-394-1

D-85318 Freising · Postfach 1852 · Tel. (0 81 61) 1790

Inhalt

Vorwort

Einführung ... 1

1 Philosophie und Ethik ... 1

1.1 Die Disziplinen der Philosophie ... 1
1.2 Der Begriff „Ethik“ ... 2
1.3 Der Aufgabenbereich der Ethik ... 3

2 Moralische Urteile – ethische Reflexion ... 5

2.1 Beschreiben und Bewerten ... 5
2.2 Die Entwicklung der Moral ... 5
2.3 Typen moralischer Urteile ... 6

3 Formen ethischer Reflexion ... 7

Grundpositionen antiker Ethik ... 9

1 Die Herausbildung der philosophischen Ethik ... 10

1.1 Vom Mythos zum Logos ... 10
1.2 Die vorsokratische Philosophie ... 11
1.3 Eine Philosophie für die Städte ... 13
1.3.1 Polis und Ethik in Athen ... 13
1.3.2 Die Sophisten ... 15
1.4 Sokrates – Die Frage nach der Tugend ... 17
1.4.1 Biografie ... 17
1.4.2 Sokratisches Philosophieren ... 18
1.4.3 Die Wirkung des Sokrates ... 21

2 Platon – Die Tugenden und das Gute ... 23

2.1 Biografie und Werke ... 23
2.2 Platons Auseinandersetzung mit den Sophisten ... 25
2.2.1 Die Kritik des ethischen Relativismus ... 25
2.2.2 Die Tugendlehre ... 25

2.3 Das wahrhaft Gute und das Schlechte 26
2.3.1 Die Kritik der sophistischen Gesprächspartner 27
2.3.2 Die Besonnenheit und das richtige Leben 30
2.4 Die Ordnung von Seele, Staat und Welt 32
2.4.1 Die Ordnung des Staates 32
2.4.2 Die Ordnung der Seele und die Tugenden 33
2.4.3 Das tugendhafte Leben und die gerechte Ordnung 34
2.4.4 Die Ordnung der Welt und ihre Erkenntnis 35
2.5 Wie nahe ist uns Platon? 39

3 Aristoteles – Tugenden zum Glück 40
3.1 Biografie 40
3.2 Ethische Untersuchungen 41
3.3 Eudaimonia – Ziel und Glückseligkeit 42
3.4 Der Begriff des Guten 44
3.5 Die Tugenden der Seele 45
3.6 Die Lehre von der Mitte 47
3.7 Die richtige Wahl der Mitte 49
3.8 Dianoetische Tugenden und das höchste Glück 50
3.9 Das Leben in der Gemeinschaft der Polis 52
3.10 Verfassung und Verfassungsmodelle 54
3.11 Zur Aktualität von Aristoteles 56

4 Die philosophische Ethik im Hellenismus – Modelle der Lebenskunst 59
4.1 Die hellenistische Welt 59
4.2 Diogenes – Die Kunst der Bedürfnislosigkeit 60
4.3 Epikur – Die Kunst des Lustgewinns 61
4.4 Die Schule der Stoa – Die Kunst der Affektbeherrschung 65
4.5 Die Skeptiker – Die Kunst des Zweifels 68

Philosophische Ethik im Mittelalter 72

1 Christentum und Antike 72
1.1 Der Mensch in der Tonne 72
1.2 Der Apostel und die Philosophen 74

2 Philosophische Ethik bei Thomas von Aquin 76
2.1 Biblische Ethik 76
2.2 Thomas von Aquins Tugendethik 78

2.3 Der Ursprung des Guten und Schlechten und die Rolle des Gewissens ... 80
2.4 Die Bedeutung von Thomas von Aquin für die Ethik ... 81

Philosophische Ethik in der frühen Neuzeit ... 83
1 Das neue Bild vom Menschen ... 83
1.1 Pico della Mirandola – Die Würde des Menschen ... 84
1.2 René Descartes – Das denkende Subjekt ... 84
2 Die Begründung des Staates aus der Natur des Menschen ... 86
2.1 Thomas Hobbes – Aus Egoismus zum Vertrag ... 87
2.2 Jean-Jacques Rousseau – Vertrag und Freiheit ... 89
3 Der Ursprung der Moral aus dem Gefühl ... 90

Die Pflichtethik Immanuel Kants ... 93
1 Die Entwicklung eines Moralprinzips ... 93
2 Die Analyse des menschlichen Willens ... 95
3 Der kategorische Imperativ ... 97
4 Die Willensfreiheit ... 102
5 Der gute Wille ... 103
6 Der Mensch als Bewohner zweier Welten ... 105

Der Utilitarismus ... 107
1 Unterschiede zu Kant ... 107
2 Die Grundlegung des Utilitarismus durch Jeremy Bentham und John Stuart Mill ... 108
2.1 Jeremy Bentham ... 108
2.2 John Stuart Mill ... 111
3 Handlungs- und Regelutilitarismus ... 113
4 Der Utilitarismus in der Diskussion ... 115

Die Mitleidsethik Arthur Schopenhauers 117
1 Schopenhauers Auseinandersetzung mit Kant 117
2 Die Grundmotive menschlichen Handelns 119
3 Das Mitleid als Fundament der Moral 120
4 Handeln aus Mitleid – Handeln nach Maximen 123
5 Mitleid mit Tieren 124
6 Der Unterschied der Charaktere – warum Mitleid nicht lehrbar ist 125

Die Existenzphilosophie 127
1 Søren Kierkegaard – Der Beginn der Existenzphilosophie 127
1.1 Leben und Werk 127
1.2 Die Suche nach dem Selbst 128
1.3 Die Bestimmung der Existenz 129
1.4 Der Weg aus der Verzweiflung 129
1.5 Die Wirkung Kierkegaards 133
2 Friedrich Nietzsche – Ethik der Selbstbestimmung 135
2.1 Gesellschaftliche Machtverhältnisse als Ursprung der Moral 136
2.2 „Herrenmoral" und „Sklavenmoral" 138
2.3 Die Vision vom Übermenschen 140
2.4 Nietzsches Elitedenken 142
2.5 Der Wert von Nietzsches Philosophie für eine zeitgemäße Ethik 144
3 Karl Jaspers – Existenz im technischen Zeitalter 147
3.1 Biografie 147
3.2 Philosophie in Abgrenzung zur Wissenschaft 148
3.3 Die Existenzphilosophie 150
3.4 Die Transzendenz 152
3.5 Die Bedeutung der Kommunikation 153
3.6 Jaspers und seine Einmischung in die Zeit 154
4 Jean-Paul Sartre – Denker der menschlichen Freiheit 156
4.1 Biografie und Wirkung 156
4.2 Die Freiheit des Einzelnen 159

4.3 Essenz und Existenz 160
4.4 Die Angst 162
4.5 Die Verantwortung 163

Weitere ethische Positionen des 20. Jahrhunderts 166

1 Analytische Ethik 166

2 Verantwortungsethik 170

2.1 Max Weber – Die Entwicklung der Verantwortungsethik 170
2.2 Hans Jonas – Das „Prinzip Verantwortung" 171

3 Kommunitarismus 176

3.1 Die gesellschaftlichen Voraussetzungen des Kommunitarismus 176
3.2 Die Position des Kommunitarismus 179

Philosophische Ethik in der Praxis 183

1 Angewandte Ethik 183

2 Diskursethik 183

Literaturempfehlungen 186
Stichwortverzeichnis 188
Bild- und Textnachweis 193

Autoren: Dietmar Gebauer, Ludwig Kres, Joachim Moisel

Vorwort

Liebe Schülerinnen und Schüler!

Gegenwärtig scheint „Ethik" Konjunktur zu haben. Die Einrichtung von Ethikkommissionen oder Ethikräten im Bereich von Wirtschaft, Wissenschaft und Politik zeigt, dass die Probleme, die dort verhandelt werden, offenkundig nicht mehr nur im Rahmen der fachspezifischen Tätigkeit gelöst werden können. Moderne Medizintechnologie, Genforschung, die Entwicklung neuer Produkte, Umwelt- und Energiepolitik führen zu Ergebnissen, die die Grundlagen unserer Gesellschaft und des Lebens überhaupt infrage stellen. An welchen Maßstäben und Prinzipien wollen wir unser Handeln ausrichten?

Gleichzeitig steigt das private und öffentliche Interesse an **ethischer Orientierung.** Wenn bisher als verbindlich geltende Werte aus Religion oder Tradition immer weniger zählen, suchen die Menschen nach Begründungen und Antworten auf die **Fragen nach dem Sinn ihres Lebens,** nach den **Bedingungen einer erfüllten Lebensgestaltung.**

In der Geschichte der Philosophie wurden die wesentlichen Fragen und Antworten einer Sinnsuche der Menschheit exemplarisch formuliert. Dies könnte unser eigenes Suchen und Denken erleichtern. Wenn wir über die Texte von Platon oder Immanuel Kant nachdenken, denken wir immer auch über uns selbst nach. Die Fragen nach dem guten Leben oder nach verbindlichen **Handlungsmaximen** betreffen uns. Ethische Fragen veralten nicht, die unterschiedlichen und oft widersprüchlichen Konzeptionen fordern unsere **Stellungnahme.**

Dieser Band stellt die **Hauptströmungen philosophischer Ethik** von der Antike bis zu Gegenwart vor. Dabei wird immer wieder auf die **Originaltext**e verwiesen und mithilfe kurzer Auszüge werden die **wesentlichen Argumentationen** dargestellt. Die historische Abfolge wichtiger Autoren und Texte steht nicht für sich. Auswahl und Darstellung der einzelnen Positionen sind vielmehr durch die Frage geprägt, welchen Beitrag ihre Argumente für eine **zeitgemäße Ethik** leisten können.

Wir räumen der antiken Ethik einen verhältnismäßig großen Platz ein, weil gerade in den „ersten“ ethischen Untersuchungen die Problemstellungen und Argumentationsweisen einer philosophischen Ethik deutlich werden. Zudem werden hier die grundsätzlichen Fragen der Lebensweise bzw. Lebenshaltung exemplarisch diskutiert.

Viel Erfolg bei der Vorbereitung auf das Abitur wünscht Ihnen

Ihr Autorenteam

Einführung

1 Philosophie und Ethik

Was Philosophie ist und worum es ihr geht, ist in der Geschichte dieser Disziplin umstritten. Sehr allgemein lässt sich Philosophie als eine Art und Weise beschreiben, über bestimmte Fragen nachzudenken und dabei logische Argumente zu gebrauchen. Sie befasst sich mit Überzeugungen, die die meisten Menschen für selbstverständlich halten. Gefragt wird nach dem, was man noch unbestimmt als „Sinn unseres Daseins" bezeichnen könnte.

1.1 Die Disziplinen der Philosophie

Der Philosoph Immanuel Kant hat aus der Sicht der Aufklärung vier Fragen formuliert, die die wesentlichen Bereiche der Philosophie beschreiben und denen sich entsprechende Disziplinen zuordnen lassen.

- **Was kann ich wissen?** Die Frage zielt auf drei große Untersuchungsbereiche der Philosophie: Mit der Art und Weise des Erkennens beschäftigen sich die **Erkenntnistheorie** und die **Wissenschaftstheorie.** Die Gesetze des Denkens und Sprechens werden von der **Logik** und **Sprachphilosophie** untersucht. Von dem Wesen hinter den Phänomenen, über die letzten Prinzipien und Zwecke des Seins handelt die **Ontologie** oder **Metaphysik.**
- **Was darf ich hoffen?** Nach Kant sind Fragen über den Sinn unserer persönlichen Existenz bzw. den Sinn der Weltordnung Fragen nach Gott, einer Schöpfungsordnung und nach Erlösung, die in den Bereich der **Theologie** gehören.
- **Was soll ich tun?** Mit dieser Frage beschreibt Kant den Aufgabenbereich der **Ethik.**
  Kant beschränkt ethische Fragestellungen neuzeitlich modern auf die **Handlungsethik** und grenzt sie von Überlegungen einer Ethik des „guten" Lebens ab, die in der antiken bzw. mittelalterlichen Ethik vorherrschte. Die entsprechende Frage lautete: Wie soll der Mensch gut leben?
- **Was ist der Mensch?** Die **Anthropologie** beschäftigt sich als Gesamtwissenschaft mit dem Menschen als körperlichem und geistig-seelischem Lebewesen, als Individuum und als Gattungswesen.

1.2 Der Begriff „Ethik“

Auch wenn eine sprachgeschichtliche Erläuterung nicht präzise klären kann, was die Sache ist, die ein Begriff bezeichnet, kann ein Blick auf die Entstehung des Begriffs „Ethik“ immerhin ein Feld von Bedeutungen umreißen und zu notwendigen Abgrenzungen beitragen. „Ethik“ ist ein Begriff aus dem Griechischen. Aristoteles verwendet ihn zur Bezeichnung einer philosophischen Disziplin: Er teilt die Untersuchung „ethischer Fragen“ dem Bereich der praktischen Philosophie zu, die er von der theoretischen Philosophie (Logik, Physik, Mathematik und Metaphysik) unterscheidet.

Ethos – äthos

Aristoteles zufolge behandelte Sokrates als erster ethische Fragen (griech. *ta ethica*) philosophisch, indem er nach Definitionen und allgemeinen Begriffen suchte. Das Adjektiv „ethikos“ ist von „**ethos**“ abgeleitet, was „gewöhnlicher Wohnort“, „Gewohnheit“, „Brauch“, „Sitte“ bedeutet. Die Menschen handeln entsprechend den Sitten und Bräuchen der Gemeinschaft, in der sie aufgewachsen sind. Sie handeln dann richtig bzw. gut, wenn sie ganz selbstverständlich das tun, was sich ziemt. Die **Gewohnheit** (griech. *ἔθος – ethos*) wird dann zum **Charakter** (griech. *ἦθος – äthos*), der sich durch feste Grundhaltungen oder Tugenden beschreiben lässt.

Moral – Sitte

Das lateinische Wort *mos* (Plural *mores*) bezieht sich auf die beiden griechischen Begriffe *ethos* und *äthos* und bedeutet sowohl „Sitte“ als auch „Charakter“. Beide Bedeutungen umfasst auch das von „mos“ abgeleitete deutsche Wort „Moral“. Wenn wir heute von jemandem sagen, er handle unmoralisch, meinen wir nicht nur, dass dieser Mensch gegen anerkannte Moralvorstellungen verstößt, sondern wir verweisen auch auf einen Charakterfehler.

„Ethisch“ und „moralisch“ werden in der Umgangssprache, aber auch in der philosophischen Diskussion häufig synonym verwendet. Demgegenüber sollte **„Moral“** als Begriff für alle **in einer Gemeinschaft gültigen Regeln, Gebote, Werte und Normen** gebraucht werden, der Ausdruck **„Ethik“** dagegen, wie es Aristoteles tut, **für die philosophische Untersuchung moralischer Fragen.**

Moral umfasst alle Werte und Normen, die ein von einer bestimmten Gemeinschaft erwünschtes „gutes" Handeln mit sich bringen sollen.

Unter **Werten** versteht man in diesem Zusammenhang angestrebte und erwünschte Ziele von Handlungen bzw. die Gründe, die zur Wertschätzung von Gegenständen, Handlungen oder Anschauungen führen (Beispiele: Gerechtigkeit, Leben).

Als moralische **Normen** werden die konkreten Verhaltensregeln bezeichnet, die sich aus den Werten ableiten lassen (Beispiel: Du sollst nicht töten!).

Von der Moral müssen **Konventionen** und **Gesetze** unterschieden werden.

Konventionen sind Vereinbarungen, die bestimmte Verhaltensweisen regeln, die nicht an sich gut sein müssen, aber bestimmte nützliche Funktionen haben (Beispiele: Bekleidungsvorschriften, Tischsitten).

Weisen solche Konventionen eine längere Tradition auf, werden sie auch als Sitten oder **Bräuche** bezeichnet.

Gesetze sind schriftlich fixierte Bestimmungen, deren Verletzung Sanktionen (Buße, Strafe) nach sich ziehen. Sie müssen nicht immer mit den moralischen Normen übereinstimmen.

1.3 Der Aufgabenbereich der Ethik

Die Grundfrage der Ethik – „Was soll ich tun?" – geht nicht davon aus, dass ein Mensch, wenn er etwas tut, zunächst vor einem völligen Rätsel stünde. Als Handelnder weiß er über vieles Bescheid; er hat einiges gelernt an Handlungswissen und Kulturtechniken. Er weiß, was er tun muss, um bestimmte Ziele zu erreichen, und er hat gelernt, dabei mit sich und anderen vernünftig umzugehen. Er hat erfahren, dass es Ziele gibt, die anzustreben unvernünftig bzw. nicht wünschenswert ist, weil damit entweder schlechte Folgen verbunden sind oder aber weil sie verboten sind.

In der Erziehung hat der Mensch bestimmte Muster der Unterscheidung zwischen **gebotenen** (du sollst ...), **erlaubten** (du darfst ...) und **verbotenen** (du sollst nicht ..., du darfst nicht ...) Handlungen kennen gelernt und wendet diese Muster nicht nur in seinem Handeln an, sondern beurteilt auch seine Handlungen und die anderer Menschen danach. Er beherrscht mithin moralische Normen. Erst dann, wenn er nicht nur einem mehr oder weniger differenzierten System vorgeschriebener Regeln folgt, sondern zu beurteilen vermag, welche Ziele und welche Regeln für ihn, letztlich aber für alle Menschen gut und erstrebenswert sind, handelt er auch moralisch. Mit den Begriffen aus

Kants berühmter Schrift „Was ist Aufklärung" formuliert, ist er dann „mündig" geworden und hat den Ausgang aus seiner „selbstverschuldeten", „ bequemen" Unmündigkeit geschafft.

Die Frage, was ich tun soll, geht von einem solchen moralischen Bewusstsein und Handeln aus. **Ethik hat Moral zum Gegenstand.**

Ethik überprüft moralische Beurteilungen. Ethik fragt und versucht begründet zu klären, warum bestimmte moralische **Anforderungen** wie ein Versprechen halten, nicht lügen, seine Arbeit ordentlich erledigen usw. **gelten sollen.** Noch grundsätzlicher formuliert: Woher kommt dieses „sollen"? Was macht diese Anforderungen aus? Worin besteht ihre Verpflichtung? Warum soll der Mensch überhaupt moralisch handeln?

Ethik ersetzt nicht moralische Überzeugungen oder versucht gar, neue Inhalte der Moral zu kreieren. Indem sie allerdings den Sinn und die Rechtfertigung von Moral überprüft, leistet sie durchaus einen Beitrag zum moralischen Diskurs einer Gesellschaft und kann beim Auftauchen neuer moralischer Fragestellungen – gegenwärtig etwa im Bereich der biomedizinischen Forschung – dazu beitragen, Positionen und Argumente zu klären und abzuwägen.

Der Mensch ist in seinem Verhalten zwar durch gesellschaftliche Normen beeinflusst, bleibt für seine Taten jedoch persönlich verantwortlich.

2 Moralische Urteile – ethische Reflexion

2.1 Beschreiben und Bewerten

Wenn wir moralisch argumentieren, beschreiben wir nicht nur Tatsachen, wie etwas ist. Unsere Äußerungen sind nicht nur **deskriptiv,** d. h. beschreibend, nach dem Muster: Die Person X handelt so oder so, sie hat diese oder jene Eigenschaft. Sondern wir äußern uns in wertenden Sätzen oder Werturteilen: Diese Handlung ist gut oder verwerflich, diese Eigenschaft ist erstrebenswert oder verurteilungswürdig. Unsere Äußerungen sind somit **präskriptiv,** d. h. vorschreibend. Sie formulieren Normen: Aufforderungen, Empfehlungen, Gebote oder Verbote. Vereinfacht gesagt haben moralische Urteile die Form: X ist gut bzw. böse, sollte so sein bzw. nicht so sein. Dabei kann X unter anderem

- eine Handlung sein: „Einen Menschen zu töten ist böse";
- eine Person sein: „Der Machthaber des Y-Staats ist böse";
- eine Eigenschaft sein: „Hilfsbereitschaft ist gut" oder
- eine Institution sein: „Die Familie ist gut".

2.2 Die Entwicklung der Moral

Um Genaueres über Inhalt und Strukturen unserer moralischen Urteile zu erfahren, werfen wir einen kurzen Blick auf Untersuchungen darüber, wie wir Moral lernen. Der französische Psychologe **Jean Piaget** (1896–1980) hat analog zur intellektuellen Entwicklung des Kindes eine Entwicklung des moralischen Urteilsvermögens beschrieben: Die **Intelligenz** des Kindes entwickelt sich über das sinnlich-konkrete Begreifen seiner Umwelt allmählich zur symbolisch-abstrakten Erkenntnis von Gesetzen und Strukturen. Die **Moral** entwickelt sich bei Kindern zwischen vier und zwölf Jahren als zunehmende **Bewusstwerdung von Regeln.** Piaget unterscheidet dabei drei Phasen, die allerdings fließend ineinander übergehen können:

- Das Kind empfängt moralische Regeln von außen, d. h. **heteronom** (fremdbestimmt); es gehorcht **Geboten** und Vorschriften der Eltern oder anderer Autoritäten, wie es Spielregeln fraglos übernimmt. Gut sein heißt in dieser Phase, dem Willen der Erwachsenen gehorchen und auf diese Weise seine Bedürfnisse befriedigen können.
- Das Kind befolgt eine Regel nicht, weil sie befohlen ist und mit Belohnung oder Bestrafung verbunden ist, sondern weil es eine **Regel** ist. Es hat gelernt, dass Regeln für gemeinsames Handeln und Beziehungen überhaupt unentbehrlich sind.

- Der Heranwachsende ist imstande, den Wert von Regeln eigenständig zu beurteilen, sich frei und **autonom** für Regeln zu entscheiden und das gelernte Regelsystem kritisch zu überprüfen.

2.3 Typen moralischer Urteile

Wenn wir unsere eigenen Handlungen oder die anderer moralisch beurteilen, ob sie nun gut oder schlecht waren, ob man sie deshalb eher unterlassen hätte oder sie weiter verfolgen soll, überlegen wir uns immer gute Gründe, die solche Handlungen vor uns selbst und gegenüber anderen rechtfertigen. Solche Begründungen lassen sich unter **sechs Argumentationstypen** zusammenfassen: Wir beziehen uns auf ein **Faktum,** auf **Gefühle,** auf **mögliche Folgen,** auf einen verbindlichen **Moralkodex,** auf **Autoritäten** oder auf unser **Gewissen.**[1]

Anhand eines allgemeinen **Beispiels** werden diese Typen kurz dargestellt und untersucht. Wir wollen mit guten Gründen rechtfertigen, warum wir jemandem helfen oder die Hilfe verweigern:

- **Fakten:** Diese häufigste Art der Begründung bemüht empirische Fakten, welche die Gültigkeit einer Handlungsweise stützen sollen. Wir helfen jemandem, weil er offenkundig hilfsbedürftig, d. h. schwach oder hilflos ist. Allerdings ergibt sich diese Rechtfertigung nicht aus der scheinbar objektiven Lage des Hilfsbedürftigen, sondern unterstellt bereits ein anerkanntes Werturteil: Es gilt als moralische Pflicht, einen Hilflosen zu unterstützen.
  Oft genug verbirgt sich hinter dem Faktum, auf das wir uns beziehen, allerdings ein massives Vorurteil, wenn wir unser Verhalten gegenüber jemandem quasi objektiv aus seiner Zugehörigkeit zu einer bestimmten Gruppe, Klasse oder Rasse begründen.
  Wenn wir solche Begründungen untersuchen, dann verdient nicht das Faktum als solches unsere Aufmerksamkeit, sondern ob die daraus abgeleitete Verhaltensweise zu rechtfertigen ist.
- **Gefühle:** Wir begründen unsere Handlungen aus Gefühlen der Zu- oder Abneigung. Wir helfen oder verweigern Hilfe, weil wir angerührt werden, Mitleid empfinden oder aber abgestoßen sind, Mitleid einfach nicht aufbringen können usw. Diese Begründungen können zwar verständlich machen, warum wir so oder so handeln, sie können aber keine verbindliche moralische Norm setzen. Bestimmte Gefühle können nicht eingefordert werden.

1 Nach Annemarie Pieper: Ethik und Moral. Eine Einführung in die praktische Philosophie, Verlag C. H. Beck: München 1983, S. 108 ff.

- **Folgen:** Nach dieser Begründung ist eine Verhaltensweise dann gerechtfertigt, wenn sie zu positiven Folgen führt oder schlechte Folgen vermeidet. Fraglich bleibt hier jedoch immer, wie diese Folgen selbst zu bewerten sind. Hilfe verbessert die Lage des Hilflosen, kann aber auch dazu führen, den Zustand der Hilflosigkeit weiter zu festigen.
- **Moralkodex:** Wir beziehen uns auf einen Kodex von gültigen Regeln und Normen, wie sie in der Gesellschaft oder Gruppe, in der wir leben, vorgeschrieben oder stillschweigend anerkannt sind. Allerdings muss dieser Kodex nicht in jeder Situation und auf unbestimmte Zeit gültig sein, sondern muss immer wieder neu überprüft werden.
- **Autoritäten:** Sich auf bestimmte Autoritäten zu berufen, um eine Handlung moralisch zu begründen, gilt oft als hinreichende Rechtfertigung. Wenn der Vorgesetzte, der Politiker oder der Philosoph eine bestimmte Handlung befürwortet, mag dies zur Orientierung dienen. Eigenständiges Urteil können sie nicht ersetzen.
- **Gewissen:** Die Berufung auf das Gewissen gilt gerade in moralischen Grenzfällen als letzte, nicht mehr hinterfragbare Begründung. Allerdings ist auch hier kritisch (selbst) zu überprüfen, welche Gebote und Regeln in der Stimme des Gewissens zum Ausdruck kommen.

In unseren täglichen moralischen Diskursen kommen diese sechs Typen selten so isoliert vor. Meistens werden die verschiedenen Gründe in der Rechtfertigung bestimmter Urteile und Handlungsweisen vermischt und so lange gegeneinander geführt, bis es zu einem Konsens oder zum Abbruch des Diskurses kommt.

3 Formen ethischer Reflexion

Ethik hat Moral zum Gegenstand, Ethik ist philosophische Reflexion moralischer Urteile und Handlungen. Dabei lassen sich unterschiedliche Arbeitsweisen unterscheiden:

Deskriptive Ethik beschreibt, nach welchen Normen eine Gesellschaft oder Gruppe von Menschen lebt oder sich orientiert. Wenn sie unterschiedliche Moralen beschreibt, bezieht sie selbst nicht Stellung. Dass es kulturspezifische Normen gibt, kann allerdings nicht zu dem Schluss führen, Moral sei immer nur **relativ** zu einem bestimmten Kulturkreis oder einer bestimmten Epoche gültig. Auch lässt sich aus dem Vorhandensein kulturübergreifender Normen nicht auf eine gemeinsame Moral schließen, die sich aus der menschlichen Natur ableitet.

Auch **Metaethik** bezieht selbst nicht Stellung. Ihr Gegenstand ist die „Sprache der Moral“. Sie analysiert grundlegende Begriffe, die ethischen Urteilen zugrunde liegen: Was bedeutet „gut“, was meint „sollen“, was ist eine „Norm“? Sie untersucht die Regeln, nach denen solche Begriffe verwendet werden und überprüft die Struktur moralischer Argumentation, deren Logik und Geltungsansprüche.

Philosophische Ethik, wie sie sich historisch aus der griechischen Antike entwickelt, versteht sich als **normative Ethik.** Sie beurteilt und begründet Regeln moralischen Handelns und versucht, diese auf grundlegende, übergeordnete Moralprinzipien zurückzuführen. Normative Ethik nimmt zu dem, was gut oder schlecht ist, was wir tun oder lassen sollen, Stellung. Dabei baut sie auf mindestens zwei Annahmen: Sie setzt voraus, dass Menschen frei, bewusst und absichtsvoll handeln und dies auch verantworten können und dass moralische Gebote und Normen vernünftig begründbar bzw. rechtfertigbar sind.

Die Geschichte der philosophischen Ethik bezieht sich auf die beiden Grundfragen: **„Was sollen wir tun?“** und **„Was für ein gutes Leben wollen wir führen?“** Beide Fragen schließen sich nicht aus, sondern sind oft verschränkt.

Eine **Ethik des Lebens** fragt nach den Kriterien eines „guten Lebens“, nach dem, was das „Glück“ des Menschen in seinem Zusammenleben mit anderen ausmacht. Dabei ist vorausgesetzt, dass eine Verständigung über das „Glück“, das „Gute“ möglich und objektiv in einer Ordnung der Welt und der Gemeinschaft begründbar ist. In der Neuzeit gilt eine solche Voraussetzung nicht mehr. Wissenschaftlich lässt sich das „Gute“ nicht mehr begründen, eine daraus abzuleitende Lebensführung scheint unmöglich. Wenn **Handlungsethik** nach den Kriterien richtigen Handelns forscht, sucht sie immer auch Maßstäbe, Werte und Zielsetzungen über einzelne Handlungen hinaus und wird deshalb auch immer wieder klären müssen, was gut und wünschenswert im Leben des Einzelnen wie der Gemeinschaft ist.

Auf der Grundlage dieser beiden Fragestellungen werden im Folgenden Grundpositionen der philosophischen Ethik in historischer Abfolge dargestellt. Dabei soll immer auch überlegt werden, was diese historischen Positionen für die ethischen Fragen der Gegenwart bedeuten können.

Grundpositionen antiker Ethik

Die antike Ethik fragt danach, wie der Mensch als Individuum in der Gemeinschaft gut und richtig leben kann. Die Frage nach dem Guten für den Menschen ist die Frage nach den Tugenden, nach den Eigenschaften und Verhaltensweisen, die ihn gut und richtig handeln lassen. In der vorsokratischen Ethik werden diese Tugenden gleichgesetzt mit bestimmten, sich aus der Tradition ergebenden Verhaltensweisen einer Adels- oder Bauerngesellschaft. Gut ist der kriegsgeübte, körperlich ausgebildete Mann, der Sitte und Gesetz wahrt.

Mit der Entwicklung zur Demokratie verlieren auch die traditionellen Tugenden ihre Verbindlichkeit; der Bürger als Mitentscheidender und Mithandelnder, sein Wohlergehen und das der Gemeinschaft *(polis)* stehen im Zentrum.

Die erste Ausgestaltung einer philosophischen Ethik wird Sokrates zugeschrieben, einem Mann, der in Athen im 5. Jahrhundert v. Chr. seine Mitbürger beharrlich nach ihren moralischen Grundsätzen fragte und auf Begründungen drängte. **Cicero** beschreibt Sokrates' Verdienst:

> Sokrates hat als erster die Philosophie vom Himmel heruntergerufen, sie in den Städten angesiedelt, sie sogar in die Häuser hineingeführt und sie gezwungen, nach dem Leben, den Sitten und dem Guten und Schlechten zu forschen.
>
> *Cicero: Gespräche in Tusculum.*

Cicero beschreibt hier einen entscheidenden geistesgeschichtlichen Wandel: Während im Mythos noch über den Himmel und das Wirken göttlicher Kräfte erzählt wird, macht die Philosophie ihn zum Gegenstand der naturphilosophischen Spekulationen und Erklärungen. Sokrates führt das philosophische Denken in die Städte, die die Voraussetzungen des menschlichen Lebens in der Gemeinschaft sind. Spätere Philosophiehistoriker deuten diesen Wandel als die so genannte **anthropologische Wende der Philosophie** (griech. *anthropos:* Mensch) und unterscheiden davon eine vorsokratische Periode. Allerdings war Sokrates nicht der erste, der diese Wende hin zum Menschen vollzog. Ansätze dazu gab es bereits bei den Naturphilosophen, ihre Durchführung war aber die historische Leistung der Sophisten.

1 Die Herausbildung der philosophischen Ethik

Die Entwicklung der abendländischen Philosophie nimmt ihren Ausgangspunkt im Griechenland des 7. Jahrhunderts v. Chr. Sie lässt sich als **Übergang vom mythischen zum logoshaften Denken** charakterisieren. Mit der Gegenüberstellung Mythos – Logos werden zwei grundsätzlich verschiedene Weisen der Auseinandersetzung mit der Wirklichkeit, ihrer Erfahrung und Deutung beschrieben.

1.1 Vom Mythos zum Logos

Inhalt und Form des mythischen Denkens lassen sich folgendermaßen charakterisieren:

- Mythisches Denken zeigt sich in der Form zusammenhängender Erzählungen und arbeitet mit Bildern, Personifikationen und Symbolen.
- Es beantwortet Fragen nach Ursprung, Entstehung und Ende der Welt, nach dem, was sie im Inneren zusammenhält, was ihr Sinn und Ziel ist. Es gibt einen Zusammenhang aller Dinge, eine alles übergreifende Ordnung, in die der Mensch eingebettet ist. Diese Ordnung ist das Werk von Göttern und wird durch ihr Wirken gestaltet.
- Damit erklärt es den Sinn der Welt, Vergangenheit und Zukunft, Veränderung und Gleichbleibendes im Wandel der Zeit.
- Es beansprucht eine Wahrheit, die nicht rational begriffen, sondern nur intuitiv erfahren werden kann.

Um 600 v. Chr. beginnen in den griechischen Kolonien an den Westküsten Kleinasiens einige Denker, aus dem Rahmen dieser mythisch-religiösen Weltdeutung herauszutreten und die Welt durch eigenes Nachdenken neu zu erkunden. Sie unterscheiden zwischen den Erscheinungen der Natur und den diesen zugrunde liegenden Prinzipien oder Gesetzen. Sie geben sich nicht damit zufrieden, die Welt nur als Wirkung übermächtiger Kräfte zu deuten, sie wollen diese Kräfte erkennen und damit umgehen: Ihr Denken orientiert sich am **„Logos“** (griech. Wort, Satz, vernünftiger Grund, Vernunft, Denkvermögen, Weltgesetz).

Folgende Merkmale eines logos-orientierten Denkens lassen sich herausstellen:

- Es geht davon aus, dass der Mensch die ihn umgebende Wirklichkeit mit den Mitteln der Vernunft erkennen, Zusammenhänge erklären und auch gestalten kann.
- Diese Mittel bestehen in der Fähigkeit zur Begriffsbildung und Urteilskraft, im Erkunden und Erforschen von Wirkzusammenhängen, im kritischen Prüfen von und im Zweifeln an Erkenntnissen, im Vergleichen und methodischen Verknüpfen, im Beweisen und Argumentieren.
- Damit verlässt der Mensch aber auch die Geborgenheit des mythischen Weltbezuges. Er ist ganz auf sich als selbstdenkendes Wesen gestellt.

Dieses neue sachliche Denken entwickelt sich in zwei Richtungen: Entweder fragt es nach den **Grundprinzipien des Seins** und eröffnet damit den Weg zur philosophischen Spekulation über das Ganze der Natur; oder es zielt auf das Verhältnis der Phänomene zueinander und betreibt in der **Erkenntnis von Ursachen und Wirkungen** (Natur-)Wissenschaft. Bei den einzelnen Denkern sind diese Richtungen nicht immer klar zu unterscheiden. Allerdings ersetzt das „logische“ Denken das mythische Denken nicht vollständig. Dieses existiert in Kult und Religion weiter und prägt die Überzeugungen und das Verhalten der Menschen. Auch in die philosophische Argumentation finden Mythen Eingang: So wählt Platon die Form von Bildern und Symbolen, um seine „Ideenlehre“ zu erläutern.

1.2 Die vorsokratische Philosophie

Die ersten Philosophen fragen nach der *Arché:* Dieser griechische Begriff bedeutet Urstoff, Grundprinzip, Anfang und Wesen aller Dinge. Den **Urstoff,** aus dem alles entsteht und in den alles zurückkehrt, definieren die miletischen Naturphilosophen unterschiedlich: Thales von Milet (624–546 v. Chr.) findet ihn im Wasser, Anaximander (611–546 v. Chr.) im Unbegrenzten und Unendlichen (griech. *apeiron*) und Anaximenes (585–525 v. Chr.) in der Luft.

Pythagoras von Samos (580–500 v. Chr.) postuliert *Arché* als **Urform:** Die Zahlen, d. h. mathematische Verhältnisse bestimmen die Ordnung aller Dinge.

Heraklit aus Ephesos (550–480 v. Chr.) sucht nach einer universalen **Gesetzmäßigkeit** und findet eine ständige Bewegung von Gegensätzen: Hell – Dunkel, Leben – Tod, Tag wird Nacht, Winter zu Sommer, kalt zu warm und umgekehrt: „Alles fließt, nichts bleibt." Das Prinzip dieses Wandels, die Einheit der Gegensätze, ist der nicht sichtbare *„logos"*, eine in sich harmonische Weltordnung.

Für Parmenides aus Elea (540–470 v. Chr.) kann von einer Einheit des Seins nur dann gesprochen werden, wenn dieses unveränderlich und unvergänglich ist. Wenn wir glauben, Bewegung und Veränderung wahrzunehmen, täuschen wir uns. Veränderung würde bedeuten, dass Etwas aus Nichts entsteht und wieder ins Nichts vergeht. Aber nur „Seiendes ist"; „Nichts ist nicht", und niemals kann „Sein und Nichtssein dasselbe" sein. Die **Einheit des Seins** kann nicht wahrgenommen, sondern nur logisch erschlossen werden: „Sein und Denken sind dasselbe."

Anaximander

Heraklit

Pythagoras

Die **Ontologie,** die Lehre vom „Sein" (von griech. *on:* seiend), wendet sich nicht nur radikal gegen sinnliche Gewissheiten, sondern auch gegen jede mythologische bzw. theologische Welterklärung: Es gibt weder einen Akt der Erschaffung des Seins noch ewige, aber verschiedene Götter, die gestaltend in die Welt eingreifen. In seiner Ontologie hat Parmenides ein zentrales Problem der philosophischen Welterklärung formuliert: Wie kann unsere sinnliche Überzeugung, unterschiedliche Phänomene wahrzunehmen, gerettet werden gegenüber einer logisch unabweisbaren Einsicht einer Einheit des Seins?

Ein Lösungsweg besteht in der Annahme, das Sein sei aus Teilen zusammengesetzt, die in sich unveränderlich sind. Anaxagoras (um 500–428 v. Chr.), Leukipp (um 460 v. Chr.) und Demokrit (460–371 v. Chr.) verfolgen diesen Weg, die Vielgestaltigkeit der Welt als sich regelmäßig verändernde Beziehungen unveränderbarer Teilchen (Atome) zu erklären. Platon und Aristoteles bestimmen die Einheit des Seins in logischen Einheiten (Idee/Form), die den Phänomenen zugrunde liegen.

Ethische Prinzipien sind von den vorsokratischen Philosophen vor allem in Form von kurzen moralischen Sentenzen überliefert: Spruchweisheiten und Handlungsempfehlungen, die selbst nicht begründet werden.

Thales aus Milet:

Sei nicht reich auf schimpfliche Weise. Vom Vater nimm nicht das Schlechte an. Was für Liebesdienste du den Eltern erweist, solche erwarte selbst im Alter von den Kindern. Etwas Lästiges ist Untätigkeit. Etwas Schädliches Unbeherrschtheit. Etwas schwer Erträgliches Unbildung. Beneiden lass dich lieber als bemitleiden. Halte Maß.

Thales aus Milet.

1.3 Eine Philosophie für die Städte

Der von Cicero beschriebene Weg der Philosophie in die Städte und damit die Wende zum Menschen findet im 5. Jahrhundert v. Chr. statt und ist verknüpft mit einem grundlegenden Wandel von der Adels- zur **Bürgergesellschaft.** Philosophische Ethik entsteht in der Krise einer traditionalen Ordnung und ist eng mit der Entwicklung der Stadtgemeinde – der Polis – hin zur „Demokratie" verbunden. In Athen entwickelt sich nicht nur die „klassische Form der Demokratie", sondern Athen wird zur Hauptstadt der Philosophie und der entscheidenden ethischen Denkschulen.

1.3.1 Polis und Ethik in Athen

In einer Adels- und Agrargesellschaft stützt sich Herrschaft auf (Land-)Besitz und auf die edle „Herkunft" einer Ahnenfolge bis zurück zu Halbgöttern und Göttern. In einem Reformprozess von 594 v. Chr. (Solon) bis 458 v. Chr. (Perikles) entstand eine „Eunomia" (richtige, gute Ordnung), in der nicht mehr Herkunft, sondern Vermögen und Leistung (Steuer, Militärdienst) für die Gemeinschaft zählten. Die Beteiligung an den Institutionen der Gesetzgebung, Verwaltung und Rechtsprechung wurde erweitert, sodass eine „Isonomia" (Ordnung der Gleichheit) entstand, in der alle freien (männlichen) Bürger an der regelmäßigen öffentlichen Mitsprache beteiligt waren und per Los auch Zugang zu allen politischen Ämtern hatten.

Diese Entwicklung zur „Demokratie" begleitete und begründete den Aufstieg Athens zur führenden Macht Griechenlands in den Perserkriegen (500–

479/448 v. Chr.), zur Handelsmetropole und zum Zentrum von Kunst, Kultur und Philosophie im so genannten „perikleischen Zeitalter" (443–423 v. Chr.).

Mit dem Peloponnesischen Krieg gegen Sparta (431–404 v. Chr.) und in den folgenden griechischen „Bruderkriegen" 395–338 v. Chr. zwischen Athen, Sparta, Korinth, Theben und schließlich Makedonien mit wechselnder Beteiligung der Perser schwand die Machtstellung Athens. Im Inneren wurde die Verfassung der demokratischen Polis durch die Herrschaftsansprüche verschiedener Interessengruppen immer wieder infrage gestellt und allmählich ausgehöhlt. In diesen Krisen der Demokratie fanden aber auch die großen intellektuell-politischen Auseinandersetzungen über die Organisation und den Zweck des Zusammenlebens in der Polis statt, die von Platon und Aristoteles systematisch aufgegriffen wurden. Sokrates wurde zur zentralen Gestalt dieser Auseinandersetzungen, sich einmischend und Anstoß erregend.

Der Historiker Thukydides berichtet von einer Rede des führenden Staatsmanns der Athener, Perikles, auf die Gefallenen 431 v. Chr., in der er die wesentlichen Elemente der athenischen Polis, die Staatsform, die Lebensweise und die Kultur preist:

- Die Staatsform der „Demokratie" wird von der Mehrheit des Volkes getragen.
- Alle genießen vor den Gesetzen das gleiche Recht.
- Die Stellung des Bürgers wird weder durch seine Standeszugehörigkeit noch durch Besitz bestimmt; allein seine persönliche Tüchtigkeit zählt.
- Ein „freier Geist" garantiert die freie Entfaltung der Bürger und fördert Kunst und Wissenschaft.
- Freiheit entbindet allerdings nicht von den Pflichten, die sich aus Recht und Sitte, aus Gesetzen und Anordnungen ergeben.
- In allen Fragen der Gesetzgebung und der Staatsführung sind die Bürger beratend und handelnd beteiligt.

Die Beteiligung der Bürger setzt nicht nur deren politisches Interesse, sondern auch eine entsprechende Bildung bzw. Ausbildung voraus. Vor allem die politische Rede gewinnt zunehmend an Bedeutung. Das gesprochene Wort wird zu einem Instrument, um Macht und Herrschaft in der Polis zu erlangen und zu verteidigen. Diese Macht der Rede zu lehren, versprach eine Gruppe von Rednern und Philosophen, die als „Sophisten" bezeichnet werden.

1.3.2 Die Sophisten

Mit dem Sammelbegriff „Sophisten“ wird eine Gruppe von Philosophen bezeichnet, die als professionelle „Lehrer der Weisheit“ (griech. *sophia:* Weisheit) vor allem die Kunst der Überzeugung in die Städte brachten. Dass sie sich ihre Lehre offenkundig bezahlen ließen, bestimmt das negative Bild, das vor allem Platon von ihnen verbreitet.

Aus den überlieferten Aussagen von Sophisten lassen sich **Aspekte einer ethischen Philosophie** beschreiben, die in der bewussten Kritik an Mythos und Tradition auf eine intellektuell-aufklärerische Lebenspraxis zielt.

- **Der überlieferte Mythos wird kritisiert.**
  Dies kann in der Form des Agnostizismus geschehen: Das übersinnliche Sein ist nicht erkennbar (griech. *agnostos:* unerkennbar). So äußert Protagoras Skepsis gegenüber jeder Aussage über die Götter. Er bezweifelt, dass der Mensch über ihre Existenz oder ihre Gestalt ein Urteil fällen kann.
  Oder der Mythos wird als Erfindung der Menschen beschrieben, die in einer rationalen Weltdeutung keinen Platz mehr hat. Nach dem Sophisten Prodikos hätten die Menschen früherer Zeiten alles, was ihnen nützlich erschien, als eine Gabe der Götter bezeichnet, das Brot, den Wein, das Feuer usw. Der Sophist Kritias behauptet, dass der Glaube an und die Furcht vor den Göttern nur eingeführt wurde, um bestehende Machtverhältnisse abzusichern.
- **Die naturphilosophische Spekulation spielt keine Rolle mehr.**
  Die Frage nach der *Arché,* dem Wesen der Welt, tritt hinter lebenspraktische Fragestellungen zurück. Nicht, was die Welt zusammenhält, interessiert den Aufklärer, sondern wie sich der Mensch in ihr bewährt und sie gestaltet.
- **Die traditionelle Rechtsordnung der Polis wird kritisiert.**
  Der zentrale Aspekt ist dabei die Unterscheidung von Natur (griech. *physis*) und Gesetz (griech. *nomos*). Als natürlich gilt, was sich aufgrund bestimmter Anlagen entwickelt. Das Gesetz ist demgegenüber nur von Gesetzgebern festgesetzt, ein vereinbarter Brauch, der weder ewig gültig noch rational begründet ist und oft der menschlichen Natur zuwiderläuft. Das gesetzte Recht sichert nur bestimmte Herrschaftsverhältnisse. Wie allerdings eine natürliche Ordnung des Zusammenlebens beschaffen sein soll, bleibt strittig: Entweder wird eine Gleichheit aller Menschen postuliert oder aber ein Recht des Stärkeren gefordert.
- **Die Wende zum Menschen**
  Die Sophisten stellen den handelnden Menschen ins Zentrum der philosophischen Reflexion. Welche unterschiedlichen Lebensweisen gibt es, in wel-

chen Situationen handelt der Mensch nach welchen Maßstäben, was gereicht ihm zum Vorteil, was zum Nachteil? Diese praktischen Überlegungen enthalten einen radikalen Perspektivenwechsel. Im berühmten Homo-mensura-Satz des Protagoras (um 485–415 v. Chr.) heißt es: „Aller Dinge Maß ist der Mensch, der seienden, dass sie sind, der nichtseienden, dass sie nicht sind."

- **Skeptizismus oder Relativismus**
  Der Homo-mensura-Satz des Protagoras kann einerseits **skeptisch** verstanden werden: Der Mensch kann nur in dem Bereich handeln und aussagen, der ihm zugänglich ist. Das Sein der Dinge an sich bleibt ihm verborgen. Dies muss allerdings nicht bedeuten, dass es keine verbindlichen Erkenntnis- und Handlungsweisen gibt.
  Dagegen deuten Platon und Aristoteles Protagoras' Satz **relativistisch:** Es gibt keine Objektivität, alles ist nur subjektive, sich wandelnde und immer verschiedene Erscheinung. Was dem einen als gut und richtig erscheint, ist für ihn wahr. Es gibt keinen allgemein verbindlichen Maßstab, weder für die Erkenntnis noch für das Handeln.
- **Die Macht der Rede**
  Wenn traditionelle „Wahrheiten" wie Religion oder Recht keine überzeugende Verbindlichkeit mehr beanspruchen können, dann kommt es darauf an, eine neue Art der argumentativen Überzeugung zu beherrschen. Die Sophisten favorisieren Techniken der Rhetorik, um Menschen zu beeinflussen, Interessen zu formulieren und durchzusetzen. Je überzeugender jemand einen Sachverhalt vortragen kann, desto eher wird er in der Sache siegen. Der Aufbau einer Rede, bestimmte Techniken der Argumentation, aber auch die Beherrschung entsprechender sprachlicher Mittel sind dabei nötig.
- **Tätigkeit in der Gemeinschaft**
  Wichtig wurde die Redekunst, als die Angelegenheiten der Polis die Beteiligung einer größeren Anzahl von Bürgern in Rat, Versammlung und Gericht erforderlich machte.
  Die Sophisten boten den Bürgern entsprechende Techniken und Schulungen an, um deren Sache stark zu machen und in der Gemeinschaft der Polis erfolgreich zu sein.
- **Bildung**
  Vor allem die Jugend wollte und sollte zu einem erfolgreichen Leben in der Polis erzogen werden. Neben der Rhetorik umfasste das Bildungsangebot der Sophisten auch die Vermittlung von Kenntnissen in der Grammatik, Dialektik, Arithmetik, Geometrie, Musik und Astronomie.

1.4 Sokrates – Die Frage nach der Tugend

1.4.1 Biografie

Sokrates wurde 470/469 v. Chr. in Athen geboren und starb dort, nachdem er in einem Prozess wegen Gotteslästerung und Verführung der Jugend angeklagt und zum Tod durch Gift verurteilt worden war, im Alter von 70 Jahren 399 v. Chr.

Sokrates hat das Bildhauer-Handwerk seines Vaters übernommen und wohl auch einige Zeit ausgeübt. Als seine wesentliche Tätigkeit verstand er jedoch sein Auftreten als eine Art Lehrer für seine Mitbürger.

Sokrates hielt sich immer in der Öffentlichkeit auf. Am Morgen ging er in die Wandelhallen und zu den Turnplätzen, und wenn der Markt voller Leute war, konnte man ihn dort sehen, auch während der übrigen Tageszeiten war er dort, wo er hoffte, mit der größten Gesellschaft zusammensein zu können. Er sprach dann auch meistens, und wer wollte, der hatte die Möglichkeit, ihn anzuhören.

Xenophanes: Erinnerungen an Sokrates.

Allerdings verkündete Sokrates weder eine feststehende Lehre noch ließ er sich für seine Unterweisungen bezahlen, sondern suchte im öffentlichen philosophischen Gespräch wesentliche Lebensfragen zu klären, „was fromm, unfromm, schön, hässlich, gerecht, ungerecht, was Besonnenheit, Raserei, Tapferkeit, Feigheit, Staat, Staatsmann, Herrschaft über Menschen und ein Herrscher über Menschen sei." (Xenophanes: Erinnerungen an Sokrates)

Sokrates

Offenkundig stellte Sokrates nicht nur gewohnte Werte und Überzeugungen, sondern auch Politiker und politische Abläufe infrage und erregte Anstoß bei denen, die durch ihn die Grundlage der Polis und ihre Stellung darin angegriffen sahen. Deshalb lautet nach Xenophanes die Anklage gegen Sokrates: „Sokrates tut Unrecht, denn er erkennt die Götter nicht an, welche die Stadt anerkennt, und er führt dagegen andere neuartige göttliche Wesen ein; und er tut außerdem Unrecht, denn er verführt die jungen Menschen zum Schlechten." (Xenophanes: Erinnerungen an Sokrates)

1.4.2 Sokratisches Philosophieren

Die entscheidenden Informationen über das Wirken des Sokrates finden sich in den Schriften, in denen seine Schüler den Skandal von Prozess und Verurteilung aufgreifen. Die Erinnerungen des Xenophanes und viele Dialoge Platons widmen sich der Rechtfertigung ihres Lehrers, indem sie Vorwürfe entkräften und Ziele und Inhalte seiner Tätigkeit beschreiben. Dabei zeigen sie, wie Sokrates sein Denken immer wieder von dem der Naturphilosophen und der Sophisten abgrenzt. Von Sokrates selbst gibt es keine schriftlichen Aufzeichnungen.

Sokrates' Stellung zum Mythos

Den Vorwurf der Gottlosigkeit bezieht Sokrates auf sein Verhältnis zum Mythos. Er stellt die Existenz der Götter nicht infrage, für ihn haben aber die traditionellen Mythen ihre selbstverständliche Gültigkeit verloren. Auch wenn sie im religiösen Kult immer wieder aufleben, lassen sich daraus keine verbindlichen Maßstäbe für das Leben der Bürger gewinnen. Der Glaube an die Götter und ihre Verehrung ist zu einem bloß äußerlichen Ritual geworden.

Im Unterschied zu den Sophisten entwickelt Sokrates aber keine Mythenkritik. Die Auskunft des Orakels von Delphi, niemand sei weiser als Sokrates, versteht dieser als Auftrag, mit jedem, der als weise oder wissend gilt, sein Wissen zu erörtern, im Gespräch zu überprüfen und ständig nach der Wahrheit zu suchen. Dabei folgt er einer inneren göttlichen Stimme, einem *daimonion,* die ihn davor warnt, etwas Schlechtes, seinem Auftrag Widersprechendes zu tun oder zu sagen. Als neue Gottheit kann das *daimonion* aber nicht gelten.

Sokrates' Wende zum Menschen

Die Suche nach den grundlegenden Prinzipien der Natur spielt für Sokrates keine Rolle. Er sucht nach den **Prinzipien richtigen Handelns.** Sein Verhältnis zur Natur beschreibt Sokrates so, dass ihn Felder und Bäume nicht belehren können, wohl aber die Menschen in der Stadt. Wenn er von den Menschen „belehrt" werden will, dann will er nicht ein beruflich-technisches Wissen erfahren, worüber ein Handwerker, ein Krieger oder ein Künstler verfügt. Er fragt nach den Überzeugungen, die die Menschen von einem richtigen, „guten" Leben haben. Der Leitspruch des delphischen Orakels „Erkenne dich selbst", wird zur Richtschnur der Gespräche, die Sokrates führt.

Sokrates' Kritik am Ethos der Polis

Die Auseinandersetzung mit den Maßstäben des Handelns bedeutet aber auch, dass Sokrates die tradierten Werte nicht mehr als selbstverständlich gültiges Wissen gelten lässt. Was man zu tun oder zu lassen hat, gilt nicht deshalb, weil es von Autoritäten vertreten wird bzw. immer schon so gewesen ist. Überzeugungen sind zunächst auf ihre **Wahrheit,** ihre überzeugenden **Begründungen** hin zu überprüfen.

Sokrates kritisiert allerdings nicht wie die Sophisten grundsätzlich Sitte und Recht als bloße Gewohnheiten, die man, je nach Vermögen, zum eigenen Vorteil einhält oder verwirft. Er plädiert vielmehr für den **Respekt gegenüber den Gesetzen** der Polis. Er akzeptiert sein eigenes Todesurteil, obwohl er es für ein Fehlurteil hält, weil es in einem korrekten Verfahren, in dem er sich eben nicht überzeugend genug verteidigt habe, zustande gekommen ist.

Das politisch-pädagogische Interesse des Sokrates

Offenkundig verstanden Sokrates' Ankläger seine Kritik an der ungeprüften Übernahme traditioneller Werte als „Verführung der Jugend" und gegen das Gemeinwohl der Polis gerichtet. In der Tat bemühte sich Sokrates vor allem um jugendliche Gesprächspartner, weil deren Überzeugungen noch nicht abgeschlossen waren und ihre Stellung in der Gemeinschaft noch nicht gefestigt war. Von einer Art „Verführung" kann dabei durchaus gesprochen werden. Sokrates führt seine Gesprächspartner und Zuhörer zu einem Überdenken bisher akzeptierter Meinungen. Es geht ihm nicht darum, seine eigenen Überzeugungen als Wissen einzuflößen, das Gespräch dreht sich vielmehr immer um die Frage, wie jemand sein Leben gestalten will. Dies führt bei seinen „Schülern" oft genug zu einer existenziellen Erschütterung.

Im Unterschied zu einigen Sophisten möchte Sokrates seine Schüler nicht auf ihre künftige politische Stellung vorbereiten und sie deshalb in bestimmten Argumentationstechniken schulen. Er scheint sich von tagespolitischen Fragen eher distanziert zu haben. Seine Fragen nach dem richtigen Leben des Einzelnen sind zugleich Fragen nach der richtigen Ordnung der Gemeinschaft. Offenkundig wurde dies von einigen Amtsträgern als Angriff auf ihre politische Kompetenz verstanden.

Der Logos als Prüfkriterium auf der Suche nach Wahrheit

Im Dialog „Kriton" äußert Sokrates die Ansicht, er habe sein ganzes Leben lang nichts anderem gehorcht als dem Logos, der sich ihm in der Untersuchung als der beste erwiesen habe. Der griechische Begriff **„Logos"** kann Wort, Satz,

Gespräch, vernünftiger Grund, Denkvermögen, Vernunft oder Weltgesetz bedeuten. In den Gesprächen, die Sokrates führt, zielt er immer auf die Wahrheit jenseits von bloßen Meinungen. Er fragt, was Frömmigkeit, Tapferkeit, Tugend oder Gerechtigkeit sind. Zusammen mit seinen Gesprächspartnern wägt er dann geläufige Definitionen und Aussagen ab, prüft, ob sie auf bekannte Sachverhalte zutreffen, präzisiert oder erweitert sie, untersucht sie auf Widersprüche, verwirft sie und hat am Ende des Gespräches oft keine fertige, überzeugend-wahre Antwort. Aber er ist der Wahrheit einer Sache immerhin so nahe gekommen, dass irrtümliche und fehlerhafte Erklärungen überzeugend aus dem Weg geräumt werden konnten.

Die Methode des Dialogs

Die Suche nach der Wahrheit erfolgt durch die Methode des Gespräches, der gemeinsamen Erwägung von Gründen. Die Ansichten der Gesprächsteilnehmer sollen möglichst sachlich, unabhängig von Gefühlen und der jeweiligen Situation vorgetragen werden. Im gemeinsamen, nachfragenden, erläuternden und vernünftig argumentierenden Gespräch werden diese Aussagen so lange mit Gründen und Gegengründen überprüft, bis eine Verständigung über die Sache erreicht ist. Sokrates führt dieses Gespräch durch **Fragen** und will, dass der Partner zur **Selbsteinsicht** kommt. Er geht also davon aus, dass der Partner eine unhaltbare Ansicht hat, weiß aber offensichtlich die richtige Einsicht selbst nicht, sondern entwickelt diese erst im Gespräch. Die Gespräche sind also keine Lehrgespräche in dem Sinn, dass Sokrates den Partner durch geschickte Methodik dazu bringt, ein Wissen, über das Sokrates bereits verfügt, zu übernehmen. Die Einsicht, die im Dialog entsteht, ist tatsächlich die beider Gesprächspartner. Platon beschreibt die Leistung des Sokrates als **„Mäeutik“**, als Hebammenkunst, Argumente hervorzubringen.

Die Bestimmung von Tugend

Im Zentrum des sokratischen Philosophierens steht die Bestimmung von „Tugend“ (griech. *arete*). „Arete“ bedeutet ursprünglich „Tauglichkeit“, „Tüchtigkeit“ im Sinne von „Eignung“. Damit ist eine Eigenschaft gemeint, die für die Bewältigung einer bestimmten Aufgabe nötig ist. Dies kann für ein Tier oder ein Werkzeug gelten. Beispielsweise sind Ausdauer, Kraft und Schnelligkeit die „Tugenden“ eines Pferdes, Schärfe die des Messers usw. Was ist die „Eigenschaft“ des Menschen? Sokrates untersucht dies zunächst am Beispiel handwerklicher Tätigkeit. Das Gelingen eines Werkes ist davon abhängig, ob der Handwerker seine Aufgabe erfüllt, ob er über das entsprechende Wissen verfügt, weiß, was Wesen und Zweck seiner Tätigkeit ausmacht, und ob er dann die entsprechenden Mittel und Arbeitsschritte angemessen organisiert.

Was ist **Wesen und Zweck des Menschen,** was ist die Aufgabe, die sich ihm stellt, und welches Verhalten wird dieser Aufgabe am besten gerecht? Sokrates' Gesprächspartner definieren diese Aufgabe im Sinne einer Rolle, die die Gemeinschaft dem Einzelnen vorschreibt, die traditionellen Tugenden des Kriegers, des Bauern, ganz allgemein des Bürgers.

Sokrates besteht aber auf der Frage, was die Tugend des Menschen an sich sei. Unabhängig von den verschiedenen Ansichten und Verhaltensweisen muss es eine erkennbare Tugend geben, die dann auch verbindlich für das Handeln ist. Sokrates bestimmt die Tugend als **Wissen um das Gute.** Er schreibt dem Menschen als Vernunftwesen die Aufgabe zu, seine **Vernunft** zu entfalten, oder anders ausgedrückt: Tugend ist **richtige Erkenntnis, umgesetzt in Handeln.** Wer weiß, was gerecht ist, handelt gerecht.

Philosophische Lebensweise

Das Wissen um das Gute lässt sich allerdings nicht lernen wie ein Handwerk oder sonst eine Kunstfertigkeit. Die richtige Lebensweise lässt sich nicht erwerben wie ein fertiges Produkt, eine Art Ratgeber für jede Lebenslage. So etwas bieten die Sophisten. Sokrates fordert mehr: Der Mensch muss sein Leben darauf ausrichten, nach dem wahrhaft Guten zu suchen, und dies heißt zu philosophieren. Erst aus der beständigen **Überprüfung** seiner Überzeugungen und der darauf beruhenden Lebenspraxis ergibt sich ein richtiges Leben und damit auch ein **Lebensglück.** Darin verwirklicht sich die dem Menschen angemessene Weisheit. Das Leben des Sokrates ist dafür beispielhaft.

1.4.3 Die Wirkung des Sokrates

Für die Philosophie der Neuzeit wird Sokrates zur Zentralfigur der Aufklärung. Nach Immanuel Kant beginnt mit Sokrates eine fundamentale **Wende zur praktischen Philosophie.** Wichtig ist für Kant die Übereinstimmung von Leben und Lehre bei Sokrates, die ihn zu einem Vorbild der Menschen mache:

> Die wichtigste Epoche der griechischen Philosophie hebt endlich mit dem Sokrates an. Denn er war es, welcher dem philosophischen Geiste und allen spekulativen Köpfen eine ganz neue praktische Richtung gab. Auch ist er unter fast allen Menschen der einzige gewesen, dessen Verhalten der Idee eines Weisen am nächsten kommt.

Immanuel Kant: Abriss einer Geschichte der Philosophie, Bd. 5, S. 453.

Im ethischen bzw. philosophischen Diskurs der Gegenwart wird Sokrates wieder für eine praktische **Wende der Philosophie hin zu den Lebensverhältnissen** der Menschen bemüht. Gegenüber einer theoretischen Philosophie als Wissenschaftstheorie, gegenüber akademisch konstruierten ethischen Begründungsansätzen und hoch spezialisierten Bereichsethiken werden Inhalte und Methoden des sokratischen Gesprächs für eine „Philosophische Praxis“ in Schule und Hochschule, in der Erwachsenenbildung und für philosophische Gesprächskreise wieder entdeckt: Meinungen und Überzeugungen der Gesprächspartner sollen auf ihre Gründe hin überprüft werden. Im Bereich einer ethischen Urteilsbildung und Lebensführung soll das Modell des gegenseitigen Belehrens der Gesprächsbeteiligten an die Stelle einer autoritativen Lehre treten wie auch den unverbindlichen Austausch bloßer Meinungen ersetzen.

Zusammenfassung: Die Herausbildung der philosophischen Ethik

Philosophisches Denken entfaltet sich im Übergang von einer mythischen zu einer logoshaften Geisteshaltung. Die ersten Philosophen fragen nach den **Grundprinzipien der Entstehung der Welt** und den **Strukturen des Seins.**

Mit der Entwicklung der Polis zur Demokratie werden traditionelle Herrschaftsordnungen und moralische Überzeugungen fraglich. Die bisher gültigen Tugenden aus Religion, Autorität oder Herkunft stehen auf dem Prüfstand der Vernunft. Philosophische Ethik sucht nach **begründeten Tugenden.** Für die Sophisten bestehen diese Tugenden in der erfolgreichen Gestaltung privater und öffentlicher Angelegenheiten mit den Mitteln vernünftiger Rede.

Sokrates' Frage nach *der* Tugend fordert die **rationale Überprüfung** von Überzeugungen und Lebensweisen. Erst aus dem so gewonnenen Wissen lässt sich ein richtiges und gutes Leben gestalten.

2 Platon – Die Tugenden und das Gute

2.1 Biografie und Werke

Platon (427–347 v. Chr.) stammt aus einer der vornehmsten Familien Athens. Mit zwanzig Jahren wurde er Schüler des Sokrates. Nach dessen Tod begab er sich nach Unteritalien und Sizilien, wo er die pythagoräische Philosophie kennen lernte. 387 v. Chr. gründete Platon eine Philosophenschule in Athen, die Akademie (benannt nach dem Grundstück, das dem Heros Akademos geweiht war). Dreimal (387, 367 und 361) versuchte Platon als eine Art philosophischer Erzieher und Berater bei den Tyrannen von Syrakus, seine Vorstellungen eines philosophischen Königtums zu verwirklichen und scheiterte dabei, wurde verbannt oder gefangen gesetzt. Ab 360 v. Chr. widmete er sich nur noch seiner Lehrtätigkeit in der Akademie.

Platon

Der Tradition seiner Familie entsprechend wurde Platon umfassend körperlich und geistig ausgebildet und für eine politische Laufbahn vorgesehen. Reich, vornehm, stattlich, intellektuell und künstlerisch hoch begabt warf ihn die Begegnung mit Sokrates aus diesem vorgesehenen Lebensplan. Verführt vom Zauber seiner Gespräche widmete sich Platon dem Philosophieren. In der Verurteilung des Sokrates sah er einen Verfall der politischen Ordnung und erkannte, dass nur die Philosophie den Blick für die Gerechtigkeit im gesamten öffentlichen und privaten Leben verleiht.

Platons philosophische Tätigkeit

Seine Lehrtätigkeit in der Akademie versteht Platon als gemeinsames Philosophieren im Wechsel von kurzem Lehrvortrag und ausführlicher Disputation. Im Zentrum stehen ethisch-politische Fragen, die jedoch zunehmend durch erkenntnistheoretische und ontologische Untersuchungen erweitert werden. Daneben werden auch Wissenschaften wie Mathematik und Astronomie behandelt; beschreibende naturkundliche Wissenschaften wie Botanik treten zurück.

Die Schule Platons, die Akademie; Mosaik, Rom, ca. 100 v. Chr.

Die Dialogform der platonischen Werke

In den in Dialogform verfassten Schriften stellt Platon keine systematische Lehre dar. Er lässt Sokrates auftreten und zeigt, wie sich Philosophieren entfaltet: im Gespräch, in der Überführung von ungewissen zu wahren Aussagen. Dabei werden Meinungen aufgegriffen, Argumentationsgänge unterbrochen, auch offenkundige Fehlschlüsse von Sokrates dargestellt. So könnten die Dialoge Materialgrundlage der Lehrgespräche in der Akademie gewesen sein.

Alle Dialoge verteidigen die Sache des Sokrates und nehmen immer wieder Bezug auf die Vorwürfe in dessen Prozess. Welche Aussagen dabei dem historischen Sokrates zuzuschreiben sind, welche Platon, ist nicht eindeutig zu klären, genauso wenig wie die Unterscheidung in frühe sokratische Dialoge und mittlere/späte, in denen Platon eigene philosophische Entwürfe entwickelt. Die frühen, am Gesprächspartner orientierten Dialoge sind vermutlich näher am wirklichen Sokrates als die, in denen Sokrates eher doziert und die Partner bloße Stichwortgeber sind.

2.2 Platons Auseinandersetzung mit den Sophisten

Sokrates und Platon kritisieren an den Sophisten vor allem den ethischen Relativismus. Diese Auseinandersetzung ist nicht nur philosophiehistorisch interessant, sondern sie behandelt auch eine zentrale Fragestellung der Ethik.

2.2.1 Die Kritik des ethischen Relativismus

Für den Relativisten gibt es kein objektiv erkennbares Sein bzw. keine Werte, es gibt nur unterschiedliche Wertsetzungen. Allen Ansprüchen auf Wahrheit im Bereich des Erkennens, des Rechts, der Moral und der Religion begegnet der Relativist deshalb mit Skepsis: Religiöse Tradition, sittliche Vorschriften und Gesetze können keine absolute Verbindlichkeit mehr beanspruchen, weil sie bloße Konventionen sind, die nur einen bestimmten Erfahrungs- und Erkenntnisstand wiedergeben.

Woraus sollen sich dann die **Maßstäbe richtigen Handelns** ergeben? Die relativistische Antwort der Sophisten lautet: Jeder Mensch handelt so, dass er das umsetzt, was er in einer bestimmten Situation für richtig hält. Dazu braucht er gewisse Handlungskompetenzen: Er muss die Situation richtig einschätzen, muss die Umstände angemessen berücksichtigen, über Handlungsalternativen Bescheid wissen, andere überzeugen und sich durchsetzen können. Für die Sophisten bedeutet Tugend daher, in persönlichen und politischen Angelegenheiten jeweils das Beste zu erreichen.

2.2.2 Die Tugendlehre

Im Dialog „Protagoras“ prüft Sokrates den Anspruch des Sophisten Protagoras, ein Experte der Tugend zu sein und besser und grundlegender als die üblichen Tugendlehrer Bescheid zu wissen. Zwar weiß Protagoras, dass tugendhaft handelt, wer gerecht, besonnen, fromm und tapfer ist. Was unter den einzelnen Tugenden Gerechtigkeit, Besonnenheit, Frömmigkeit und Tapferkeit aber genau zu verstehen ist, in welchem Verhältnis sie zueinander stehen und was ihnen gemeinsam ist, kann er nicht erklären. Die sokratische Frage nach der Tugend zielt auf die Erkenntnis, dass es trotz verschiedener Ansichten und Verhaltensweisen eine erkennbare und verbindliche Tugend gibt.

Sokrates bestimmt Tugend als **Wissen um das Gute,** das allerdings qualitativ von jedem Gegenstandswissen unterschieden ist. Erst dieses Wissen macht unser Leben gut und angenehm. Wenn wir also schlecht handeln, uns selbst schaden, dann deshalb, weil wir über das Gute nicht Bescheid wissen und irrtümlich ein falsches Gut vorgezogen haben. Denn niemand tut freiwillig Schlechtes. Im Dialog „Menon" versucht Sokrates zu klären, was dieses Wissen ausmacht.

Für den Sophisten Menon besteht Tugend darin, je nach Lebensalter und Geschlecht die Aufgaben zu erfüllen, die einem zufallen: Als Mann in und für die Polis tätig zu werden und dabei die Freunde zu fördern, seinen Feinden aber zu schaden; als Frau die Ordnung im Inneren des Hauses zu besorgen und dem Manne gehorsam zu sein.

Sokrates sucht nicht nach einzelnen Tugenden, sondern nach dem **Wesen der Tugend,** das allen Menschen gemeinsam ist, das sie aber nicht von Natur aus vollständig besitzen, sondern sich erwerben müssen. Menon bezweifelt, dass diese Suche methodisch sinnvoll ist: Man kann das Wesen einer Sache nicht suchen, wenn man offenkundig nicht weiß, wonach man sucht; hat man es zufällig gefunden, weiß man nicht, ob es tatsächlich das Wesen ist. Sokrates antwortet darauf mit einer mythischen Erzählung: Die Seele sei unsterblich, werde immer wieder geboren und erinnere sich an das früher Gewusste. Er demonstriert dies an einem jungen ungebildeten Sklaven, indem er ihn durch geschicktes Fragen dazu bringt, ein mathematisches Problem zu lösen. Alles Lernen, alles Wissen sei nur **Wiedererinnerung** (griech. *anamnesis*), d. h. Erkenntnis müsse man aus sich selbst hervorholen.

Offenkundig fällt es aber im Bereich ethischen Handelns schwer, ein ähnlich festes Wissen wie mathematische Gesetzmäßigkeiten hervorzuholen. Wenn man nicht davon ausgeht, dass Tugend eine „göttliche Schickung" ist, bleibt als Antwort auf die Frage nach der Tugend zunächst nur: Wir können erkennen, dass unsere Aussagen zur Tugend und zum richtigen Handeln nur widersprüchliche und schlecht begründete Meinungen sind, und wir können begründete, wahre Meinungen erwerben.

2.3 Das wahrhaft Gute und das Schlechte

Im **Dialog „Gorgias"**[2] konzentriert Platon seine Auseinandersetzung mit den Sophisten auf drei Aspekte, die er mit drei Gesprächspartnern erörtert. Mit dem bekannten Redner Gorgias diskutiert Sokrates, worin die Leistung der **Redekunst** besteht. Die Thematik – Nützlichkeit der Rede für die Lebensgestaltung – wird im Gespräch mit dem Gorgiasschüler Polos zu einer Diskussion über **Macht und Gerechtigkeit** erweitert. Im Gespräch mit Kallikles

2 Textstellen zitiert nach: Platon: Sämtliche Dialoge, hrsg. von Otto Apelt, Meiner Verlag: Hamburg 1988.

setzt Sokrates sich mit dessen Auffassung, das gute Leben bestehe im Ausleben der **Begierden,** auseinander.

In einem vierten Teil entwickelt Sokrates in Form eines Monologes seine bzw. Platons Auffassung von der Tugend als der richtigen **Verfassung der Seele.** Die Argumentation dieses Dialoges soll ausführlicher dargestellt werden, weil hier Art und Inhalt der philosophischen Ethik Platons gerade in der Kritik an anderen Positionen anschaulich werden.

2.3.1 Die Kritik der sophistischen Gesprächspartner

Die Kritik der Rhetorik

Sokrates prüft, ob Gorgias wirklich der Meister der Redekunst ist und Bescheid weiß über das, was er tut. Gorgias definiert die Redekunst als die „Fähigkeit, durch „beredte Worte" sowohl vor Gericht die Richter zu überreden wie in den Bürgerversammlungen die Bürger zu **überreden.** Es gelingt Sokrates, Gorgias von der sophistischen Überzeugung abzubringen, dass die Rede eine gute, nützliche Kunst sei, unabhängig davon, ob sie eine gute Sache oder eine schlechte vertritt. Überreden zielt nicht auf wirkliches Wissen, sondern auf den Glauben der Zuhörer. Wer aber über Recht und Unrecht rede, müsse ein **Wissen** über Recht besitzen und damit selbst gerecht sein.

Die Kritik der Macht

Der Sophist Polos bestreitet diese Bindung der Rhetorik an ein ethisches Verhalten: Ihre Aufgabe sei es, dem Redner Macht zu verleihen, unabhängig davon, worauf diese Macht ziele. Macht ist ein Gut, nützlich an sich. Wer Macht habe, könne sein Leben so gestalten, wie er will, Recht oder Unrecht spielen keine Rolle. Der Tyrann sei letztendlich der glücklichste Mensch. Diesen Standpunkt versucht Sokrates zu widerlegen:

- **Der Machthaber tut nicht, was er will.**
  Der Machthaber will wie jeder Mensch das Gute. Wenn er aber „einen tötet oder aus dem Staate vertreibt oder des Vermögens beraubt, gleichviel ob Redner oder Tyrann", tut er etwas Schlechtes; allerdings „in der Überzeugung, es sei so gut für ihn." Damit hat er sich in dem geirrt, was er für gut hält.
  Dieses Argument besteht nur, weil Polos die Gleichsetzung „gut" und „gut für ihn" mitmacht und die Beispiele für Schlechtes übernimmt. Polos versucht zwar, seine Argumentation auf weit verbreitete Meinungen zu stützen und den „Mann auf der Straße" als Gewährsmann zu zitieren. Sokrates verpflichtet ihn aber darauf, sich nur dem „Logos" des Gesprächs zu stellen.

- **Unrecht leiden ist besser als Unrecht tun.**
  Für Polos ist Unrecht leiden schlimmer als Unrecht tun. Wer Unrecht tut, hat immerhin einen Vorteil, der ihn glücklicher macht. Sokrates setzt dagegen, dass er lieber Unrecht erleide. Er weist nach, dass der Vorteil nur vordergründig besteht, denn der Ungerechte nimmt schweren Schaden an seiner Seele. Nur der, der rechtschaffen und gut ist, ist auch glücklich.

Sokrates fasst zusammen: **Macht an sich ist kein Gut.** Wenn Rhetorik zu der Macht verhilft, Unrecht zu tun, richtet sie Schaden an und ist damit nicht nützlich für eine gute Lebensgestaltung. Polos muss seine Position aufgeben, weil er die von Sokrates als selbstverständlich unterstellte moralische Unterscheidung von gut und schlecht teilt.

Die Kritik des Hedonismus

Gerade diese moralische Grundlage greift der Sophist Kallikles an, indem er für das Recht des Stärkeren plädiert. Wieso soll es schlecht sein, sich Vorteile gegenüber anderen zu verschaffen, warum soll das Unrecht sein? Kallikles behauptet, es sei das **Recht der Natur,** dass der Stärkere den Schwächeren beraubt, der Edle mehr hat als der Gemeine usw. Der Stärkere verstößt zwar gegen eine vom Gesetz vorgesehene Gleichheit, das Gesetz sei aber bloße Konvention, von Schwachen geschaffen, um sich gegen die Starken zu schützen.

Sokrates argumentiert mit Kallikles derart, dass dieser die „Besseren“ als die „Einsichtsvolleren“ beschreibt, die den Staat kraft dieser Einsicht führen und deshalb zur Herrschaft berufen sind. Für Sokrates bedeutet „einsichtsvoll“ sein aber auch Selbstbeherrschung der Lüste und Begierden. Kallikles dagegen hält solche Selbstbeherrschten für Schwachköpfe und entwirft das Ideal eines naturgemäß schönen und richtigen Lebens:

Wer richtig leben will, muss seine Begierden so groß wie möglich werden lassen, ohne ihnen einen Zügel anzulegen; sind sie aber so groß wie möglich, so muss er imstande sein, ihnen mit Tapferkeit und Klugheit zu dienen und alles, wonach sich die Begierde regt, zur Stelle zu schaffen. Aber dies ist natürlich den meisten nicht möglich. Daher tadeln sie die Vertreter dieser Richtung und verbergen aus Scham unter diesem Tadel ihre eigene Ohnmacht und erklären die Zügellosigkeit für hässlich. Und so suchen sie denn die von Natur besseren Menschen sich unterwürfig zu machen, und selbst nicht imstande, ihren Lüsten Befriedigung zu verschaffen, loben sie die Mäßigung und Gerechtigkeit aus keinem anderen Grund als weil sie selbst feige sind. Denn wer von vornherein das Glück hatte, entweder ein Königssohn zu sein oder von der Natur mit der Kraft ausgerüstet zu sein, um sich selbst zum Herrscher oder Tyrannen oder Machthaber zu machen, was stünde einem solchen Mann schlechter und schimpflicher an als Mäßigung. Sie, denen der Genuss aller Güter freisteht und nichts im Wege steht, sollten selbst das Gesetz, das Gerede und den Tadel der großen Menge zum Herrn über sich machen? Oder sollten sie nicht unglückliche Menschen werden durch die Herrlichkeit der Gerechtigkeit und Mäßigung, bei der sie ihren Freunden nicht mehr Gutes zukommen lassen als ihren Feinden und noch dazu als Herrscher im eigenen Staat? Du, mein Sokrates, behauptest immer, der Wahrheit nachzugehen. In Wahrheit nun verhält es sich folgendermaßen: Üppigkeit, Zügellosigkeit und Freiheit, wenn ihnen alle Hilfsquellen offen stehen, das ist Tugend und Glück; das andere aber, diese eure schönen Bemerkungen und widernatürlichen menschlichen Abmachungen, ist eitel Wind und nichtig.

Platon: Gorgias 492 St.

Platon lässt hier eine **Moralkritik** mit fast modernen psychologischen Zügen formulieren und stellt das hedonistische Lebensmodell vor, das allerdings in die Ordnung der Polisgemeinschaft eingebunden ist. Sokrates lässt in seiner Widerlegung die Moralkritik beiseite und widmet sich der hedonistischen Überzeugung.

Kallikles setzt – wie alle Gesprächspartner in diesem Dialog – das Gute gleich mit Vorteil, Annehmlichkeit und Lust. Sokrates weist in einigen Argumentationsschritten nach, dass diese Gleichsetzung nicht aufgeht. Dazu radikalisiert er zunächst die Ausgangsthese: Jede Lust ist gut; alles, was Vergnügen bzw. glücklich macht, ist gut.

- **Nicht jede Lust ist gut.**
  Feige Bürger empfinden unter Umständen mehr Lust als tapfere, zum Beispiel wenn sie eine Auseinandersetzung scheuen. Dass diese Lust nicht gut ist, muss Kallikles vom Standpunkt des starken Mannes aus zugeben.
- **Nicht jede Tätigkeit, die Vergnügen bewirkt, ist gleich gut.**
  So bewirkt die Kochkunst etwas Angenehmes für den Körper, ist aber reine Übungssache. Die Heilkunst dagegen zielt auf das Gute: Sie weiß über die Natur der Krankheit Bescheid, kennt durch Forschung die Zusammenhänge von Krankheitsursachen und heilenden Mitteln und bewirkt so Gesundheit. Sie zielt auf die richtige **Ordnung des Körpers**.
  Auch für die Seele gibt es eine solche richtige Ordnung, die man als gesetzlich und wohlgesittet bezeichnet. Wer sich um die rechte **Ordnung der Seele** sorgt, muss wie der Arzt, der dem Kranken bestimmte Einschränkungen auferlegt, auch die kranke Seele einschränken und darf ihr nur erlauben, was sie besser macht, muss also ihre Begierden in Zucht halten. In diesem Sinne macht Rhetorik nicht besser, sie schmeichelt nur dem Zuhörer und der Ruhmsucht des Redners.

Kallikles hat bis hierher immer, wenn auch widerwillig, die einzelnen Argumentationsschritte mitvollzogen, will jetzt aber das Prüfverfahren nicht mehr mitmachen, weil er befürchtet, sonst seinen eigenen Standpunkt widerlegen zu müssen.

2.3.2 Die Besonnenheit und das richtige Leben

Die Ordnung der Seele

Die richtige Ordnung der Seele, ihre Tugend bzw. Tauglichkeit nennt Sokrates **„Besonnenheit“.** Der Mensch mit einer solchen Seele handelt gut, gerecht, tapfer und fromm, er ist glücklich. Sokrates beschreibt sein Gegenbild zum hedonistischen Menschen so:

Dies ist also meine Ansicht, und für ihre Wahrheit trete ich ein. Ist sie aber wahr, so muss doch wohl der, der glücklich leben will, welcher glücklich sein will, Besonnenheit erstreben und üben, der Zuchtlosigkeit aber entfliehen, so rasch einen jeden von uns die Füße tragen; am liebsten muss man es dahin bringen, dass man überhaupt der Züchtigung nicht bedarf; wenn man aber entweder selbst derselben bedarf oder irgendein Angehöriger, sei es ein Privatmann oder ein Gemeinwesen, so muss man, wer es auch sei, ihm Strafe und Züchtigung auferlegen, wenn er glücklich werden soll. Das scheint mir das Ziel zu sein, auf das man hinblicken muss, um richtig zu leben, und darauf muss man all sein Tun, sowohl die eigenen Bestrebungen wie die des Staates hinrichten, dass Gerechtigkeit und Besonnenheit sich dem beigeselle, der glücklich leben will; die Begierden aber darf man nicht ungezügelt walten lassen und sich nicht auf ihre Befriedigung verlegen, ein endloses Unheil, ein Leben wie das eines Räubers. Denn ein solcher Mensch ist weder bei einem anderen Menschen beliebt noch bei Gott; denn er ist keiner Gemeinschaft fähig; wem aber das Gefühl der Gemeinschaft fehlt, bei dem kann von Freundschaft keine Rede sein. Es sagen ja doch die Weisen, meint Kallikles, dass die Gemeinschaft und Freundschaft und Wohlverhalten und Besonnenheit und Gerechtigkeit es sei, die Himmel und Erde, Götter und Menschen zusammenhalten, und deshalb nennen sie dies Weltganzes, Weltordnung, mein Freund, nicht aber Unordnung und Zuchtlosigkeit.

Platon: Gorgias 508 St.

Ob Kallikles Argumente gegen diese „wahre Ansicht“ hätte? Das zentrale Argument, der zuchtlose Mensch sei nicht gemeinschaftsfähig, greift ja in der Tat eine seiner zentralen Überzeugungen an: Damit der Starke seine Begierden leben kann, bedarf er der Gemeinschaft, die ihm dies ermöglicht. Für die anderen soll aber sein Recht gerade nicht gelten. Die Gemeinschaft mit dem Starken bedeutet für alle anderen Unterwerfung. Wenn Sokrates sich auf die Autorität der Weisen und deren „Weltordnung" beruft, verweist er auf eine selbstverständliche Pflicht, die sich für jeden in jeder Gemeinschaft stellt.

Handeln in der Polis

Kallikles hatte im Laufe des Gesprächs die philosophische Tätigkeit des Sokrates als bloße kindische Spielerei abgetan und dem gereiften Mann die Aufgabe zugeschrieben, in der Polis tätig zu werden, wie er es selbst tue.

Nach Sokrates muss es das Ziel eines tüchtigen Mannes in der Polis sein, seine Mitbürger besser zu machen. Die von Kallikles gerühmten großen Politiker der Vergangenheit haben die Bürger nicht besser gemacht. Sie haben wohl schöne Bauwerke errichtet, den Erfolg der Stadt nach außen gesteigert und die materielle Lage der Bürger verbessert. Dass sie von eben diesen Bürgern angeklagt und ins Exil geschickt wurden, zeigt, dass sie ihre eigentliche Aufgabe verfehlt haben. Man muss in der Polis wirken wie ein Arzt, der den kranken Körper von schlechten Säften reinigt: Nicht den Bürgern nach dem Mund reden und das tun, was sie gerne hätten, sondern sie vom Übel der Ungerechtigkeit und Unbesonnenheit befreien. Genau dieses tue er, Sokrates: In seinen Unterhaltungen habe er immer auf das **„wahre Beste"** und nicht auf das den Gesprächspartnern Angenehme gezielt. Sein Philosophieren und nicht rhetorische Anstrengungen mache sich wirklich um die Mitbürger verdient. Wer aber so handelt, macht sich unbeliebt und riskiert sein Leben. Man soll aber nicht das Sterben fürchten, sondern das Unrechttun, d. h. die Belastung der Seele mit Frevel. Sokrates bzw. Platon verdeutlicht diese Überzeugung durch eine Geschichte:

Das Totengericht

Nach dem Tod werden Seele und Körper des Menschen getrennt. Die Seele wird durch von Zeus eingesetzte Totenrichter auf ihre „Narben", die aus Ungerechtigkeit, Hochmut, Zügellosigkeit usw. stammen, geprüft. Die tugendhafte Seele aber, „die ein frommes und der Wahrheit gemäßes Leben geführt hat, die Seele eines Privatmannes oder [...] eines Philosophen, der sein Lebtag seine Schuldigkeit getan und sich keinen Eingriff in anderer Rechte erlaubt hat" (Gorgias, 526 St.), kommt auf die Insel der Seligen, die schlechte Seele aber, und dies ist oft genug die von Mächtigen, wird bestraft.

Platon greift zur Beschreibung eines guten Lebens auf einen Mythos zurück, wie er auch im Totengericht der Ägypter erscheint: Im Totengericht wird die Seele gewogen und beurteilt.

Platon verlässt hier bewusst den Rahmen der philosophisch-ethischen Begründung und stellt das Leben in einen mythisch-religiösen Zusammenhang: Was der Mensch tun soll, wird durch das, worauf er hoffen kann, getragen. Zwar ist die Tugend ein Gut an sich und macht glücklich; wenn der Tugendhafte aber in der Welt, an Umständen, die er nicht in der Hand hat, scheitert, kann er auf die **Rechtfertigung nach dem Tod** hoffen.

Wie das gute Leben des Einzelnen in die Ordnung der Welt eingebettet ist, entwickelt Platon im Dialog „Politeia“.

2.4 Die Ordnung von Seele, Staat und Welt

Im **Dialog „Politeia“** untersucht Platon nicht nur die Entstehung und die Aufgaben des Staates und konstruiert ein ideales Staatsgebäude, Thema ist auch, wie die richtige Ordnung der Seele und die Ordnung der Polis zusammenhängen und wie beide ihren Grund und ihre Begründung in einer Ordnung der Welt finden. Politische und ethische Überlegungen, erkenntnistheoretische und ontologische, die Seinsweise betreffende Aussagen verbinden sich zu einem großen Modell philosophischer Ethik, das hier in einigen ausgewählten Aspekten vorgestellt wird.

2.4.1 Die Ordnung des Staates

Der Dialog greift die Frage aus dem Dialog „Gorgias“ auf, was als gerecht und was als ungerecht gilt. Sokrates möchte am größeren Modell des Staates klären, was **Gerechtigkeit** ist. Er führt die Entstehung des Staates darauf zurück, dass der einzelne Mensch nicht überlebensfähig ist, sondern der Gemeinschaft bedarf.

Die Befriedigung der Bedürfnisse erfordert eine Arbeitsteilung der Bürger, die umso besser funktioniert, wenn jeder das tut, was er besonders gut kann: Schuhmachen, Schneidern usw. In einem Staat sind aber auch Tätigkeiten erforderlich, die dem Zusammenleben an sich gelten: Die Verteidigung und die Regierung des Gemeinwesens. Nach den Tätigkeiten des Leitens, des Kontrollierens und des Produzierens werden drei Stände von Bewohnern unterschieden.

- Die **Regierung** muss durch Menschen ausgeübt werden, die weitsichtig sind: Die Philosophen sind nicht durch Meinungen und bloße Eindrücke beeinflussbar, sondern suchen die unveränderbare Wahrheit.
- Die **Wächter** verteidigen den Staat nach außen und unterstützen die Regierung nach innen. Sie zeichnen sich durch Tapferkeit und Besonnenheit aus.
- Die **Menge** schafft die materiellen Grundlagen des Staates und ernährt die beiden anderen Stände mit. Die Beschränkung auf den Erwerb bringt es mit sich, dass sie die Herrschaft der beiden anderen anerkennt.

Richtig und gerecht ist der Staat nach Platon dann, wenn jeder Stand das tut, was ihm **von Natur aus** zukommt, und nicht eine Tätigkeit anstrebt, für die er weder Anlage noch Ausbildung hat.

2.4.2 Die Ordnung der Seele und die Tugenden

Wie der Staat hat auch die Seele **drei Teile,** drei Grundkräfte: Die Vernunft, das Mutartige und das Begehren:

- die **Vernunft** (griech. *logistikon*): Der denkende oder rechnende Seelenteil, der auf die Erkenntnis des Wahren und Guten ausgerichtet ist und die Fähigkeit zur Abwägung, zur Überlegung und zur Vorausschau hat.
- das **Mutartige** (griech. *tymoeides*): Dieser Seelenteil umfasst jene Affekte (Zorn, Angst, Kühnheit, Verzweiflung, Hoffnung), die entstehen können, wenn das Erreichen eines begehrten Gutes auf Schwierigkeiten stößt.
- das **Begehren** (griech. *epithymetikon*): Die Begierde ist die Grundlage der Ernährung und Fortpflanzung.

Die Vernunft nimmt als geistiger Seelenteil den höchsten Rang ein, denn sie ist in der Lage, das wahre Gute zu schauen. Darum soll sie auch die anderen (sinnlichen) Seelenteile beherrschen. Um dies zu können, muss sie die Tugend der **Weisheit** (griech. *sophia*) erlangen.

Die Vernunft richtet Affekte auf das wahre Gute und lenkt sie dazu, dieses Gute trotz aller Hindernisse zu wollen. Das der Vernunft gehorchende Mutartige entwickelt so die Tugend der **Tapferkeit** (griech. *andreia*).

Das Begehren wird von Platon als naturhaft-sinnliche Begierde beschrieben, die sich beliebig und ungeordnet auf die verschiedenen Güter bezieht und diese mit Liebe und Hass, Freude und Schmerz besetzt. Der mutartige Seelenteil mäßigt nun diese Begierden und richtet sie im Sinne der Vernunft auf das wahre Gut aus. Die entsprechende Tugend des dritten Seelenteils ist die **Mäßigung / Besonnenheit** (griech. *sophrosyne*).

Ist diese Ordnung der Seelenteile hergestellt, ist der Mensch gerecht. Denn **Gerechtigkeit** (griech. *dikaiosyne*) ist nach Platon dann gegeben, wenn jeder das Seine tut. Wenn jede Seelenkraft unter der Herrschaft der Vernunft das ihre tut, ist der Mensch in sich gerecht. Die vier **Kardinaltugenden,** Weisheit, Tapferkeit, Besonnenheit und Gerechtigkeit, werden in den nachfolgenden antiken und christlichen Tugendlehren immer wieder aufgegriffen.

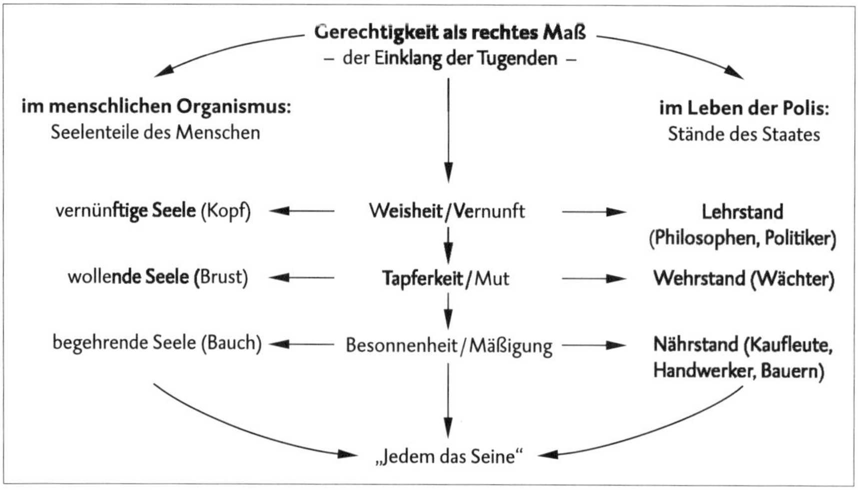

2.4.3 Das tugendhafte Leben und die gerechte Ordnung

Das tugendhafte Leben der Bürger und die gerechte Ordnung im Staat bedingen sich gegenseitig. Wie der gute, gerechte Staat der guten, gerechten Seele entspricht, so entsprechen ungerechte Verfassungen ungerechten Menschen.

Das Unheil der Staaten, ja des ganzen Menschengeschlechts, liegt nach Platon darin begründet, dass politische Macht und Philosophie nicht zusammenfallen. So müssten „entweder die Philosophen Könige werden in den Staaten, oder die jetzt so genannten Könige und Gewalthaber sich aufrichtig und gründlich mit Philosophie befassen." (Politeia 473 St.)

Nur Philosophen erkennen das wahre Sein an allen Dingen und sind in der Lage, aus diesem wahren Wissen den Staat zu ordnen, um für die Tugend der Bürger Sorge zu tragen, also das gute Leben zu ermöglichen. Platon entwirft im Folgenden seine Lehre von den Ideen: Wie ist die Welt beschaffen, was kann erkannt werden und was bedeutet dies für die Ordnung des praktischen Lebens? In drei Gleichnissen – dem Sonnen-, Linien- und Höhlengleichnis – lässt Platon Sokrates die zentralen Fragen nach der Erkennbarkeit der Ordnung der Welt und der Stellung des Menschen in Form bildhafter Rede veranschaulichen und erklären. Im Folgenden wird dies am Höhlengleichnis entwickelt.

2.4.4 Die Ordnung der Welt und ihre Erkenntnis

In einer Höhle sind Menschen gefangen und so angekettet, dass sie ihr Leben lang auf die dem Eingang gegenüberliegende Wand blicken müssen. Zwischen dem Eingang und ihnen befindet sich ein Feuer, vor dem Dinge bewegt werden, sodass diese Schatten auf die Wand werfen. Die Gefangenen sehen immer nur diese Schatten: Das ist die Wirklichkeit, die sie erfahren können. Unter diesen Gefangenen ist einer, der die Schattenbilder scharf beobachtet und am genauesten vorhersagen kann, in welcher Reihenfolge die Schattenbilder auftauchen werden.

Eines Tages wird dieser Gefangene befreit, er dreht sich um und erkennt – durch das Feuer zunächst schmerzhaft geblendet –, dass das, was er vorher für seine Welt gehalten hat, nur Schein war.

Dann wird er aus der Höhle ans helle Tageslicht geführt, das ihn von neuem blendet. Zunächst ist er nur imstande, Umrisse zu unterscheiden, dann wird er die Dinge klarer sehen, um schließlich sogar die Lichtquelle, die Sonne wahrzunehmen. Er wird erkennen, dass sie die Ursache aller Dinge ist. Er erkennt aber auch, wie armselig seine Schattenexistenz war.

Wenn er nun zurückkehrt und den Gefangenen von seinen Erfahrungen berichtet, werden diese ihn kaum verstehen. Zudem hat er Schwierigkeiten, sich in der Wirklichkeit der Schattenbilder zurechtzufinden. Die anderen Gefangenen werden behaupten, dass er sich die Augen verdorben habe. Deshalb lohne es sich gar nicht, einen Aufstieg aus der Höhle zu versuchen. Wahrscheinlich werden sie ihn und jeden, der Ähnliches versucht, als Bedrohung verstehen und ihn zu beseitigen versuchen.

Die in der Höhle gefesselten Menschen (unten rechts) starren auf die durch den Feuerschein einer Laterne an die Wand geworfenen Schatten von Bildern. In der linken Bildhälfte sind diejenigen dargestellt, die ihr Schattendasein bereits erkannt haben. Links im Hintergrund weist der Philosoph außerhalb der Höhle mit einer Geste auf die Sonne, die wahre „Idee des Guten".

Der Bildungsgang der Seele – Von der Meinung zur Idee

Wenn dieses „sonderbare Bild" der Höhle unsere Existenz beschreibt, sind wir die Schattenexistenzen, ein Leben lang gefesselt in einer vertrauten, aber trostlosen Wirklichkeit, unfähig und unwillig, diese Fesseln abzustreifen? Oder sind wir diejenigen, die den Aufstieg wagen, an einer farbig, sonnenbeschienenen Wirklichkeit teilhaben, freilich um den Preis, den gewohnten Alltag und unsere Mitmenschen zu verlieren? Beides! Sokrates deutet im Anschluss das Gleichnis als **Bildungsgang der menschlichen Seele durch zwei Welten:** Die Höhlenwelt ist die der Sinne, „die uns erscheinende Raumwelt", die Außenwelt ist „das Reich des nur Denkbaren".

Im Einordnen der Schatten zeigt sich der (Alltags-)Verstand. Wir identifizieren Erscheinungen und verknüpfen diese nach einer bestimmten Regelmäßigkeit. Das halten wir für Wissen, es sind aber bloße **Meinungen** (griech. *doxa*).

Im Weg zum Feuer erfahren wir unser **Scheinwissen.** Was für ordnendes Wissen gehalten wurde, besteht nur aus Konstrukten (im Bild: die vorbeigetragenen Machwerke). Diese Erkenntnis ist selbst noch kein Wissen, sondern nur der Weg dazu.

Erst in der Außenwelt gelingt **wirkliches Wissen** (griech. *episteme*). Mathematisch-geometrisches Denken erkennt die Umrisse der Dinge, philosophisch-dialektisches Denken die Dinge selbst. Diese bezeichnet Platon als „Ideen", Urbilder und Grundlage des Seins. „In dem Gebiete des Denkbaren zeigt sich zuletzt und schwer erkennbar die Idee des Guten", das ist im Gleichnis die Sonne. In ihr liegt der Zusammenhang allen Seins, alles Rechten und Guten. Sie verhilft uns zu „Wahrheit und Vernunft, sodass diese Idee erkannt haben muss, wer einsichtig handeln will". (Politeia 517 St.)

Mit seiner **„Ideenlehre"** versucht Platon zu erklären, wie wir zu Allgemeinbegriffen und zu festem, unbezweifelbarem Wissen kommen. Dieses Wissen muss sich auf etwas beziehen, das in sich selbst fest, nicht veränderlich ist. Unsere Erkenntnis ist nicht das Erkannte selbst. Sie kann schwinden; unvergänglich und vollkommen sind allein die Ideen.

Bildung als Umwendung der Seele

Nach Platon hat die Seele eines jeden die Fähigkeit, zu Kenntnissen zu kommen. Wahre Bildung besteht nicht darin, diese Kenntnisse nur zu vermehren. Sie verlangt vielmehr eine Wende aus der Welt der sinnlichen Wahrnehmung hin zur Betrachtung des „Seienden" und des „Guten".

Welche Folge hat die Erkenntnis des Guten für den, der in die Höhle zurückkehrt? Sie verändert nicht nur seine bisherigen Anschauungen, sondern notwendig auch sein bisheriges Leben. Er wird versuchen, seine gefangenen Mitbürger zur Bildung zu führen. Dass es Widerstand gegen ein solches Bildungsangebot gibt, wird jeder erfahren, der um die Seele seiner Mitbürger Sorge trägt. Damit enthält das Höhlengleichnis auch eine ethisch-politische Komponente.

Das Gute und das gute Leben

Was das gute Leben ausmacht, lässt sich nicht in der Welt der Erfahrung, der veränderlichen Sinnenwelt finden. Dort gibt es tatsächlich sich stets verändernde Güter, Ansichten und Verhaltensweisen. Das **Gute als Idee** gehört einer anderen Ebene, einer anderen Welt an als das gute, tugendhafte Verhalten. Das Gute ist das **Urbild,** das erkannt und gewusst werden kann, die einzelnen Tugenden sind nur die Abbilder. Von einer Person zu sagen, sie ist tugendhaft, heißt, dass diese Person am Guten selbst teilhat.

Wie ist diese Teilhabe möglich? Der Mensch, der in der Sinnenwelt lebt und handelt, hat über die Seele teil an der Welt der Ideen. Während der Körper sinnlich beschränkt und sterblich ist, ist die Seele immateriell und unsterblich. Bevor sie in den Körper eintrat, hat die Seele die Ideen geschaut, mit der Bindung an den Leib diese Einsicht aber verloren.

In seiner **Anamnesis-Lehre** erklärt Platon, dass sich die Seele nachträglich der Erkenntnis wieder besinnen könne, indem sie sich durch die Betrachtung der unvollkommenen Abbilder an die vollkommenen wahren Ideen erinnere. Die „Idee des Guten“ ist nicht gleichzusetzen mit einer begrifflichen Klärung, das Gute sei die Ordnung aller Dinge, die Einheit der Gegensätze usw. Diese Teilhabe am Guten geschieht in einem ständigen Denk- und Lebensprozess, der von der Sorge um die rechte Ordnung der Seele wie um die rechte Ordnung der Gemeinschaft gekennzeichnet ist.

Dass diese rechten Ordnungen nicht selbstverständlich sind, die Menschen sich ungerecht, eigennützig und triebhaft verhalten, erläutert Platon am Schluss der „Politeia“ in einem Mythos von der Wanderung der Seele nach dem Tod, der auch die Geschichte vom Totengericht aus dem „Gorgias“ wieder aufnimmt. Die Vorstellung von einer Auswahl der Seele durch Los soll erklären, warum es schlechtes und gutes Leben gibt und wieso der Gute auf seine Rechtfertigung vertrauen kann.

Die Loswahl der Seele

Die Seele hat sich zu entscheiden, ob sie sich entweder der Welt der Abbilder oder der Welt der Ideen zuwendet. Im ersten Fall wird sie völlig von den Bedürfnissen des Körpers abhängig und hineingezwungen in einen schmerz- und schuldhaften **Kreislauf der Wiederverkörperung.** Oder sie entscheidet sich für ein Leben, das der Erkenntnis der Ideen gewidmet ist und sich deshalb nicht vom Körper bestimmen lässt. Dann ist ihr nach dem körperlichen Tod die **Wiedereinkehr in das Reich des Unveränderlichen,** Ewigen, Göttlichen und damit die Glückseligkeit gewährleistet.

Platon lässt Sokrates den Dialog mit folgender Aufforderung abschließen:

Wollen wir, überzeugt, dass die Seele unsterblich und imstande sei, allem Schlimmen und allem Guten standzuhalten, immer unbeirrt den Weg nach oben verfolgen und auf dem Grunde richtiger Einsicht auf alle Weise Gerechtigkeit üben, auf dass wir mit uns selbst wie auch mit den Göttern in Frieden und Freundschaft leben, sowohl während wir hier auf Erden weilen als auch dann, wenn wir die Preise dafür davontragen gleich denen, welche im Wettkampf ihren Lohn einsammeln und uns hier sowohl wie auf der tausendjährigen Wanderung, die wir geschildert, uns eines glücklichen Daseins erfreuen.

Platon: Politeia 621 St.

2.5 Wie nahe ist uns Platon?

Nach einem Ausspruch des englischen Philosophen Alfred N. Whitehead (1861–1947) besteht die Denktradition Europas aus einer Reihe von Fußnoten zu Platon. Während Platon Philosophie noch als Gesamtprojekt des guten Lebens versteht, differenziert sein Schüler Aristoteles bereits verschiedene Gegenstandsbereiche. Ethik/Politik wird zu einer eigenen Wissenschaft neben Metaphysik, Logik usw.

Die Frage, ob unserem Denken tatsächlich Seinsstrukturen zugrunde liegen, wird in der Neuzeit seit Kant meist dahingehend beantwortet, dass unsere Wahrnehmungs- und Denkstrukturen unsere Weltsicht prägen, über eine Welt an sich aber keine Aussage gemacht werden kann. Ob es eine philosophische Ethik ohne metaphysische Einbettung geben kann, wie es ebenfalls Kant zu begründen versucht, ist allerdings auch in der gegenwärtigen Diskussion umstritten. Unabhängig von dieser Diskussion lässt sich fragen, ob die Vorstellung von einem guten Leben, wie Platon es beschreibt, für uns überzeugend ist

Zusammenfassung: Platon – Die Tugenden und das Gute

Nach Platon ist philosophische Ethik eine **rationale Ethik.** Gefühle, Leidenschaften und Interessen müssen sich der Vernunft und ihren Begründungen unterordnen. Zur Vernunft ist jeder begabt und damit auch zur Einsicht in das, was gut und richtig ist. Erkennen und Handeln bilden eine Einheit. **Tugend ist richtiges Handeln nach richtiger Einsicht.** Diese Einsicht ist lehr- und lernbar. Sie besteht allerdings nicht nur in Kenntnissen, sondern ergreift das ganze Leben und ist ein ständiger **Prozess des Einsichtigwerdens.** Fehlt einem Menschen die entsprechende Einsicht, wird er irren und fehlgehen, sich selbst und anderen schaden. Niemand handelt aber mit Absicht schlecht. Vielmehr meint jeder, das für ihn Beste zu tun, täuscht sich aber in dem, was er für gut hält. Einsicht in das wahre Gute führt zu richtigem Handeln. Im Leben nach der Vernunft ist der Mensch glücklich.

3 Aristoteles – Tugenden zum Glück

3.1 Biografie

Aristoteles wurde 384 v. Chr. in Stageira (Makedonien) als Sohn eines einflussreichen Arztes geboren. Im Alter von 17 Jahren kam er nach Athen in die Akademie Platons und arbeitete dort zunächst als Schüler, dann auch als Lehrer bis zum Tod des Meisters 347 v. Chr. Aristoteles setzte seine Lehr- und Forschungstätigkeit in Assos (Kleinasien) und Lesbos fort und wurde 343 von König Philipp an den makedonischen Hof gerufen, um den damals dreizehnjährigen Alexander zu erziehen. Nach der Thronbesteigung Alexanders 336 kehrte Aristoteles nach Athen zurück und gründete dort eine eigene Schule, das Lykeion, auch Peripatos (Wandelhalle) genannt, an der er 13 Jahre lang lehrte und forschte. Nach dem Tod Alexanders 323 sah sich Aristoteles als Anhänger der makedonischen Partei in Athen verfolgt. Damit die Athener sich nicht ein zweites Mal an der Philosophie versündigten – wie er in Anspielung auf Sokrates gesagt haben soll –, floh er nach Chalkis auf Euboia, wo er 322 v. Chr. starb.

Aristoteles und Alexander der Große; Elfenbein-Buchdeckel, 14. Jhd.

Die philosophisch-wissenschaftliche Leistung des Aristoteles besteht in der Zusammenfassung und Systematisierung der Problemstellungen und -lösungen, die über drei Jahrhunderte das „geistige Laboratorium“ der Griechen bewegen. Systematisierung heißt, klare Unterscheidung der einzelnen Gegenstandsbereiche des Wissens und innerhalb dieser die Entwicklung von strengen Begründungszusammenhängen. So teilt er die Untersuchungen in folgende Wissenschaften ein:

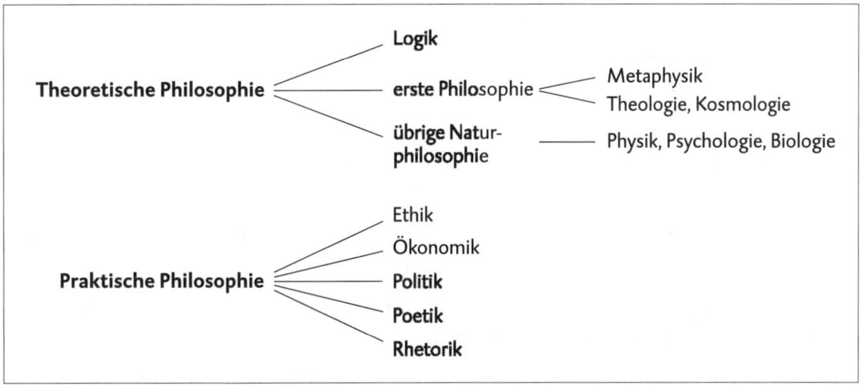

3.2 Ethische Untersuchungen

Gegenstand und Anspruch

Aristoteles hat in einer Erzählung deutlich den Unterschied seiner ethischen Untersuchungen zu denen Platons herausgestellt: Platon habe einmal in der Akademie eine Vorlesung „Über das Gute" angekündigt und damit eine große Anzahl von Hörern angelockt, die Erhellendes über Glück, Reichtum, Macht und was sonst noch als Gut gilt, erwarteten. Platon habe aber hauptsächlich über Mathematik, Zahlen und Geometrie geredet und sei schließlich zu dem Ergebnis gelangt, dass das Gute das Eine sei. Die meisten Hörer hätten sich daraufhin enttäuscht abgewandt. Er, Aristoteles, habe deshalb in seinen Untersuchungen immer an die verbreiteten Meinungen angeknüpft und seinen Hörern zunächst immer angegeben, wovon die Vorlesung handle und welche Vorgehensweise er wähle.

Ausgangsfrage: Gibt es ein Ziel menschlichen Lebens?

Aristoteles stellt in den ersten Kapiteln der „Nikomachischen Ethik"[3] immer wieder heraus, dass seine Untersuchungen der Frage gelten, was das beste, das gelingende Leben des Menschen ausmacht. Er geht dabei von der weit verbreiteten Auffassung aus, dass jedes Tun des Menschen an einem Ziel (griech. *telos*) orientiert ist, das wir für gut erachten: „Jede Kunst und jede Lehre, ebenso jede Handlung und jeder Entschluss scheint irgendein Gut zu erstreben.

3 Nikomachische Ethik (NE); üblicherweise werden die genauen Stellenangaben nach der ersten großen wissenschaftlich exakten griechischen Ausgabe der Werke von Immanuel Becker 1831 ff. zitiert: Buch (I), Kapitel (1), Seiten dieser Ausgabe (1094), Spalte (entweder a oder b) und Zeilennummerierung.

Darum hat man mit Recht das Gute als dasjenige bezeichnet, wonach alles strebt.“ (NE I 1, 1094 a 1)

Zwar gibt es, je nach Tätigkeit, unterschiedliche Zielsetzungen, doch stellt sich bei näherer Betrachtung heraus, dass es übergeordnete Ziele gibt und solche, die nur Mittel für andere sind. Aristoteles sucht die Zielsetzung, die allen anderen Zielen unseres Handelns übergeordnet ist: „Wenn es aber ein Ziel des Handelns gibt, das wir um seiner selbst willen wollen [...] wenn wir also nicht alles um eines anderen willen erstreben (denn so ginge es ins Unbegrenzte und das Streben wäre leer und sinnlos), dann ist klar, dass jenes das Gute und Beste ist.“ (NE I 1, 1094 a 18)

Dieses Ziel, seine Voraussetzungen und Folgen wissenschaftlich zu untersuchen, hat für die Gestaltung unseres Lebens eine zentrale Bedeutung, für den Einzelnen wie für die Gemeinschaft.

Untersuchungen im Umriss

Allerdings muss sich der Hörer darauf einstellen, dass Aristoteles nur in groben Umrissen das Richtige andeuten wird. Da der Gegenstand seiner Untersuchungen die unterschiedlichsten und sich stets verändernden Ziele und Bewertungen menschlichen Handelns umfasst, können auch die Schlussfolgerungen nur bis zu einem gewissen Grade präzise sein und keine letztgültigen Wahrheiten bieten, da ja das Ziel nicht die reine Erkenntnis, sondern das Handeln ist. Deshalb setzt Aristoteles auch auf einen verständigen und lebenserfahrenen Zuhörer.

3.3 Eudaimonia – Ziel und Glückseligkeit

Nach den methodischen Vorüberlegungen greift Aristoteles die Frage nach dem obersten Ziel auf und benennt es mit dem Begriff der **„eudaimonia“**[4]: „Im Namen stimmen wohl die meisten überein. Glückseligkeit nennen es die Leute ebenso wie die Gebildeten, und sie setzen das Gut-Leben und das Sich-gut-Verhalten gleich mit dem Glückseligsein.“ (NE I 2, 1095 a 13)

4 Das griechische *eudaimonia* wird im Deutschen meist mit Glück oder Glückseligkeit übersetzt. Dies ist nicht unproblematisch: Bei „Glück“ denken wir eher an etwas, das uns von außen zufällt; „Glückseligkeit“ scheint eher eine Stimmungslage zu bezeichnen. Eudaimonia bedeutet, wörtlich genommen, einen guten Dämon haben oder unter einem guten Stern stehen. Der religiöse Hintergrund, dass das Glück hier von einem höheren Wesen kommt, tritt in den philosophischen Überlegungen zurück. Angesprochen wird Geglücktsein, Gelungensein, gelingendes Leben und Handeln.

Aristoteles geht von der wohl nicht zu bezweifelnden Überzeugung aus, dass alle Menschen glücklich sein, gut leben und richtig handeln wollen. Die zentrale Frage ist nun: Worin sehen sie das Glück? Wie ist es zu bestimmen?

Was aber die Glückseligkeit sei, darüber streiten sie, und die Leute sind nicht derselben Meinung wie die Weisen. Jene nämlich verstehen darunter etwas Selbstverständliches und Sichtbares, wie Lust, Reichtum oder Ehre, der eine dies, der andere jenes, oftmals auch einer und derselbe Verschiedenes; wenn er krank ist, meint er die Gesundheit, wenn er arm ist, den Reichtum. Da sie sich aber ihrer eigenen Unwissenheit bewusst sind, bewundern sie jene, die etwas Großes und ihr Verständnis Übersteigendes sagen. Einige meinten, es gebe neben diesen vielen Gütern ein anderes Gutes an und für sich, das auch die Ursache des Gutseins all der anderen Güter wäre. Alle Ansichten zu überprüfen ist wohl eher sinnlos; wir dürfen uns also auf jene beschränken, die am verbreitetsten sind oder einigermaßen begründet erscheinen.

Aristoteles: Nikomachische Ethik I 2, 1095 a 20.

Drei Lebensformen

Aristoteles ordnet die unterschiedlichen Glücksauffassungen drei verschiedenen Lebensformen zu: Eine am Genuss, eine an der Gemeinschaft und eine an der theoretischen Erkenntnis orientierte Lebensführung mit den obersten Zielen Lust, Ehre und Weisheit.

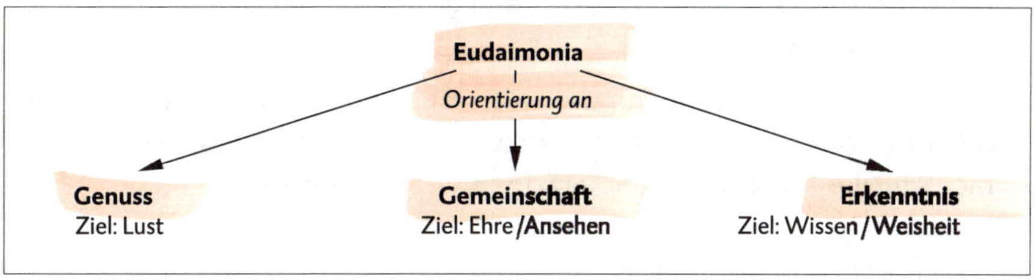

Aristoteles untersucht nun nicht, ob und wie diese unterschiedlichen Lebensziele zu einem geglückten Leben führen, sondern hält noch einmal die Ausgangsthese fest, dass Eudaimonia das „Endziel des Handelns" und das „höchste", in sich vollkommene und sich selbst genügende „Gut" sei.

3.4 Der Begriff des Guten

Aristoteles bestimmt in einem zweiten Argumentationsgang die Bedeutung von „gut" aus dem, was den Menschen ausmacht. Das Gute ist hier nicht das Ziel (griech. *telos*), wonach alle streben, sondern das, wozu etwas da ist, worin seine Leistung (griech. *ergon*) besteht. Ein Ding ist dann gut, wenn es seine Funktion gut erfüllt: Eine guter Schuh ist fest und bequem, stützt und schützt den Fuß; ein guter Tisch ist stabil und ebenmäßig usw. Je angemessener ein Gegenstand seinen Zweck erfüllt, desto besser ist er. Dies gilt auch für die Tätigkeiten des Menschen. Ein Schuster oder Schreiner ist dann gut, wenn er sein Handwerk gut ausübt, und dies heißt, Schuhe bzw. Tische herstellt, die ihren Zweck erfüllen.

Worin besteht nun aber die besondere Tätigkeit, die besondere Leistung des Menschen, worin ist er als Mensch gut?

Was den Menschen auszeichnet

Leben ist Tätigwerden der Seele (griech. *psyche*). Aristoteles unterscheidet drei verschiedene Stufen des Lebensvollzuges:

- **Erhalt des Lebens** in Ernährung, Wachstum und Vermehrung. Diese Form des Lebens teilt der Mensch mit den **Pflanzen.**
- **Empfindung,** sinnliche Wahrnehmung und Begehren, was auch den **Tieren** eigen ist.
- Diese beiden Funktionen können nicht das sein, was den **Menschen** auszeichnet. Was ihn von anderen Lebewesen unterscheidet, seine spezifisch menschliche Tätigkeit, ist die **Betätigung der Vernunft.**

Aristoteles hält als Ergebnis fest:

> Das Gute [ist] für den Menschen die Tätigkeit der Seele aufgrund ihrer besonderen Befähigung *(arete*[5]*),* und wenn es mehrere solcher Befähigungen gibt, nach der besten und vollkommensten; und dies außerdem noch das ganze Leben hindurch. Denn eine Schwalbe macht noch keinen Frühling, und auch nicht ein einziger Tag; so macht auch ein einziger Tag oder eine kurze Zeit niemanden glücklich oder selig.
>
> *Aristoteles: Nikomachische Ethik I 6, 1098 a 14.*

5 Der griechische Begriff *arete,* hier „Befähigung", wird oft auch mit „Tüchtigkeit" oder „Tugend" übersetzt. Die Tugenden der Seele sind in diesem Zusammenhang nicht mit rein moralischen Qualitäten gleichzusetzen, sondern beschreiben hier die (rationalen) Fähigkeiten des Menschen, gut zu handeln.

Mit dieser Bestimmung hat Aristoteles beide Argumentationswege zusammengeschlossen. Das höchste Ziel des Menschen ist Eudaimonia. Es besteht in einem Leben, das seinem Wesen gemäß ist: Wenn er seine rationalen Fähigkeiten optimal gebraucht, vernünftig handelt und sein Leben vernünftig gestaltet, dann geht es ihm auch gut, Glück und Freude (griech. *hedone*) werden sich einstellen.

Glück und Tugend

Aristoteles weiß, dass äußere Umstände das menschliche Leben beeinflussen und der Mensch nicht alle Umstände seines Lebens in der Hand hat. Durch günstige Zufälle kann er Glück haben, während Schicksalsschläge sein Glück trüben, ihm vieles wegnehmen oder ihm vorenthalten, was zu einem guten Leben gehört. An der Art und Weise, wie der Mensch mit diesen Zufällen umgeht, zeigt sich seine „Güte", seine „Tüchtigkeit", seine „Tugend". Der gute Mensch wird mit dem zufälligen Glück sein Leben „schmücken", aber auch im Unglück nie schlecht werden. „Denn er wird niemals tun, was hassenswert oder schlecht ist. [...] Der wahrhaft Gute und Verständige trägt jede Art von Schicksal in guter Haltung und tut in der gegebenen Lage stets das Beste." (NE I 11, 1100 b 33)

3.5 Die Tugenden der Seele

Aristoteles unterscheidet zwei Teile der Seele, einen „vernunftbegabten" und einen „nicht-vernünftigen", und ordnet diesen verschiedene Leistungen zu:

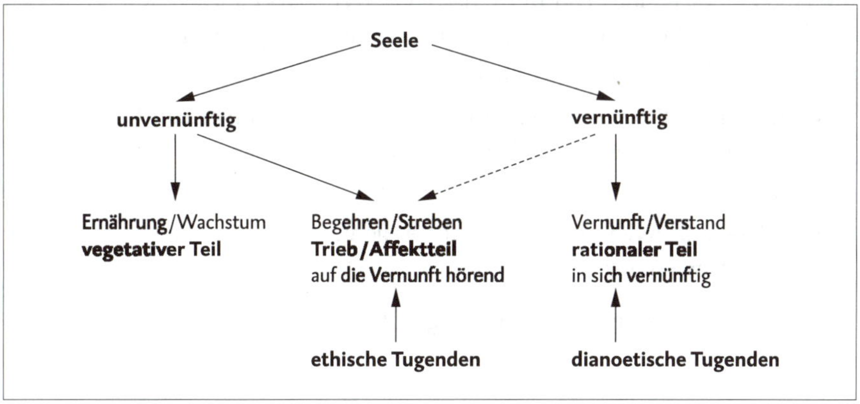

Analog zur Unterscheidung eines vernünftigen und nichtvernünftigen Seelenteils unterscheidet Aristoteles **dianoetische** (rein verstandesmäßige) und **ethische** (charakterliche) **Tugenden.**

Innerhalb der dianoetischen Tugenden lassen sich zwei Erkenntnisarten unterscheiden: Die eine bezieht sich in reiner Theorie auf das Unveränderliche, die andere bezieht sich auf das Veränderliche, Gestaltbare. Schwerpunkt seiner Untersuchungen sind zunächst die ethischen Tugenden. Sie werden dem nichtvernünftigen Seelenteil zugeordnet, weil sie sich auf den der Vernunft gehorchenden, sinnlichen Teil der Seele beziehen und für die vernunftgemäße Gestaltung der Affekte und Triebe des Menschen zuständig sind.

Der Erwerb der Tugenden

Weder die dianoetischen noch die ethischen Tugenden sind dem Menschen von Natur aus fertig gegeben, sondern sie müssen erworben und gelernt werden, allerdings auf unterschiedliche Art und Weise. Während nämlich die Verstandestugenden durch Belehrung und Unterricht erlernt werden können, bedürfen die Charaktertugenden der angeleiteten Gewöhnung.

Um seinen Verstand auszubilden, muss man sich in einem Prozess des fortschreitenden und systematischen Lernens das entsprechende Wissen aneignen. Einen tüchtigen Charakter aber bildet man aus, indem man die Handlungen ausführt, die einem solchen Charakter entsprechen. Wir werden „gerecht, indem wir gerecht handeln, besonnen durch besonnenes, tapfer durch tapferes Handeln“ (NE II 1, 1103 b 1). Aristoteles grenzt sich hier deutlich von Sokrates bzw. Platon ab. Nicht das Wissen, was Gerechtigkeit, Besonnenheit, Tapferkeit oder – noch allgemeiner – die Tugend ist, macht den Charakter aus, sondern nur ein entsprechendes **Handeln,** das von Jugend an geübt werden muss. Erst dann bildet der Mensch eine entsprechende Verfassung aus, in der er wissentlich, aufgrund einer Entscheidung handelt.

- **Verfassung** (als feste Grundhaltung, Verhalten, Haltung, später lat. *habitus)* bezeichnet erworbene Charaktereigenschaften.
- Die richtige Entscheidung setzt in den bestimmten Handlungssituationen ein **Wissen** von den Sachen, um die es geht, zum Beispiel den Umständen der Situation, voraus.

„Ethik“ wird so als **Lehre vom richtigen Handeln** und **vom guten Charakter** verstanden.

Die Bedeutung von Leidenschaften

Alle unsere Handlungen werden begleitet von Leidenschaften wie Begierde, Zorn, Angst, Mut, Neid, Freude, Liebe, Hass, Sehnsucht, Missgunst oder Mitleid. Aristoteles hält es deshalb für falsch, vom Menschen Leidenschaftslosigkeit zu fordern; es komme vielmehr darauf an, sich zu den Leidenschaften richtig zu verhalten. Keine dieser Empfindungen ist an sich schlecht: Angst oder Zorn können in einer bestimmten Situation durchaus angebracht sein, Mitleid oder Mut können unangemessene Regungen sein. Ein guter Mensch wird man nicht dadurch, dass man seine spontanen Gefühlsregungen unterdrückt oder ihnen nachgibt, sondern allein durch die Ausbildung von Charaktereigenschaften, die in einer bestimmten Situation die angemessenen Gefühle zeigen.

Allerdings bleibt zu fragen, wie denn diese Richtigkeit zu bestimmen ist und worin die Maßstäbe für die guten Charaktereigenschaften liegen.

3.6 Die Lehre von der Mitte

Aristoteles sieht den richtigen Maßstab für gutes Handeln in der damals verbreiteten Vorstellung der Mitte (griech. *meson, mesotes*). Dazu greift er auf Beispiele aus dem Bereich der Gesundheit, des Sports und der Künste zurück. Zu viel an Essen schadet der Gesundheit ebenso wie zu wenig, intensives Training mag für den Anfänger zu viel, für den Sportler zu wenig sein, ein Kunstwerk ist dann vollkommen, wenn man weder etwas wegnehmen noch hinzufügen möchte. Überall gilt, dass die geglückte Leistung durch Übermaß oder Mangel zerstört wird, dass der Fachmann ein Zuviel oder Zuwenig meiden und die rechte Mitte suchen und wählen wird. Analog verhält es sich mit den Leistungen der Tugend, den Charaktereigenschaften. Schlecht ist Übermaß und Mangel: Man kann zu viel oder zu wenig Angst oder Zorn empfinden, sich zu stark von Lustgefühlen leiten lassen und zu wenig auf den Schmerz achten. Die Tugend zielt auf die **Mitte,** das **Beste zwischen zwei unangemessenen Extremen.** In einer Angstsituation wäre die Tapferkeit die Mitte zwischen Feigheit und Tollkühnheit. Wie am Beispiel des Trainings deutlich wird, ist Mitte aber nicht zu verstehen als der arithmetisch genaue Abstand zu den Extremen. Sie ist **Mitte in Bezug auf uns** und muss deshalb im jeweiligen Einzelfall bestimmt werden: „Die Tugend ist also ein Verhalten der Entscheidung, begründet in der Mitte in Bezug auf uns, eine Mitte, die durch Vernunft bestimmt wird und danach, wie sie der Vernünftige bestimmen würde." (NE II 6, 1106 a 1)

In einer bedrohlichen Kampfsituation wird sich ein ausgebildeter Soldat auf andere Weise tapfer verhalten als ein Bauer; der großzügige Aufwand eines Wohlhabenden wäre für einen Armen unangemessene Verschwendung; einem eher ängstlichen Menschen fällt eine mutige Entscheidung schwerer als einem selbstbewussten.

Allerdings gibt es Handlungen und Leidenschaften, die in sich schlecht sind, bei denen man keine Mitte finden, sondern sich nur verfehlen kann. Aristoteles nennt Schadenfreude, Schamlosigkeit, Neid, Ehebruch, Diebstahl und Mord.

Bevor er „das Verhalten der Entscheidung" genauer untersucht, beschreibt Aristoteles die Tugenden der Mitte anhand dessen, was allgemein als vernünftig angesehen wird. Er übernimmt einen traditionellen Katalog von Werten und Verhaltensweisen, wie sie für die unterschiedlichen Lebensbereiche der Polis, den Umgang mit Geld und Besitz, das private und öffentliche Miteinander in Familie, Freundschaft, Versammlung usw. gelten.

Ethische Tugenden

Bezug zur Lebenswelt	**Extrem / Mangel**	**Mitte**	**Extrem / Überfluss**
allgemeines Verhalten	Feigheit, Stumpfheit	Tapferkeit (*andreia*), Besonnenheit (*sophrosyne*)	Tollkühnheit, Zügellosigkeit
Umgang mit Besitz und Geld	Kleinlichkeit, Geiz, Engherzigkeit	Freigebigkeit (*eleutheriotes*), Großzügigkeit (*megaloprepeia*)	Verschwendung, Großtuerei
Ansehen und Ehre	Engstirnigkeit, Spießigkeit, fehlender Ehrgeiz	Hochsinn (*megalopsychia*), Ehrliebe (*philotimia*)	Aufgeblasenheit, Geltungsdrang
Kommunikation mit anderen	Phlegma, Ironie, Tölpelhaftigkeit, Streitsucht, Grobheit	Sanftmut (*praotes*), Aufrichtigkeit (*aletheia*), Gewandtheit (*eutrapelia*), Freundlichkeit (*philia*)	Jähzorn, Unverschämtheit, Albernheit, Gefallsucht, Schmeichelei
Leben in der Polis allgemein	Ungerechtigkeit, zu wenig	Gerechtigkeit (*dikaiosyne*) als übergreifende Tugend	Ungerechtigkeit, zu viel

3.7 Die richtige Wahl der Mitte

Aristoteles gesteht zu, dass es nicht leicht ist, tugendhaft zu sein und in jedem Fall die Mitte – was man wann wem gegenüber wozu und wie tun soll – richtig zu fassen. Er rät, sich zunächst von den Extremen fernzuhalten und das geringere der Übel zu wählen. Zudem müssen wir darauf achten, wozu wir – sei es von unseren Anlagen oder von unserer Erziehung her – neigen. Die Mitte liegt dann eher in der Richtung des Extrems, das der Neigung entgegengesetzt ist. Der Ängstliche soll sich deshalb von der Feigheit weg orientieren, der Selbstbewusste eher Abstand von der Tollkühnheit gewinnen.

Wenn wir ein Verhalten loben oder tadeln, setzen wir voraus, dass es freiwillig geschieht; unfreiwilliges Handeln entschuldigen und bemitleiden wir.

Freiwillige und unfreiwillige Handlungen

Aristoteles geht davon aus, dass wir im Regelfall freiwillig handeln, und untersucht deshalb vor allem unfreiwillige Handlungen. Als unfreiwillig gilt das, was durch Gewalt oder Unkenntnis geschieht. Jemand handelt eindeutig unfreiwillig, wenn er durch direkte körperliche Gewalt zu einer Tat gezwungen wird. Wenn er dagegen unter Druck gesetzt und bedroht wird, handelt er einerseits unfreiwillig, weil er die betreffende Tat normalerweise nicht wählen würde, andererseits freiwillig, da er sich dafür entscheidet, den Druck zu akzeptieren, und anders hätte handeln können. Eindeutig nicht freiwillig handelt der, der nicht weiß und nicht wissen kann, welche Tat er begeht. Freilich kann diese Unwissenheit auch selbst verschuldet sein. Wer im Zustand der Trunkenheit etwas tut, kann sich nicht auf Unwissenheit berufen, hat er sich doch freiwillig in diesen Zustand versetzt. Ähnliches gilt für den, der behauptet, seine Triebe hätten ihn zu einer schlechten Tat gezwungen. Er hat sich eben von seinen Begierden leiten lassen und dafür entschieden, weiß aber sehr wohl, dass er auch anders handeln könnte und sollte.

Entscheidung und Klugheit

Entscheidung bezieht sich auf das, was in unserer Macht ist, und wird von Aristoteles als bewusste, durch Überlegung gesteuerte Wahl bestimmter Handlungen definiert. Die richtige Wahl beruht also einerseits auf der Einsicht, welche Ziele wirklich erstrebenswert sind, andererseits aber auch auf einer charakterlichen Grundhaltung, das Erkannte auch zu wollen.

Diese Einsicht bezeichnet Aristoteles als *Phronesis,* übersetzt als **Klugheit,** sittliche Einsicht oder, in Anlehnung an Kant, praktische Vernunft. Klug ist, wer zu erkennen vermag, was für ihn selbst und für die Menschen gut ist. Als

Erkenntnisvermögen gehört Klugheit zu den dianoetischen Tugenden und lässt sich beschreiben als ein Wissen darüber, was im Allgemeinen für den Menschen gut ist, aber auch als Einsicht, welches Handeln in einer bestimmten Situation angemessen ist. Zur Klugheit gehören Erfahrung, Erfassen der Situation, Voraussicht und Urteilsfähigkeit. Erst die **Verbindung** der dianoetischen Tugend der Klugheit mit den ethischen Tugenden macht die eigentliche menschliche Tugend aus. Diese Tugend ist nicht ein für alle Mal gegeben, im Menschen angelegt oder nur als Idee erschaubar. Sie muss erworben und ausgebildet werden, in Erziehung und Selbsterziehung und nicht zuletzt in der ständigen Praxis des gemeinschaftlichen Lebens.

3.8 Dianoetische Tugenden und das höchste Glück

Die Klugheit gehört dem rationalen Seelenteil an und ist eine der dianoetischen Tugenden. Aristoteles unterscheidet die dianoetischen Tugenden nach zwei grundsätzlich verschiedenen Erkenntnisvermögen und ordnet diesen bestimmte geistige Fähigkeiten zu.

Die Erkenntnisweisen

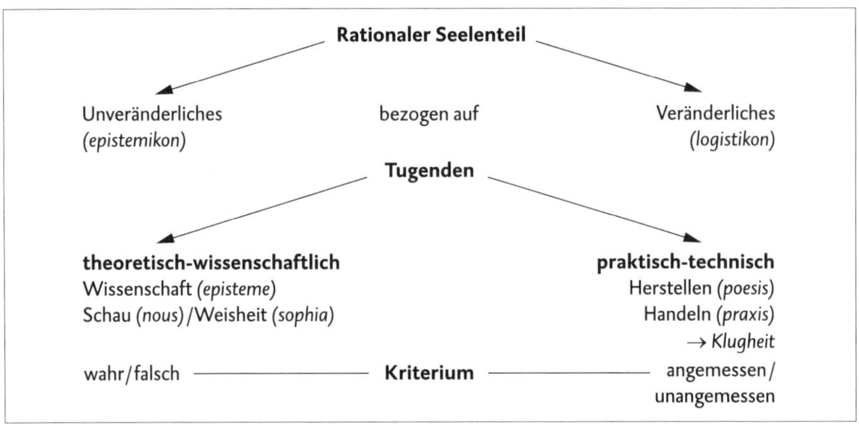

- Das **Vermögen zur wissenschaftlich-theoretischen Erkenntnis** (griech. *epistemikon*) bezieht sich auf das Unveränderliche. Dieses Vermögen umfasst die Fähigkeit zur Wissenschaft, die aus gegebenen Wahrheiten richtige Schlussfolgerungen zieht. Diese Wahrheiten oder letzten Prinzipien selbst können nicht mehr erschlossen werden, sondern nur durch die Fähigkeit zur intuitiven Schau erfasst werden. Die Fähigkeit, beide zu verbinden, nennt Aristoteles Weisheit.

- Das **Vermögen des Überlegens** gilt dem Veränderlichen, den Angelegenheiten, in denen der Mensch selbst tätig werden kann. Aristoteles unterscheidet hier die Fähigkeiten des Herstellens und des Handelns.

Das höchste Glück

Nach Aristoteles besteht „eudaimonia" in der Entfaltung der besten Befähigungen (griech. *arete*). Das höchste Glück findet er daher in der Weisheit (griech. *sophia*), in der betrachtenden (griech. *theoria/nous*) Erkenntnis dessen, was ist. „Der Geist (Vernunft) nämlich ist das Beste in uns, und die Objekte des Geistes sind wieder die besten im ganzen Bereich der Erkenntnis" (NE X 7, 1177 a 19).

Die betrachtende Tätigkeit der Philosophie bietet alles, was der Mensch zur vollkommenen Glückseligkeit braucht: Sie ist anhaltend und lustvoll, autark und sich selbst genügend und sie geschieht in wirklicher Muße. „Somit wäre dies die vollendete Glückseligkeit des Menschen, wenn sie auch noch die volle Länge eines Lebens dauert. Denn nichts, was zur Glückseligkeit gehört, darf unvollkommen sein. Aber ein solches Leben ist höher als es dem Menschen als Menschen zukommt. Denn so kann er nicht leben, sofern er Mensch ist, sondern nur, sofern er Göttliches in sich hat." (NE X 7, 1177 b 27)

Dieses Göttliche im Menschen ist die Tätigkeit des reinen Geistes. **Menschliche Glückseligkeit** dagegen besteht in der **Ausübung der ethischen Tugenden,** die wir gegenseitig in unserem Zusammenleben in der Familie, in den Angelegenheiten der Polis, den Geschäften und im freundschaftlichen Verkehr leben. Wir üben Handlungen aller Art aus, leiten unsere Leidenschaften, bewähren uns in Notlagen und erfahren Glück in einem solcherart gelungenen Leben. Der gelungene menschliche Charakter bedarf dazu allerdings äußerer Mittel wie Gesundheit, Geld und Macht, Freundschaft usw.

„Abgesondert davon ist die Glückseligkeit des Geistes" (NE X 8, 1178 a 23). Der rein geistig tätige Mensch bedarf in der theoretischen Betrachtung dieser Mittel nicht. Da er aber als das Leib-Seele-Wesen Mensch mit vielen zusammenlebt, wird er auch in guten äußeren Verhältnissen leben müssen. Wenn Aristoteles also das höchste Glück, dessen der Mensch fähig ist, im Ideal des „Weisen" bestimmt, des Philosophen, der sich ganz der „theoria", der Erkenntnis der Welt und der Schau ihres Wesens hingibt, so sieht er diese Lebensform nicht außerhalb oder gar im Gegensatz zum Leben in der Gemeinschaft. Erst auf der Basis einer vernünftigen Organisation des praktischen Lebens ist die theoretische Lebensform möglich.

3.9 Das Leben in der Gemeinschaft der Polis

In der „Nikomachischen Ethik" weist Aristoteles immer wieder darauf hin, wie notwendig Tugenden des gemeinschaftlichen Miteinanders für das menschliche Leben sind. Er stellt vor allem die Gerechtigkeit und die Freundschaft heraus, zeigt aber auch äußere Organisationsbedingungen eines gelungenen Zusammenlebens auf.

Der Mensch als „zoon politikon"

Für Aristoteles ist der Staat – die *Polis* – eine natürliche Gemeinschaft und nicht bloß, wie einige Sophisten behauptet hatten, durch Übereinkunft einer Mehrheit von Individuen zustande gekommen. Der Mensch kann nur in der Gemeinschaft Mensch sein, da er nicht nur biologisch und sozio-ökonomisch, sondern auch geistig-moralisch auf die Gemeinschaft angewiesen ist. Er ist ein **„zoon politikon"**, ein auf Gemeinschaft orientiertes Wesen.

Aristoteles unterscheidet verschiedene Stufen und Formen der Gemeinschaft und ordnet diesen unterschiedliche Funktionen und Rechtsverhältnisse zu:

- Der Zweck der **Gemeinschaft des Hauses** zwischen Gatte und Gattin, Vater und Kindern, Herr und Sklave ist die bloße Lebenserhaltung – Fortpflanzung und Aufzucht der Kinder – und die Versorgung mit lebensnotwendigen Gütern. Hier gelten patriarchalische Rechtsverhältnisse.
- Die **Gemeinschaft des Dorfes** geht über die bloße Daseinsvorsorge hinaus und organisiert auch Geselligkeit und Kult.
- Als vollkommen bezeichnet Aristoteles die **Gemeinschaft der Stadt oder des Staates.**

Staat und Bürger

Der Zweck der Polis besteht nicht nur in der Versorgung mit Nahrungsmitteln und sonstigen materiellen Gütern, sondern darin, den Menschen bzw. den Bürgern ihre geistig-moralische Entfaltung, ihr tugendhaftes Leben zu ermöglichen und zu fördern. Deshalb hängen bei Aristoteles die Wissenschaft der „Ethik" und die der „Politik" eng zusammen.

Zu den wesentlichen organisatorischen Aufgaben der Polis zählt Aristoteles den Waffendienst zur Verteidigung, die Beratung der gemeinsamen Angelegenheiten und der notwendigen Maßnahmen zugunsten des gemeinsamen Wohles, die Rechtsprechung und den gemeinsamen Kult. Zu diesen Aufgaben ist jeder Bürger gleich berechtigt, freilich nach Alter unterschiedlich fähig. Allerdings ist diese Berechtigung in den verschiedenen Verfassungen unterschiedlich geregelt: Bürger ist nicht der niedergelassene Fremde, nicht der Sklave, möglicherweise auch nicht der Angehörige bestimmter sozialer Schichten und auch nicht die Frau.

Gerechtigkeit

Für Aristoteles spielt die Tugend der Gerechtigkeit eine entscheidende Rolle im Zusammenleben der Bürger. Er versteht sie als die ethische Tugend, die geschäftliche, öffentliche und private Lebensbereiche und Tugenden übergreift. Sie umfasst folgende Elemente:

- **Achtung vor dem Gesetz,** dem sittlich wie rechtlich Gebotenen, wie es sich aus dem Geist der jeweiligen Polis ergibt. Das gute Gesetz hält den Bürger dazu an, tapfer, besonnen, großzügig usw. zu sein, und zwar nicht für sich, sondern zum Wohl der Gemeinschaft.
- Das Prinzip der **Gleichheit** besagt, dass niemand mehr an Geld oder Ehre oder allgemein an den Gütern, die zum Wohlergehen nötig sind, beansprucht als nötig.
- Gerechtigkeit bezieht sich auch auf die **Verteilung der Güter,** auf das richtige Verhältnis in der Zuteilung von Vor- und Nachteilen in geschäftlichen und vertraglichen Beziehungen der Bürger bzw. dem Verhältnis von Vergehen und Strafe.

Aristoteles unterscheidet zwischen der **ausgleichenden** und der **austeilenden Gerechtigkeit.** Im ersten Fall geht es um den Ausgleich von Störungen, die durch eine Rechtsverletzung verursacht wurden, im zweiten Fall um die Austeilung von Vorteilen an einzelne Personen je nach ihren Verdiensten.

Freundschaft

Aristoteles misst der Freundschaft (griech. *philia*[6]) eine große Bedeutung zu. Sie ist eine notwendige Tugend. Freunde sind nicht nur Helfer in der Not, sondern tragen auch ein geglücktes Leben. Sie helfen sich, Fehler zu vermeiden. Freundschaft ist zudem ein Korrektiv der Gerechtigkeit. Sie fördert in einem Gemeinwesen die Eintracht und wirkt so dem Streit und der gewaltsamen Auseinandersetzung der Bürger entgegen.

6 *Philia* wird mit „Freundschaft" ungenau übersetzt und umfasst in einem weiten Sinn Wohlwollen, Sympathie, Zuneigung und Liebe, aber auch Erotik und Sexualität.

Aristoteles scheidet die wahre, gute Freundschaft der Tugendhaften von den Freundschaften, die uns nur nützen oder Lust und Vergnügen bereiten sollen. Solche Freundschaften sind häufig zufällig und vorübergehend: Sobald der Freund nicht mehr nützt, kein Vergnügen mehr gewährt, schläft die Beziehung ein oder löst sich auf. Wahre Freundschaft gibt es nur zwischen „guten" Charakteren. Sie bedarf freilich wie jede Tugend einer langen Gewöhnung. Einander in den Grundhaltungen ähnlich, werden sich Freunde vertraut; ihre Freundschaft ist beständig und gewährt, gerade weil sie nicht darauf angelegt ist, Nutzen und Lust.

In einer solchen Freundschaft ist nicht nur das geglückte Leben verwirklicht, sie wäre die beste Grundlage einer vollkommenen Gemeinschaft, eben auch des Staates, der Polis.

3.10 Verfassung und Verfassungsmodelle

Nach Aristoteles ist der **Staat** die **höchste, alle anderen Gemeinschaften umfassende Form menschlichen Zusammenlebens,** weil er auf die Verwirklichung des höchsten und umfassendsten Gutes zielt: Die Erfüllung dessen, was den Menschen ausmacht, in einem vollkommenen und glücklichen Leben. Allerdings gibt es für Aristoteles keinen Idealstaat. Dessen Voraussetzung – äußerst tugendhafte Bürger und eine geregelte Versorgung mit äußeren Glücksgütern – hält er für unrealistisch und dem Durchschnittsmenschen nicht zumutbar. Eine gute Verfassung ist nach Aristoteles eine Lebensgemeinschaft und Verwaltung, an der die meisten Bürger sich beteiligen können.

Welches ist nun für die Mehrzahl der Staaten und der Menschen die beste Verfassung und die beste Lebensform, nicht indem man von einer Tugend ausgeht, die überdurchschnittliches Maß ist, oder von einer Bildung, die guter Anlage und glücklicher äußerer Umstände bedarf, noch von einer Verfassung, wie man sie sich wünschen mag, sondern von dem Leben, das die Mehrzahl zu führen vermag, und einer Verfassung, die sich die Mehrzahl der Staaten aneignen können?

Aristoteles: Politeia IV 11, 1295 b 25.

Aristoteles nennt drei nach der Zahl der Herrscher unterschiedene Verfassungsformen, unterscheidet aber auch nach der Qualität der Herrschaftsausübung und trennt so positive Formen, die am Wohl des gemeinschaftlichen Zusammenlebens orientiert sind, von so genannten schlechten Formen.

Soweit also die Verfassungen das Gemeinwohl berücksichtigen, sind sie im Hinblick auf das schlechthin Gerechte richtig; diejenigen aber, die nur das Wohl der Regierenden im Auge haben, sind allesamt verfehlt und weichen von den richtigen ab. Denn dann sind sie despotisch; der Staat ist aber eine Gemeinschaft von Freien. [...] die Tyrannis ist eine Alleinherrschaft zum Nutzen des Herrschers, die Oligarchie eine Herrschaft zum Nutzen der Reichen und die Demokratie eine solche zum Nutzen der Armen. Keine aber denkt an den gemeinsamen Nutzen aller.

Aristoteles: Politeia III 6, 1279 a 17.

Einteilung der Staatsformen

Herrscher	**gute Verfassung**	**schlechte Verfassung**
einer	Monarchie	Tyrannis
wenige	Aristokratie	Oligarchie
eine Menge	Politie	Demokratie[7]

Eine Verfassung ist dann schlecht, wenn das Herrschaftsinteresse eines Einzelnen, einer Gruppe oder auch der „Masse“ das Gemeinschaftsinteresse dominiert. Eine „beste“ Verfassung kann es immer nur relativ zu den jeweiligen Verhältnissen der Gemeinschaft geben.

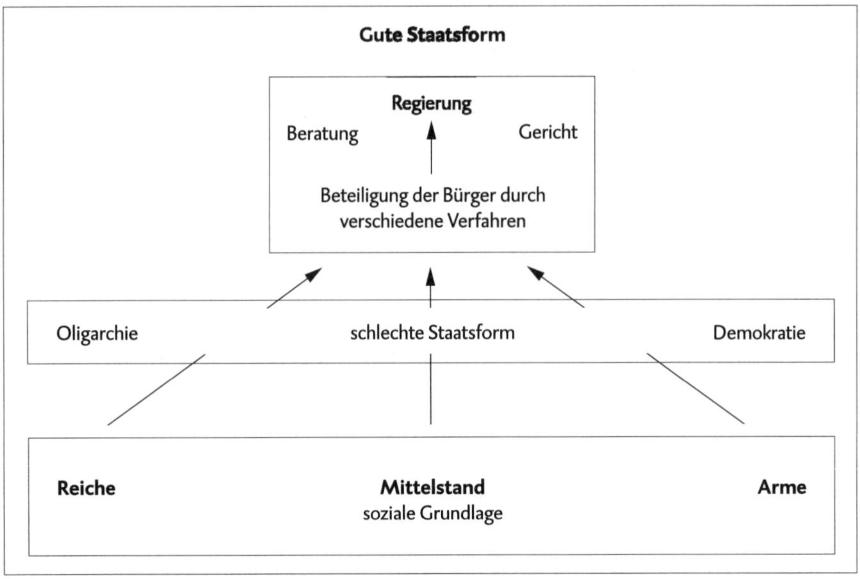

7 Dass Demokratie hier als schlechte Verfassung angesehen wird, liegt am Begriff *demos*, der zur Zeit des Aristoteles noch die Bedeutung „ungebildetes Volk“ oder „Pöbel“ hatte. Später lautet die Bezeichnung Ochlokratie.

Wenn es darum geht, dass möglichst viele Bürger an der Staatsverwaltung teilnehmen, wird die Verfassung je nach dem Stärkeverhältnis der Stände, der Verteilung des Vermögens, der Bildung und der Freiheitsrechte eher zur Oligarchie (Herrschaft weniger) oder zur Demokratie (Herrschaft der großen Menge) neigen. Ähnlich wie in seiner Ethik schlägt Aristoteles hier eine Mitte vor, die so genannte Polis-Verfassung, in der Elemente der Oligarchie und der Demokratie kombiniert sind. So soll etwa die Besetzung der Ämter durch Wahl (Oligarchie) und nicht durch Losverfahren (Demokratie) erfolgen, ihre Ausführung aber nicht vom Besitz eines Vermögens abhängen.

3.11 Zur Aktualität von Aristoteles

Wenn Aristoteles über die Betätigung der Bürger der Polis redet, so ist damit nur der Kreis derer gemeint, die das Bürgerrecht besitzen. Sklaven, Frauen und Metöken (zugezogene Einwohner) besitzen diesen Status nicht. Wenn er Aussagen über die Natur des Menschen macht, über Vernunft und Charakter, über Handeln, Fähigkeiten und Tugenden, bestimmte Lebensentwürfe beschreibt und sein Konzept des Glücks entwickelt, identifiziert er dann nicht stillschweigend die Natur des Menschen mit dem Status dieser kleinen Gruppe?

Aristoteles setzt bestimmte rechtlich-soziale Gegebenheiten voraus:

- Das **Bürgerrecht** ergibt sich durch den Zufall, in einer bestimmten Gemeinde bei Eltern, die schon das Bürgerrecht besitzen, geboren zu werden.
- **Sklave** wird jemand dadurch, dass die eigene Stadt im Krieg unterliegt und die Bewohner vom Sieger wie Eigentum behandelt werden.
- **Frauen** sind ans Haus gebunden und rechtlich unmündig dem Mann unterstellt.

Wenn Aristoteles diese Unterschiede als naturgegeben herausstellt, wenn er von der natürlichen Unterlegenheit der Frau, von der Herrschaftsnatur des Mannes oder der unvernünftigen, tierischen Natur des Sklaven redet, rechtfertigt er – zum Teil argumentativ widersprüchlich – gegebene rechtliche und soziale Unterschiede und erweist sich als Kind seiner Zeit.

Diesen Einwand kann man erweitern: Auch der Katalog der Tugenden, den Aristoteles entwickelt, gibt nur bestimmte, meist konservative Werte seiner Gesellschaft wieder. Macht der enge Bezug auf das Verhalten in der Polis seine ethischen Überlegungen zu einem allenfalls historisch interessanten Modell? Brauchen wir bürgerliche und individuelle Tugenden? Kann das Konzept des Aristoteles, Tugend als Charakterbildung anzusehen, etwas bewirken?

Tugendethik nach Aristoteles

- Als **bürgerliche Tugenden** gelten die historischen Wertvorstellungen, die das Bürgertum bei seinem Aufstieg im 17./18. Jahrhundert in Abgrenzung zur Adelsgesellschaft entwickelte: Ordnungsliebe und Sparsamkeit, Fleiß und Gehorsam, Pünktlichkeit und Reinlichkeit usw. Dies sind zunächst nur funktionale Wertsetzungen, bezogen auf den wirtschaftlich-ökonomischen Bereich bzw. auf die Ordnung des Hauses, der Familie. Erst ihre Verabsolutierung zu menschlichen Grundwerten macht sie problematisch, wenn nicht mehr gefragt wird, wozu sie eigentlich dienen: Welche Ordnung ist vorausgesetzt, Gehorsam gegenüber wem, Fleiß in Bezug worauf, Sparsamkeit unter welchen Umständen? – Als angeblich wertvolle Verhaltensweisen an sich können solche bürgerlichen **Sekundärtugenden** auch zur bloßen Anpassung an wenig ethische Zwecke missbraucht werden.
- Was meint die Forderung nach **staatsbürgerlichen Tugenden?**
  In den öffentlichen Debatten um den Werteverlust der Gesellschaft und die Anfälligkeit Jugendlicher für extremistische und gewalttätige Lösungen wird immer wieder darauf hingewiesen, dass auch in einer pluralistisch-demokratischen Gesellschaft staatsbürgerliche Tugenden entwickelt, erzogen und geübt werden müssen. Dazu gehören die Bereitschaft und die Fähigkeit, eigene Interessen wahrzunehmen und Kompromisse zu akzeptieren, Toleranz zu praktizieren sowie Zivilcourage und Verantwortungsbewusstsein zu entwickeln. Weitere Tugenden lassen sich analog zu den Grundrechten bzw. Menschenrechten formulieren: Die unbedingte Achtung der Menschenwürde, das Gleichheitsgebot und das Diskriminierungsverbot, das Recht, seine Freiheit im Rahmen der Freiheit anderer zu gestalten. Staatsbürgerliche Tugend besteht aber auch darin, politische Beteiligungsrechte wahrzunehmen.
- **Tugend als Charakterbildung?**
  In Anlehnung an Aristoteles schlug Otfried Höffe zur Bestimmung von Tugend folgende Kurzdefinition vor: „Tugend ist eine durch Naturanlage, einsichtige Entscheidung und Gewöhnung vermittelte Haltung sittlichen Wollens und Handelns." Man könnte diese Haltung im Rahmen der Entfaltung einer Persönlichkeit folgendermaßen beschreiben: Tugend haben heißt, weder Bedürfnisse und Interesse zu unterdrücken noch bloß an deren Befriedigung ausgerichtet zu sein; weder außerhalb der gesellschaftlichen Anforderungen ein heiligmäßiges Leben zu führen noch in sozialer Normerfüllung aufzugehen; sich nicht nur an traditionell „richtigen" Verhaltensnormen zu orientieren, sondern sich Ziele selbst, das heißt frei zu setzen und sie zielstrebig und so überlegt zu verfolgen, dass sie mit denen der Mitmen-

schen übereinstimmen können. Selbstverwirklichung und Verantwortung für andere könnten so den Zusammenhang eines ganzes Lebens kennzeichnen, das man dann als geglückt bezeichnen könnte.

Zusammenfassung: Aristoteles – Tugenden zum Glück

Aristoteles analysiert in seinen Schriften „Nikomachische Ethik" und „Politik" die unterschiedlichen **Glücksvorstellungen** seiner Mitbürger und kommt zu der Bestimmung, dass das Glück des Menschen ein Ziel ist, auf das jede Tätigkeit des Menschen orientiert ist und das darin besteht, seinem Wesen als Mensch gemäß zu leben.
Was den Menschen gegenüber anderen Wesen auszeichnet, liegt in seiner sozialen und in seiner **vernunftbestimmten Existenz:** Der Mensch ist ein *zoon politikon,* ein gemeinschaftsbezogenes Wesen, und ein *zoon logon,* ein vernunft- und sprachbegabtes Wesen. Beide Bestimmungen in seinem Leben möglichst vollkommen zu entfalten, macht geglücktes Leben aus.
Vernunft und Sprache können sich nur in der Gemeinschaft, durch Erziehung und Übung, herausbilden und betätigen; umgekehrt bedarf die Gemeinschaft einer vernünftigen Organisation, die nicht das Herrschaftsinteresse weniger, sondern das glückliche Leben aller Bürger zum Maßstab hat.
In den Überlegungen, die Aristoteles in seiner „Ethik" zum Verhalten des Einzelnen und in der „Politik" zur Verfassung der Gemeinschaft entwickelt, wird der Zusammenhang deutlich. Der Einzelne bestimmt sein Verhalten zwischen Affekten/Bedürfnissen und in der Gemeinschaft vorgefundenen Werten und Ansprüchen in den vernünftigen **Tugenden der „Mitte".** Die Polis wählt unter verschiedenen Verfassungsmodellen dasjenige, welches das Wohl ihrer Bürger befördert, im besten Fall eine Mischverfassung.

4 Die philosophische Ethik im Hellenismus – Modelle der Lebenskunst

Dass ein gutes, glückliches Leben sich nur innerhalb der Gemeinschaft der Polis verwirklichen lässt, gehört zu den Grundpositionen der Ethikentwürfe von den Sophisten bis Aristoteles. Die Lehre von den Tugenden bezog sich ganz selbstverständlich auf ein Leben in der sozialen, wirtschaftlichen und politischen Ordnung der Polis.

Bereits für den Sokratesschüler Diogenes stellt diese Ordnung jedoch keinen verbindlichen Rahmen für die Lebensgestaltung mehr dar. In den hellenistischen Philosophieschulen Epikurs oder der Stoiker bringen die Anforderungen, die die zur Großmacht gewandelte staatliche Gemeinschaft stellt, eher Behinderungen und Beschwernisse für den Einzelnen.

4.1 Die hellenistische Welt

Mit dem Reich Alexanders des Großen und seinen Nachfolgestaaten beginnt für die griechische Kultur ein neues Zeitalter: der Hellenismus. Am Beginn stand der Sieg Philipps II. bei Chaironeia 338 v. Chr. über die Staatstaaten Athen und Theben, am Ende die Eingliederung des letzten hellenistischen Staates in das römische Reich 30 v. Chr. Geografisch umfassten die hellenistischen Länder vom Mittelmeer bis zum Indus das ehemalige Persische Reich unter makedonischer und griechischer Verwaltung.

Der Begriff „Hellenismus" bezeichnet die „griechisch sprechende" Epoche einer neuen Herrschafts- und Kulturordnung aus der Begegnung von griechischer und orientalischer Kultur. An die Stelle der engen Polisordnung trat ein System monarchisch regierter Territorialstaaten. Städte wurden zu deren Verwaltungszentralen; verschiedene Gebräuche und Sitten existierten nebeneinander; religiöse Vorstellungen und Kulte verschmolzen. In Wissenschaft und Technik kam es zu einem fruchtbaren Austausch: Astronomie und Geografie trugen zu einem neuen Weltbild bei, Chirurgie und Anatomie erweiterten die Heilkunst, in der experimentellen Mechanik wurden technische Prinzipien erkannt, die freilich noch nicht ökonomisch-maschinell genutzt wurden. Nicht zuletzt entwickelte sich eine wissenschaftliche Philologie, die Texteditionen der klassischen Dichtung und Philosophie erstellte.

Dass Kultur in der Aufnahme und Weitergabe eines geistigen Erbes besteht, war eine hellenistische Überzeugung, die über die Römer bis heute nachwirkt.

Verwaltungs- und Kultursprache war Griechisch, noch bei den Römern war Griechisch die Sprache der Gebildeten, der Wissenschaft und der Philosophie.

Athen blieb zumindest in der Philosophie der zentrale Ort: Dort entstand die Schule der Kyniker[8] mit der Leitfigur Diogenes; Epikur gründete dort seine Schule Kepos (der Garten); Zenon begründete die Stoa, genannt nach den „bunten Hallen“ *(stoa poikile)* in Athen.

4.2 Diogenes – Die Kunst der Bedürfnislosigkeit

Wahrscheinlich ist Diogenes von Sinope (412–323 v. Chr.) neben Sokrates der bekannteste antike Philosoph, wobei er wohl eher als skurile Erscheinung, denn als Denker berühmt wurde. Die von ihm überlieferten Anekdoten[9] zeigen demgegenüber eine Philosophie in Aktion: Seine Lebensweise verwirklicht „Bedürfnislosigkeit“, seine Sprüche und scheinbar närrischen Taten zielen auf Provokation seiner Mitbürger. Sie sollen in ihren festen Überzeugungen und Wahrheitsansprüchen angestoßen und erschüttert werden.

Bedürfnislosigkeit

Ein Mantel dient Diogenes als Kleidungsstück und Zudecke; er nimmt mit wenig Nahrung vorlieb, die er erbettelt und in einem Ranzen mit sich trägt. Als er einen Knaben sieht, der Wasser aus der Hand trinkt, wirft er seinen Becher als überflüssigen Gegenstand weg. Das Leben, so sagt er, sei den Menschen von den Göttern eigentlich nicht schwer gemacht; sie erschweren es sich selbst durch die Suche nach Leckerbissen und Wohlgerüchen; durch Habsucht und Ruhmbegierde entfernen sie sich von dem, was ihr Menschsein ausmacht.

Die Bezeichnung „Hund“ (griech. *kynos*) versteht er als Auszeichnung, weil er um Essen wedle, gegen Dummheit belle und Böse beiße.

Der Weise und die Macht

Berühmt ist Diogenes’ Begegnung mit Alexander dem Großen. Als Alexander König von Makedonien geworden war, forderte er von allen griechischen Staaten, dass er zum Oberbefehlshaber aller Griechen gewählt wurde. Diese

8 Nach dem Ort ihrer Schule „Kynosarges“ wird diese Gruppe als Kyniker bezeichnet. Kynos bedeutet im Griechischen „Hund“; als „Hundephilosophie“ benannten Anhänger wie Gegner diese Richtung.
9 Nach: Diogenes Laertius: Leben und Meinungen berühmter Philosophen. VI/2, übersetzt von Otto Apelt, hrsg. von Klaus Reich, Felix Meiner Verlag: Hamburg 1998, S. 304–336.

Wahl fand in Korinth statt. Dort wohnte Diogenes in einem Fass. Alexander wollte Diogenes' Bekanntschaft machen und traf ihn, sich sonnend, vor. Auf die Frage des mächtigen Königs, was er sich von ihm wünsche, soll Diogenes verlangt haben: „Geh mir aus der Sonne!" Der mächtige König soll daraufhin gerufen haben: „Wenn ich nicht Alexander wäre, wollte ich Diogenes sein."

Diogenes in der Tonne wird von Alexander dem Großen besucht; Relief.

Diese Anekdote lässt sich auch als Absage an Platons philosophische Ethik lesen. Die Sonne ist hier nicht mehr Inbegriff der Idee des Guten; sie ist nur gut, um sich zu wärmen. Die Überzeugung Platons, dass in einem guten Staat Könige Philosophen und Philosophen Könige sein müssten, wird aufgegriffen und zurückgewiesen: Dem Philosophen sind politische Machtansprüche gleichgültig bis zur Respektlosigkeit; der König spielt nur mit der Vorstellung, Macht und Philosophie gleichzusetzen.

4.3 Epikur – Die Kunst des Lustgewinns

Leben und Werk

Epikur wurde 341 v. Chr. in Samos geboren und starb um 271 v. Chr. in Athen. Er war mit der Naturphilosophie und Atomlehre des Demokrit vertraut, studierte allerdings auch bei Schülern Platons und bei Aristoteles, ohne deren

Lehren zu übernehmen. Um 307 v. Chr. gründete Epikur in Athen seine Schule „Kepos" (Garten). Diese Schule, die er bis zu seinem Tod leitete, gewann im Lauf der Zeit großen Einfluss und verdrängte die Akademie Platons und die Peripatos des Aristoteles. Von diesen unterschied sich Epikurs Schule deutlich in Organisation und Inhalt: Nicht Forschung, Wissenserwerb und kritische Dialektik standen im Mittelpunkt, sondern eine bestimmte Lebenshaltung. Die Schüler sollten feste Überzeugungen über die Ordnung der Welt und eine dementsprechende Praxis von ihren Lehrern übernehmen und leben. Der „Garten" bildete offenbar eine Art verschworener Gemeinschaft um den Leiter, war allerdings offen für jeden, der sich ihren Regeln unterwerfen wollte. Auch Sklaven und Frauen hatten Zugang.

Von Epikurs umfangreichen Schriften sind nur Fragmente erhalten geblieben: Neben einer Sammlung von Lehrsätzen überliefert Diogenes Laertius drei Lehrbriefe über Naturphilosophie, Astronomie und Ethik. Eine zusammenhängende Darstellung der Lehre Epikurs findet sich im Lehrgedicht „Über die Natur" des römischen Dichters Lukrez.

Vor allem der „Brief an Menoikos" bietet auf wenigen Seiten eine Darstellung der ethischen Überzeugungen Epikurs.

Eine Ethik des Genusses? Ein andauerndes Missverständnis

Wenn wir jemandem eine epikuräische Lebensweise zuschreiben, so verstehen wir diese als genießerisch, „auf Genuss gerichtet" (Duden 2000), d. h. die materiellen Freuden des Lebens unbedenklich genießend.

Die Formulierung „unbedenklich genießend" enthält ein weit verbreitetes Vorurteil über die Lehre Epikurs, mit dem sich dieser schon früh auseinander setzen musste: „Wenn wir also sagen, die Lust sei das höchste Gut, dann meinen wir nicht die Lüste der Prasser und des Genießens, wie einige Unwissende und Andersdenkende oder Missverstehende glauben", sondern eine sehr bedachte, ja philosophisch reflektierte Lebensweise: „Nicht Saufereien und Gelage in Serie und nicht der Genuss von Kindern und Frauen oder von Fischen und was sonst eine Luxustafel bietet, schaffen das lustvolle Leben, sondern nüchternes Rechnen der Vernunft, das die Gründe allen Wählens und Meinens erforscht und das die Wahnvorstellungen vertreibt, derentwegen größte Aufregung die Seelen ergreift." (Brief an Menoikeus 132 f.)

Philosophische Ethik ist bei Epikur **Aufklärung zur „Glückseligkeit"**, zur „Gesundheit der Seele". Ethik erklärt die (empirischen) Grundlagen unseres Strebens und Wollens, kritisiert falsche, schädliche Lebensvorstellungen und zielt auf ein selbstbestimmtes, ausgeglichenes Leben.

Das höchste Gut: Lust und Glückseligkeit

Im Brief an Menoikos nennt Epikur die Lust „Anfang und Ende seligen Lebens" (128). Anfang deshalb, weil wir wie jedes Lebewesen von Natur aus nach Lust streben und das Gegenteil, den Schmerz, zu vermeiden suchen. Diese Empfindung ist für uns auch der Maßstab, nach dem wir alles „Wählen und Meinen" richten und als uns zuträglich oder schlecht beurteilen. Die höchste Lust und damit das glückselige Leben besteht nach Epikur darin, einen Zustand der „Gesundheit des Körpers und der Ruhe der Seele" zu erreichen. Negativ formuliert heißt dies, von den Bedrängnissen des Körpers, Unlustgefühlen und Schmerzen frei zu sein (griech. *aponia*) und sich von verwirrenden Aufregungen der Seele freizuhalten. Epikur bezeichnet diesen Glückszustand als **„ataraxia"**, übersetzt als Erregungsfreiheit bzw. Seelenruhe.

Der Begriff der Lust

Lust ist bei Epikur nicht durch maximale Befriedigung von Begierden definiert. Der Mensch muss sich über seine Begierden und die Art und Weise ihrer Befriedigung Klarheit verschaffen und sich von falschen Vorstellungen darüber befreien. Epikur unterscheidet „natürliche", „notwendige" und „leere" Begierden. „Leere" Begierden, die den Menschen umtreiben und nicht zur Ruhe kommen lassen, bringen nicht mehr Lust, sondern führen zu ständiger Unzufriedenheit, rastloser Suche nach Neuem und damit auch zur Abhängigkeit von den Zufällen solcher nicht notwendiger Bedürfnisbefriedigung.

Die Wahl der zuträglichen Lust.

Epikur führt eine Art Lustberechnung durch, wägt Lust und Schmerz, Befriedigung und Verzicht ab und plädiert für eine **Tugend der Genügsamkeit,** die zu einer langfristigen Lustbewahrung beiträgt. Zunächst müssen die Bedürfnisse, die körperlichen Schmerz und Unlust erzeugen, befriedigt werden. Dies ist nicht schwer zu erreichen, wenn man sich die Eigenart von Lustempfindungen klarmacht: Nach der Erfüllung der elementaren Bedürfnisse gibt es keine Steigerung der Lust mehr, sondern allenfalls deren Variation.

Genügsamkeit ist deshalb keine Tugend der Enthaltsamkeit, sondern wählt gezielt aus, was zur Befriedigung nötig und was nicht nötig ist, und reduziert damit die mit Mühsal verbundenen Anstrengungen, die Mittel für Bedürfnisbefriedigung bereitzustellen. Luxus wird genossen, wenn er sich problemlos einstellt, wenn nicht, wird er nicht vermisst.

Die Überwindung der Angst

Ein wesentlicher Bestandteil der *ataraxia,* der Seelenruhe, ist die **Freiheit von Ängsten,** die das Leben des Menschen bedrängen. Epikur argumentiert dabei vor allem gegen die Furcht vor dem Tod und vor den Göttern, die dem Menschen ein ruhiges, selbstgenügsames Leben erschwert. Der Einsichtige wird nach Epikur erkennen, dass diese Ängste einer rationalen Überprüfung nicht standhalten. Die Götter haben keinen Einfluss auf die Welt, der Tod ist für das Leben bedeutungslos.

Zufall und Schicksal

Epikur ist der Überzeugung, dass es unabwendbares Schicksal nicht gibt. Es gibt unbeeinflussbare Notwendigkeiten der Natur, Zufälle, und davon getrennt unser freies Tun, für das wir verantwortlich sind. Wer in seinem Leben – auf Zufälle setzend – von der Zukunft Gutes oder Schlechtes erwartet, macht sich abhängig von dem, was er nicht in der Hand hat. Es ist besser, mit Verstand Pech, als ohne Verstand Glück zu haben. Nicht der zufällige äußere Erfolg des Handelns führt zum glückseligen Leben, sondern nur die innere vernünftige Einstellung zu dem, was wirklich zählt. Unabhängig von Zufällen und Meinungen, gesellschaftlichen Anforderungen und falschen Werten lebt der glückliche Mensch im „Verborgenen“.

Leben im Verborgenen

Epikur fordert nicht einen Rückzug in die private, egoistische Existenz. Er empfiehlt eher, sich gesellschaftlich-politischen Anforderungen nicht zu sehr auszusetzen: Wer nach Ämtern und Würden, Ruhm und Ehre strebt, macht sich angreifbar, setzt sich Umständen aus, die er selbst nicht mehr in der Hand hat. Nicht das Leben in der Tonne außerhalb und gegen die Gesellschaft meint Epikur, sondern ein zurückgezogenes, unauffälliges Leben in der Gesellschaft. Staat und Recht haben die Aufgabe, das Leben der Bürger vor Übergriffen zu schützen. Sie sind aber nicht dafür zuständig, das Zusammenleben der Bürger als gutes Leben zu organisieren. Das glückliche Leben verwirklicht sich in Beziehungen der Freundschaft, in einem selbstbestimmten Leben im Kreis Gleichgesinnter.

Während Aristoteles davon ausgeht, dass sich Ziel und Inhalt von Glück aus dem Wesen des Menschen objektiv bestimmen lassen, formuliert Epikur eine subjektive Auffassung vom Glück: Wenn der Maßstab des Glückes die Empfindung von Lust ist, lässt sich Glückseligkeit nur im selbstbestimmten Leben des Einzelnen finden.

4.4 Die Schule der Stoa – Die Kunst der Affektbeherrschung

Entstehung und wichtigste Vertreter

Als Begründer der Schule stoischer Philosophie gilt Zenon, geboren um 323 v. Chr. in Kition (Zypern). Er arbeitete ursprünglich als Kaufmann, kam dann nach Athen und schloss sich dort den Kynikern an, ohne deren radikale Provokationen zu teilen. Die Lehre Epikurs lehnte er entschieden ab. Um 300 begründete er eine eigene Schule in den von ihm angemieteten „Bunten Hallen". Er galt als Muster eines tugendhaften, sittenstrengen Mannes und schied, um ein langwieriges Leiden zu vermeiden, 262 v. Chr. freiwillig aus dem Leben.

Sein Nachfolger als Leiter der Stoa war Kleanthos aus Assos (331–253 v. Chr.), der in einer Hymne auf Zeus das Weltbild der stoischen Philosophie beschrieb. Eine breite Wirkung entfaltete die stoische Philosophie in Rom, wo sie die Gebildeten aller Stände erfasste.

Der Politiker und Schriftsteller Cicero (105–43 v. Chr.), der Patrizier Seneca (4 v. Chr. – 69 n. Chr.), der Freigelassene Epiktet (55–138 n. Chr.) und Kaiser Marc Aurel (121–180 n. Chr.) gehörten zu den Vertretern der „späten Stoa."

Die „bunte Halle" von Athen, Rekonstruktionszeichnung, 5. Jhd. v. Chr.

Eine Philosophie, die sich explizit als Weltanschauung und ethische Lebenskunst versteht, entwickelt sich über einen Zeitraum von mehreren Jahrhunderten weiter und verändert sich. Im Folgenden werden deshalb nur ausgewählte Grundprinzipien einer philosophischen Ethik der Stoa vorgestellt.

Leben in Übereinstimmung mit der Natur

Das höchste Ziel des menschlichen Lebens wird in der stoischen Philosophie mit der Formel beschrieben: „Einstimmig leben“ oder „in Übereinstimmung mit der Natur leben“, sowohl mit der eigenen als auch mit der des Weltganzen.

Die Natur des Menschen ist durch Vernunft und Triebe gekennzeichnet, die sich allerdings nicht feindlich gegenüberstehen müssen. Dies wird in der **Handlungstheorie** der Stoiker deutlich: Der Mensch entwickelt zunächst eine Vorstellung einer Handlung; diese erweckt einen Trieb zur Ausführung, der sich allerdings nicht direkt in ein Tun umsetzt; vielmehr muss erst die Vernunft ihre Zustimmung erteilen, bevor der Mensch dann wirklich tätig wird. Dieser Akt der Zustimmung ist entscheidend. Damit kann sich der Mensch seine Zwecke frei und selbstbestimmt setzen.

Allerdings kann diese Zustimmung durchaus fehlerhaft sein: Die Vernunft schätzt einen Triebwunsch falsch ein und stimmt einem Streben zu, dessen Ausführung mit Schaden und Leid verbunden ist, ja den Handelnden immer mehr in Umstände verstrickt, über die er nicht mehr selbst bestimmen kann. Er wird eben kein „einstimmiges Leben“ führen, sondern unglücklich dem nachstreben, was er irrtümlich und den Urteilen anderer folgend für wertvoll erachtet hat. Wer sich etwa Anerkennung durch andere zum Ziel gesetzt hat, wird leiden, wenn ihm diese versagt wird, wird furchtsam danach trachten, es allen recht zu machen oder wird neidisch auf die, die ihm vorgezogen werden.

Die Stoiker beschreiben diese leidvolle Verstrickung mit dem Begriff **„Affekte“.** Affekte sind demnach „übersteigerte Triebe“, die aufgrund falscher Werturteile der Vernunft zustande kommen. Sie sind „Krankheiten der Seele“, die sich als Neid, Missgunst, Geiz, Wut, Trübsinn usw. äußern.

Tugend und Glück

Gemeinsam ist den Stoikern die Überzeugung, dass die Vernunft das Heilmittel für die schädlichen Affekte ist. Sie waren der Ansicht, dass sich diese Affekte durch den richtigen Einsatz der Vernunft vermeiden lassen und ein einstimmig harmonisches Leben geführt werden kann. Wenn Affekte nichts anderes sind als falsche Bewertungen der Vernunft, dann muss der Mensch sich nur darum kümmern, zu richtigen Urteilen zu kommen. Eben darin besteht die **Tugend** des Menschen.

Sokrates und die Kyniker bestimmten Tugend als Beherrschung der Triebe aus dem Wissen um das Gute und Zuträgliche. Die Stoiker gehen noch einen Schritt weiter und bestimmen Tugend als die Leistung, eine **vollständige Abwesenheit der Affekte** herbeizuführen. Diesen Zustand bezeichnen sie als

„Apathia“, als Freiheit von Affekten. Mit „Apathia“ beschreiben sie auch den **Zustand der höchsten Glückseligkeit,** eine erregungsfreie innere Ausgeglichenheit der Seele. Die Leistung der Tugendhaften besteht dann darin, keine falschen Urteile über das, was erstrebenswert ist, zu fällen. Falsch aber ist ein solches Urteil immer dann, wenn es Dinge bevorzugt, über die der Urteilende letztlich nicht verfügen kann. Darüber Bescheid zu wissen, was in unserer Macht steht und was nicht, macht den Vernünftigen, den Tugendhaften aus.

Gesinnung und äußere Dinge

Aus der Einsicht in die Unabänderlichkeit mancher Dinge zu leben, heißt für die Stoiker allerdings nicht, distanziert gegenüber der Gemeinschaft zu leben. Der Mensch ist von Natur aus auf Gemeinschaft hin angelegt. Handeln heißt immer in Bezug auf jemanden anderen zu handeln. Sorge für sich selbst und Sorge für andere gehen ineinander über. Als Menschen sind wir **von Natur aus gleich:** Als Vernunftwesen haben wir alle die gleichen Fähigkeiten, zu denken und zu beurteilen; als Sinnenwesen sind wir uns gleich in der Art und Weise der Wahrnehmung und Empfindung. Dass Menschen diese Naturanlagen unterschiedlich ausbilden, liegt an den Zufällen ihres Aufwachsens, ihrer Erziehung und verschiedenen Übungsmöglichkeiten. Diese Unterschiede sind aber „gleichgültig“. Aus ihnen lassen sich weder gesellschaftliche noch rechtliche Unterschiede herleiten. Recht ist Naturrecht. Der Mensch ist von Natur aus in einer vernünftigen Gemeinschaft gegenseitiger Verantwortung beheimatet, die selbst wieder in die vernünftige Ordnung des gesamten Kosmos eingebettet ist.

Dass die Menschen in unterschiedlichen Rechtsformen und staatlichen Organisationsformen leben, liegt nach den Stoikern an einer fehlerhaften Wertschätzung eigener Ordnungsformen. Unterschiedliche Gesetze und Verfassungen sind nur überflüssige Zusätze zur Vernunft der Natur.

Der sittlich Gute wird weder von jemandem genötigt noch nötigt er jemanden; er wird weder behindert noch behindert er jemanden; ihm wird weder von jemandem Gewalt angetan noch tut er selbst jemandem Gewalt an; er beherrscht weder noch wird er beherrscht; er tut weder jemandem Übel noch wird ihm Übel getan noch gerät er in Übel; er wird selbst weder getäuscht noch täuscht er einen anderen; er irrt sich weder noch ist er unwissend noch handelt er unbewusst noch ist er überhaupt für etwas Falsches empfänglich. Vielmehr ist er in höchstem Maße glücklich, erfolgreich, selig, gesegnet, fromm, gottgeliebt, würdevoll, königlich, staatsmännisch, wirtschaftlich und geschäftstüchtig. Die Schlechten sind in allen diesen Dingen das Gegenteil.

Stobaeus, S. 137.

4.5 Die Skeptiker – Die Kunst des Zweifels

Als Begründer der Schule der Skepsis gilt Pyrrhon (um 360 – um 271 v. Chr.). Ursprünglich war Pyrrhon Maler, wandte sich später jedoch der Philosophie zu. Er nahm am Zug Alexanders des Großen nach Asien teil und kam dort mit Fakiren und Magiern in Berührung. Fasziniert von deren weltabgewandter, asketischer Haltung entwarf er eine Philosophie der „Gleichgültigkeit". Diese bezieht sich sowohl auf die Lebenspraxis als auch auf die theoretische Tätigkeit. Pyrrhon plädiert für eine Zurückhaltung im Urteilen, überzeugt davon, dass sich die Wahrheit der Dinge nicht zweifelsfrei erkennen lässt. Dem entspricht eine unerschütterliche, gegenüber den Fährnissen des Lebens möglichst gleichgültige Lebenshaltung.

Der Arzt Sextus Empirikus, der im 2. Jahrhundert n. Chr. in Alexandria lebte, systematisierte Pyrrhons Lehre in einem „Grundriss der pyrrhonischen Skepsis". Vom griechischen Wort her bedeutet „Skepsis" zunächst „mit den Augen umherschauen", auf geistige Prozesse übertragen „suchen, prüfen". Aus der Prüfung ergibt sich eine Lebenshaltung.

Seelenruhe durch Zurückhalten im Urteil

Ähnlich wie die Stoa und Epikur erhoffen die Skeptiker einen Zustand der „Ataraxie", der Ruhe und sicheren Unaufgeregtheit in einer Welt unterschiedlicher Erfahrungen, widersprüchlicher Anforderungen und Urteile. Während die anderen Philosophien entscheiden wollen, was richtig und falsch an den Erscheinungen ist, um aus der unumstößlichen Überzeugung, was wahr ist, das Leben zu gestalten, lehnt der Skeptiker dies als „dogmatisch" ab. Der Skeptiker plädiert für eine **Zurückhaltung im Urteilen;** er bezweifelt Wahrheitsansprüche. Er behauptet nicht, dass sich nichts objektiv erkennen lässt; sonst wäre er ja selbst dogmatisch. Er begnügt sich damit, die Grundlagen allgemein gültiger Aussagen zu überprüfen.

Die Kunst der Entgegensetzung

Die Überprüfung einer Aussage besteht darin, dass jeder Behauptung eine gleich starke Gegenthese gegenübergestellt werden kann. Dies ist möglich, weil die Grundlagen unserer Thesen, die **Sinneswahrnehmungen,** immer nur relativ gültig sind für den, der sie in einer bestimmten Situation macht. Sextus Empiricus zeigt, dass sich die darauf stützenden Aussagen notwendig widerstreiten, sodass eine Entscheidung über wahre oder falsche Aussagen (noch) unmöglich ist. Wenn die „Dogmatiker" zu solchen Entscheidungen kommen, lassen sich unzulängliche **Argumentationsweisen** nachweisen: So werden

z. B. stillschweigend Annahmen unterstellt, die selbst nicht begründet werden, Voraussetzungen werden durch sich selbst bewiesen usw.

Nach Sextus beginnt der Skeptiker zu philosophieren, um zur „Seelenruhe“ zu kommen. Die Untersuchung widerstreitender Meinungen bringt ihm diese Ruhe allerdings nicht durch sichere Urteile, die falsche Meinungen aussondern, sondern führt zur **Enthaltsamkeit im Urteil.** Ganz nebenbei, fast zufällig, stellt sich die Seelenruhe ein. Allerdings könnte man hier Bedenken erheben: Lässt sich in einer solchen Unentschiedenheit wirklich sinnvoll leben? Sein Leben gestalten heißt doch stets, praktisch zu urteilen, zwischen gut und zuträglich und schlecht und schadend zu unterscheiden. Kann man überhaupt handeln, ohne sich eindeutig zu entscheiden? Gibt es eine skeptisch begründete Lebensweise? Kann es überhaupt eine philosophische Ethik auf skeptischer Grundlage geben?

Das beschränkte Glück des Skeptikers

Gemeinsame Überzeugung der philosophischen Ethik der Antike war, dass es für den Menschen ein höchstes Gut, die Glückseligkeit gibt, das der Mensch vernünftig und selbstbestimmt erreichen kann. Dazu muss er erkennen können, worin sein Glück wirklich liegt. Er muss wissen, wie die Welt von Natur aus beschaffen ist, auf welche Weise wir uns zur Welt verhalten sollen und mit welchen Folgen wir zu rechnen haben, wenn wir uns so verhalten.

Eben diesen Zusammenhang bezweifelt der Skeptiker. Da die philosophischen Schulen unterschiedliche Konzepte über die Natur der Welt und das Glück des Menschen in ihr vertreten, ist dies für den Skeptiker ein Beleg, dass sich über das, was das Glück des Menschen ausmacht, keine allgemein gültigen Aussagen machen lassen und dass deshalb bestimmte Haltungen, die notwendig zum Glück führen, nicht verbindlich begründet werden können.

Sextus ist distanziert gleichgültig gegenüber allen dogmatisch-vernünftigen Wertsetzungen, die Glücksgüter und Tugenden oder Übel zu unterscheiden wissen. Allerdings kann er sich bestimmten sinnlichen Zwängen wie Lust oder Schmerz nicht enthalten. Er lässt sie zu, betrachtet sie aber nur als subjektive Empfindungen. Leiden ist so nur eine Störung der Ruhe, die vollkommen nicht zu haben ist. So ist nach Sextus das Glück des Menschen beschränkt: „Wir sagen nun, bis jetzt sei das höchste Gut des Skeptikers die Seelenruhe in den auf dogmatischem Glauben beruhenden Dingen und das maßvolle Leiden in den aufgezwungenen.“[10]

10 Sextus Empirikus: Grundriss der pyrrhonischen Skepsis I, 25, zitiert nach: Malte Hossenfelder: Antike Glückslehren. Quellen in deutscher Übersetzung mit Einführungen, Kröner Verlag: Stuttgart 1996, S. 308.

Handeln ohne Philosophie

Der Skeptiker richtet sein Handeln nach dem aus, was ihm vorgegeben war, bevor er mit philosophischen Untersuchungen begann. Wenn er handelt, muss er nicht von einem Nullpunkt aus beginnen. Er ist in einer bestimmten Lebensform aufgewachsen und lebt mit bestimmten Verhaltensweisen und Regeln, Sitten, Gebräuchen und Überzeugungen. In dieser Lebensform haben sich bei ihm bestimmte subjektive Vorstellungen (Phänomene) ausgebildet, die er für unbezweifelbar hält. Er folgt diesen Gegebenheiten, wie er als Kind seinem Erzieher gefolgt ist, ohne Überzeugung und Eifer, gleichgültig, ob richtig oder falsch. Er kennt für diese Lebensform keinen guten Grund, außer dem, dass es sie gibt. Er führt also ein ganz normales Leben nach den Regeln der Gesellschaft, der er angehört, nutzt deren Möglichkeiten, erträgt deren Widrigkeiten. Er hat sich diese Lebensform nicht ausgesucht und entscheidet sich auch nicht für sie. Ob dieses Leben richtig oder falsch ist, ist gleichgültig. Für die Wahl einer anderen Lebensform kann er keine rechtfertigenden Gründe angeben. Dem Skeptiker scheint eine Lebenshaltung angemessen, die sich so zusammenfassen lässt: **Weitermachen wie bisher!**

Sein theoretisches Misstrauen gegen dogmatische Urteile führt den Skeptiker dazu, die Philosophie aus dem praktischen Leben herauszuhalten. Das Leben bedarf keiner philosophischen Begründungen, es muss nur vollzogen werden. Allerdings steht dahinter die Überzeugung, dass die Welt im Großen und Ganzen so geordnet ist, dass sich das Glück einstellen wird und in absehbarer Zeit auch, ganz nebenbei, wirklich kommt. An diesem selbstverständlichen Dogma antiker Weltsicht hält auch der Skeptiker fest, freilich ohne dafür eine Begründung geben zu wollen bzw. zu können.

Damit schließt sich der Kreis unserer Darstellung der philosophischen Ethik in der Antike. Am Beginn stand die Ablösung des mythischen Welt- und Lebenszusammenhanges durch den Logos der Philosophie. Philosophische Ethik entwickelte sich als Zweifel an überlieferten Werten und suchte über die Prüfung selbstverständlich geltender Überzeugungen eine vernünftige Lebens- und Weltordnung zu begründen. Aus der Erkenntnis der Struktur des Seins leitete die Philosophie ihren Anspruch ab, den Weg zur Glückseligkeit zu bereiten.

Philosophie treiben hieß, richtig, glücklich zu leben. Diesen Anspruch der Philosophie setzte die Skepsis außer Kraft: Die Möglichkeit einer vernünftig begründeten Welt- und Lebensordnung wird bezweifelt. Die Menschen sind nur zufällige Weltbewohner, vereinzelt in ihren subjektiven Wahrnehmungen und Vorstellungen, eingespannt in einen Lebensvollzug im Hergebrachten. Die

Philosophie muss als Glückslehre abdanken, an ihre Stelle tritt die christliche Glaubenslehre, die eine neue Heilsgarantie zunächst unabhängig von den Fallstricken philosophischer Erkenntnis öffnet.

Zusammenfassung: Die philosophische Ethik im Hellenismus – Modelle der Lebenskunst

Für die Schulen der hellenistischen Philosophie gibt die Ordnung der Polis keinen verbindlichen Bezugspunkt für die Lebensgestaltung. Die Anforderungen der staatlichen Gemeinschaft stellen eher Behinderungen und Beschwernisse für den Einzelnen dar. Ein richtiges, glückliches Leben zu führen bedeutet, mit diesen und anderen Belastungen umzugehen und vernünftig zu entscheiden, was für ein selbstbestimmtes Leben zuträglich ist.

Diogenes plädiert für ein Leben der Bedürfnislosigkeit: Auf alles, was nicht der unmittelbaren Bedürfnisbefriedigung dient, kann und muss verzichtet werden.

Für **Epikur** besteht Lebenskunst darin, die Spannung von Schmerz und Lust, der menschliches Leben unterliegt, so zu gestalten, dass der Schmerz minimiert und die Lust optimiert wird. In der vernünftigen abwägenden Entscheidung, welche Bedürfnisse wie erfüllt werden können, und in der Klärung unnötiger Ängste erreicht der Mensch den Zustand der Seelenruhe, der „ataraxia".

Die zentrale Forderung der **stoischen Ethik** verlangt, in Übereinstimmung mit der Natur zu leben und alles zu bekämpfen, was der Vernunft widerspricht. Nur der Mensch ist frei, der es gelernt hat, sich von seinen Affekten freizumachen, und der sich damit ganz dem Gesetz der Vernunft unterstellt. Seine Freiheit besteht darin, die Macht des Schicksals einzusehen und dazu seinen Beitrag zu leisten. Unfrei ist der Mensch, wenn er sich unvernünftig von Lust und Unlust, Gier und Angst leiten lässt. Der Weise erreicht das Glück im Zustand einer unerschütterlichen Gelassenheit und Seelenruhe, der so genannten „apathia".

Für den **Skeptiker** ist jede verbindliche Aussage darüber, was das Glück des Menschen ausmacht und wie er deshalb sein Leben richtig zu führen hat, nur eine dogmatische und deshalb bezweifelbare Setzung. Diese Dogmen zu durchschauen, ist seine philosophische Bemühung, die Gestaltung des Lebens selbst bedarf keiner Philosophie, keiner Ethik.

Philosophische Ethik im Mittelalter

1 Christentum und Antike

Im Folgenden können weder wesentliche Inhalte des christlichen Glaubens noch deren ethische Prinzipien entwickelt werden. Dass bei der Herausbildung der christlichen Glaubenslehre und Ethik in der Spätantike antike Traditionen aufgenommen und verändert wurden, soll jedoch an zwei Beispielen illustriert werden.

1.1 Der Mensch in der Tonne

In der „Gesta Romanorum“ („Taten der Römer“), einer Sammlung von Erzählungen, Anekdoten und Legenden aus dem 13./14. Jahrhundert n. Chr. wird die Begegnung des Kynikers Diogenes mit Alexander dem Großen christlich umgedeutet:

Saturnus erzählt, Diogenes sei so arm gewesen, dass er nur ein Fass als Wohnung besessen habe, dessen Öffnung er stets zur Sonne hin ausrichtete. Als einmal König Alexander zu ihm gekommen war, während die Sonne schien, sagte er zu Diogenes, er solle sich von ihm wünschen, was er wolle. Darauf erwiderte Diogenes: „Ich wünsche mir vor allem, dass du nicht zwischen mir und der Sonne stehst.“ Und auf diese Weise wurde Alexander, der alle Welt besiegte, von jenem armen Mann besiegt.

Erklärung: Meine liebsten Freunde, in diesem Armen erkennt sich jeder von uns. [...] Das Fass ist unser gegenwärtiges Leben; denn wie ein Fass von Ort zu Ort bewegt werden kann, so ist unser Leben dauerndem Wandel unterworfen. Bald ist man betrübt, bald wieder fröhlich, bald krank. Daher müssen wir, die wir uns in diesem Fass befinden, d. h. in unserem gegenwärtigen Leben, uns immer zu Christus hinwenden, der Sonne der Gerechtigkeit. Alexander der Große, der danach fragt, ob wir etwas haben wollen, ist der Teufel, der uns die Eitelkeit der Welt zeigt, uns seine Kostbarkeiten vorführt und von dem wir nur das eine erbitten müssen, dass er nicht zwischen uns und der Sonne steht; und der uns nicht erlaubt, dass die Sonne, d. h. Gott, uns das Licht ihrer Gnade leuchten lässt. Aber oft stellt der Teufel etwas Vergängliches zwischen uns und die Sonne, d. h. Gott, sodass wir von ihr getrennt werden. Wir wollen also jedes Hindernis zwischen uns und Gott forträumen, um unsere Augen zu ihm erheben zu können, und er selbst wird unseren Weg beschleunigen.

Gesta Romanorum CLXXXIII.

Während die antike Überlieferung die innerweltliche, asketische Lebenshaltung, die Provokation der politischen Macht und die Absage an eine metaphysische Orientierung hervorhebt, entdeckt der mittelalterliche Verfasser in der Anekdote eine Entgegensetzung von Diesseits und Jenseits, wie sie seinem christlichen Weltbild entsprach. Folgende Unterschiede lassen sich deutlich machen:

- **Lebenshaltung und Existenz**
  Während Diogenes seine Armut bewusst selbst wählt, weil es ihm um den Genuss des Lebens geht, unabhängig von den Bedürfnissen und Zufällen ihrer Befriedigung, wird Armut in der Geschichte zu einem Grundmerkmal der menschlichen Existenz. In seiner Tonne verwirklicht der kynische Diogenes eine Haltung der Lebenssicherheit, weil er sonst nichts braucht. In der mittelalterlichen Deutung wird mit „Fass" aber Unsicherheit, Ortlosigkeit und Wechselhaftigkeit der menschlichen Existenz in dieser Welt verbunden.
- **Glück und Sinn des Daseins**
  Der antike Diogenes ist im Genuss seines Daseins wunschlos glücklich. Die Angebote der weltlichen Macht sind für ihn eher eine Störung seines Glücks und ihm deshalb höchst gleichgültig. In der christlichen Deutung ist der Mensch prinzipiell unglücklich in der Welt, getrennt von Gott. Der Sinn seines Daseins liegt in seiner Beziehung zu Gott: Von Gott kommt alles Heil. Dieses Heil wird durch die Angebote des weltlichen „Versuchers" verhindert. Erst in der Absage an die weltlichen Güter kann der Mensch der Gnade Gottes teilhaftig werden.

Mit der Abwertung der irdischen Existenz und der Orientierung an der unvergänglichen „Sonne", der Idee, könnte Gott zwar auch im Sinn antiker Philosophie – etwa Platons – gedeutet werden. Ein wesentlicher Unterschied besteht aber in der persönlichen Beziehung Mensch – Gott im Christentum. Der schwierige Aufstieg der Philosophen zur Idee, zum wahren und richtigen Sein, wird in der christlichen Deutung umfassender und einfacher zugleich. In der gläubigen Wende des Menschen zu Gott kommt ihm dieser entgegen.

1.2 Der Apostel und die Philosophen

In der Apostelgeschichte (17,16–34) wird berichtet, wie Paulus auf einer seiner Missionsreisen in Athen mit „epikureischen und stoischen Philosophen" diskutiert. Auf deren neugierige Frage, worin denn seine Lehre bestehe und ob er eine neue Gottheit verkünde, entwirft Paulus eine Theologie, die den Philosophen zunächst nicht unbekannt war:

- **Der eine Gott**
  „Athener, nach allem, was ich sehe, seid ihr besonders fromme Menschen. Denn als ich umherging und mir eure Heiligtümer ansah, fand ich auch einen Altar mit der Aufschrift: Einem unbekannten Gott. Was ihr verehrt, ohne es zu kennen, das verkünde ich euch." (Apg 17,22 f.)
- **Der Schöpfer Gott**
  „Gott, der die Welt erschaffen hat, und alles in ihr, er, der Herr über Himmel und Erde, wohnt nicht in Tempeln, die von Menschenhand gemacht sind. Er lässt sich auch nicht von Menschen bedienen, als brauche er etwas, er, der allen das Leben, den Atem und alles gibt. (Apg 17,24)
- **Gott und der Mensch**
  „Er hat aus einem einzigen Menschen das ganze Menschengeschlecht geschaffen, damit es die ganze Erde bewohne. Er hat für sie bestimmte Zeiten und die Grenzen ihrer Wohnsitze festgelegt. Sie sollten Gott suchen [...], denn keinem von uns ist er fern. Denn in ihm leben wir, bewegen wir uns und sind wir, wie auch einige von euren Dichtern gesagt haben: Wir sind von seiner Art." (Apg 17,26–28) Allerdings habe sich der Mensch in seiner Geschichte von Gott abgekehrt und von sich selbst entfremdet, indem er selbst geschaffene Götzenbilder verehrt. Für Paulus ist dies eine Periode der Unwissenheit und Ungerechtigkeit. Er verkündet eine neue Wende zu Gott.
- **Umkehr zu Gott**
  „Gott, der über die Zeiten der Unwissenheit hinweggesehen hat, lässt jetzt verkünden, dass überall alle umkehren sollen. Denn er hat einen Tag festgesetzt, an dem er den Erdkreis in Gerechtigkeit richten wird."(Apg 17,30 f.)
- **Erlösung durch Jesus Christus**
  Diese Gerechtigkeit wird hergestellt durch „einen Mann, den er dazu bestimmt und vor allen Menschen dadurch ausgezeichnet hat, dass er ihn von den Toten auferweckte." (Apg 17,31) Für Paulus ist die Auferstehung Jesu Christi von den Toten die zentrale Botschaft der neuen Lehre. Erst der Glaube an die bezeugte Wahrheit der Auferstehung führt zu einer Rückkehr zu Gott, zur Überwindung von Leid und Tod.

Die Predigt des Paulus auf dem Areopag in Athen – hier dargestellt von Raffael in einem Entwurf für einen Wandteppich – war der früheste überlieferte Kontakt zwischen dem Christentum und der griechischen Philosophie.

Während die Lehre vom einen Schöpfergott, von der Artgleichheit Mensch und Gott, der Entfremdung des Menschen und deren Umwendung für die Philosophen durchaus nachvollziehbar und teilweise in ihre unterschiedlichen Systeme integrierbar erschien, stößt die Auferstehungslehre auf Unverständnis und Spott.

Den griechischen Philosophen ist wohl nicht so sehr die Vorstellung einer Überwindung des Todes, einer Existenz nach dem Tod fremd. Sie nehmen vom Standpunkt ihrer Vernunft Anstoß an der behaupteten, nicht zu diskutierenden Wahrheit einer tatsächlichen leiblich-seelischen Auferstehung.

Zusammenfassung: Christentum und Antike

Die christliche Lehre stellt Motive und Themen der antiken Ethik in einen neuen Glaubenszusammenhang: Das richtige, gute Handeln ergibt sich in der **Nachfolge Jesu Christi.** Allein im Glauben an Gott kann der Mensch sein innerweltliches Leben ausrichten auf eine ihm nicht verfügbare Erlösung.

2 Philosophische Ethik bei Thomas von Aquin

Die Philosophie des Mittelalters wird zeitlich zwischen dem Ende des weströmischen Reiches und dem Beginn der Neuzeit eingeordnet. Sie ist durch die Einheit von Wissen und Glauben gekennzeichnet (Augustinus: *Intellige ut credas, crede ut intelligas* – verstehe, um zu glauben; glaube, um zu verstehen), d. h. dass die christlichen Denker die antike Philosophie nicht verwerfen, sondern diese für den Glauben nutzbar machen.

Während sich Aurelius Augustinus (354–430) in seiner Theologie vor allem mit Platon auseinander setzt, greift Thomas von Aquin (1225–1274), dessen Wirken den Höhepunkt der mittelalterlichen Theologie kennzeichnet, auf Aristoteles zurück. Dies hat geschichtlich zwei Gründe: Thomas von Aquin gehörte der – damals als revolutionär empfundenen – christlichen Armutsbewegung des beginnenden 13. Jahrhunderts an, die besonders in den beiden neu gegründeten Bettelorden der Dominikaner (gegr. 1216) und Franziskaner (gegr. 1223) ihre Stützen hat. Thomas studierte an der Universität von Neapel, lernte dort die an den meisten Universitäten noch verpönten Schriften des Aristoteles kennen und vollzog unter dessen Einfluss eine entschiedene Hinwendung zum Konkreten, zur erfahrbaren Realität der Welt. Aristoteles eröffnete ihm den Blick in die Natur bzw. in das naturwissenschaftliche Sehen, in die Klassifizierung von Naturphänomenen.

Thomas von Aquin

Damit gewann Thomas eine Position, die es ihm ermöglichte, den Glauben an Gott mit der menschlichen Vernunft zu vereinbaren: Christliche Ethik muss sowohl auf Gott bezogen sein als auch rational überprüfbar das Handeln der Menschen in seiner Gesellschaft anleiten (Synthese von Vernunft und Glauben). Diese Lehre entwickelte er vor allem in seinem Hauptwerk, der dreiteiligen „Summa theologiae“.

2.1 Biblische Ethik

Die Verbindung von rationalem Verhalten und Glaube ist bereits im **Alten Testament** angelegt: Die Gebote bzw. Verbote des Dekalogs gehen auf ein Ethos zurück, das sich schon bei den Völkern des Vorderen Orients aus den

Notwendigkeiten des Gemeinschaftslebens entwickelt hat. Das Besondere der alttestamentlichen Sittlichkeit besteht darin, dass dieses in der Tradition vorgefundene Ethos mit dem Glauben an einen einzigen Gott verbunden wird. Es zielt aber auf einen mündigen Gehorsam, d. h. Gott lässt den Menschen seinen eigenen Weg gehen.

Auch **Jesus von Nazareth** verkündet keine neue Ethik, sondern bezieht die vorhandenen Regeln in seine Lehre ein. Das Neue seiner Lehre ist, dass die Menschen durch ein Leben, in dem sie den Willen Gottes erfüllen, durch seinen Opfertod die Erlösung von ihrer Schuld erlangen und nach dem Tod in die ewige Gemeinschaft mit Gott und den bereits Erlösten eingehen.

Das Radikale seiner Lehre aber besteht im „Liebesgebot", das auf die aktive Verantwortung des Einzelnen zielt: Sinn und Ziel des Lebens eines Christen ist es, in der Nachfolge Christi die Liebe zu Gott und den Mitmenschen im Leben zu verwirklichen und diese Gemeinschaft mit Gott und den Menschen nach dem Tod fortzusetzen.

In seinen Briefen und Predigten kämpft der **Apostel Paulus** gegen das Laster (Neid, Zorn, Zwietracht) in den entstehenden christlichen Gemeinden, fordert Liebe zum Bruder und zum Feind, Großmut und Kraft im Ertragen von Leid und Gastfreundschaft gegen jedermann. Zudem fordert er den Dienst an der Gemeinschaft. Paulus gibt aber darüber hinaus in ganz konkreten Fällen sittliche Weisungen. Dabei zeigt sich, dass in seinem Denken hellenistische Einflüsse und das Denken der Stoa nachweisbar sind. So entsprechen seine Ratschläge durchaus den Anschauungen der antiken Umwelt: „Was wahrhaftig, was ehrbar, was gerecht, was rein, was liebenswert ist, was einen guten Ruf hat, sei es eine Tugend, sei es ein Lob – darauf seid bedacht" (Brief an die Philipper 4,8 f.) oder „Seid untereinander eines Sinnes, strebt nicht hoch hinaus, sondern bleibt demütig. Haltet euch nicht selbst für weise." (Brief an die Römer 12,16)

Paulus begründet keine besondere, neuartige christliche Moral. Die wesentlichen ethischen Anforderungen, die sich aus dem menschlichen Zusammenleben ergeben, werden vielmehr in den Begründungszusammenhang des christlichen Glaubens eingeordnet. Durch den Glauben an Christus wird das Leben in der Gemeinschaft stets neu fundiert und motiviert: „Wir wollen uns, von der Liebe geleitet, an die Wahrheit halten und in allem wachsen, bis wir ihn erreicht haben. Er, Christus, ist das Haupt. Durch ihn wird der ganze Leib zusammengefügt und gefestigt in jedem Gelenk. Jedes trägt mit der Kraft, die ihm zugemessen ist. So wächst der Leib und wird in Liebe aufgebaut." (Brief an die Epheser 4,15 f.)

2.2 Thomas von Aquins Tugendethik

In der christlichen Ethik des Thomas von Aquin ist der Maßstab des Sittlichen die **vernünftig geordnete und entfaltete menschliche Existenz.** Diese Erkenntnis stützt sich auf die konkrete Erfahrung, denn die praktische Vernunft führt bereits zum Verständnis von Gut und Böse: Das Leben in der Gesellschaft wird durch die menschliche Vernunft geleitet, die die Normen des menschlichen Tuns bestimmt. Das Christentum muss darüber hinausgehend an äußeren Handlungen nur das gebieten, was den Menschen in die Gnade Gottes einführt oder was notwendig zum rechten Gebrauch der Gnade gehört. So bedarf es nach Thomas keiner weiteren, über die vernunftgemäßen Sittengebote hinausgehenden Gebote.

Der Mensch erfährt seine humane Würde, sein Ziel, seine Vollkommenheit, sein Glück, wenn er entsprechend seiner Natur lebt, d. h. sich in der Gesellschaft und ihren Normen entfalten kann, und wenn er sich in seinem sittlichen Handeln auf Gott ausrichtet.

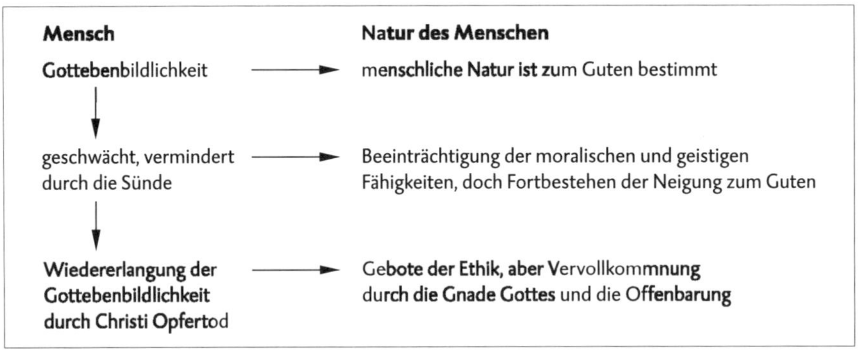

Die Gebote der Ethik befähigen den Menschen zu verstehen, wie er sich verwirklichen kann. Der Mensch besitzt als einziges Geschöpf Einsicht in die Ordnungsgesetze der Schöpfung *(lex aeterna)*. Alles von Gott Erschaffene, anorganische Substanzen wie Lebewesen, haben teil an diesem Gesetz und verwirklichen sich gemäß ihrem Wesen in der ganzen Schöpfung. Sie sind eingebunden in ein Gefüge vorgegebener, artspezifischer Fixierungen, die Veränderungen entzogen sind (z. B. Trieb und Instinkt der Tiere: Wabenbau der Bienen, Spinnennetz, Vogelflug nach dem Süden usw.).

Auch der Mensch steht unter diesem Gesetz, geht aber in den Fixierungen nicht auf. Er besitzt nämlich mit seiner Vernunft eine besondere Einsicht in dieses Gesetz: So vermag er für sich und andere zu planen und zu handeln, d. h. er wird sich aus Vernunft selbst Gesetz. Damit trägt er Verantwortung für sein Tun. Diese **Teilnahme am ewigen Gesetz** nennt Thomas von Aquin *lex naturalis* (Naturgesetz; die Definition von Thomas entspricht nicht der modernen Verwendung des Begriffs).

Mit Aristoteles unterscheidet Thomas von Aquin die theoretische Vernunft, die dem wissenschaftlichen Denken zuzuordnen ist, von der praktischen Vernunft, die mit Klugheit das konkrete Handeln leitet, um eine ethisch sinnvolle Ordnung zu schaffen.

Während das Streben aller Wesen auf Selbsterhaltung und Arterhaltung gerichtet ist, geht das des Menschen darüber hinaus: Es ist **auf das Gute** gerichtet, das in Gott vollendet ist. Mit seinen natürlichen Fähigkeiten erfasst der Mensch zwar den Bereich der Natur und auch die dem Menschen vorgegebenen sittlichen Ordnungen (die er zudem vernünftig zu gestalten hat), die Erkenntnis Gottes aber erlangt er erst durch die **Gnade Gottes** und die **Offenbarung:**

Es findet sich aber, dass der Mensch eine dreifache Erkenntnis der göttlichen Dinge habe. Die erste entspricht dem, dass der Mensch mit dem natürlichen Licht der Vernunft durch die Schöpfung hin zu der Erkenntnis Gottes aufsteigt. In der zweiten steigt die göttliche Wahrheit, welche die Erkenntniskraft des Menschen überschreitet, in der Weise der Offenbarung zu uns herab, jedoch nicht als erweisbar zu schauende, sondern als auf Verkündigung hin zu glaubende. Die dritte ist darin gegeben, dass des Menschen Geist dazu erhoben wird, das Offenbarte vollkommen zu schauen.

Thomas von Aquin: Summa contra gentiles 4,1.

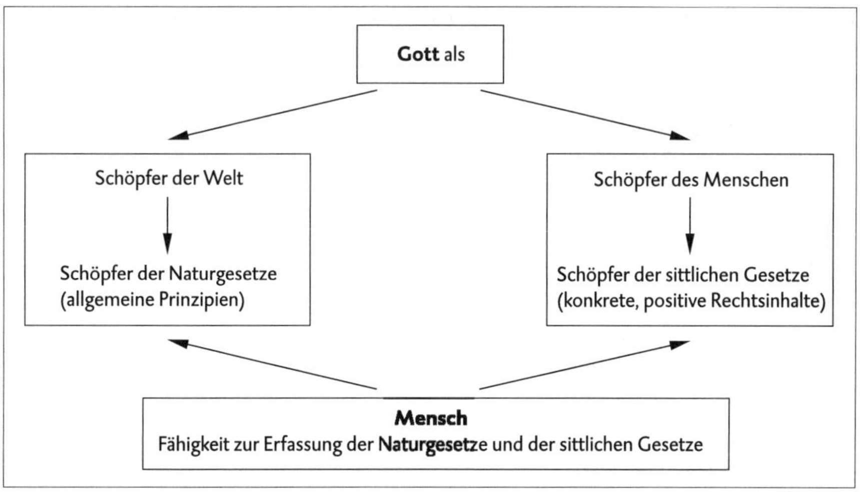

Da der Mensch zurück zur Gottebenbildlichkeit strebt, muss er der praktischen Vernunft folgen, die ja als *lex naturalis* (Naturgesetz) Teil des ewigen Gesetzes ist. Während die rein vegetativen Lebensprozesse naturkausal ablaufen, hängen die Neigungen des Menschen von seinem Willen ab. Darum kann der Mensch auch seine Neigungen gestalten und erziehen.

Thomas von Aquin entwickelt ausgehend von Platon und vor allem von Aristoteles eine Tugendlehre, die angibt, wie der Mensch sich in der Gesellschaft zurechtfinden und seinen Weg zu Gott finden kann: Thomas übernimmt die vier **Kardinaltugenden** Klugheit (praktische Vernunft), Gerechtigkeit, Tapferkeit und Mäßigung, die auf eine umfassende harmonische Vollendung des ganzen Menschen (geistig wie körperlich) zielen, fügt aber die drei **christlichen Tugenden** Glaube, Hoffnung und Liebe hinzu. Diese Tugenden werden dem Menschen von Gott geschenkt und vollenden die moralischen Tugenden.

2.3 Der Ursprung des Guten und Schlechten und die Rolle des Gewissens

Trotz seiner Vernunftnatur hält sich der Mensch nicht ständig an die Normen der Gesellschaft. Für Thomas von Aquin liegt der Grund darin, dass der Mensch zwar durch seine Gottebenbildlichkeit an Gott teilhat, aber nicht die Vollkommenheit Gottes besitzt: Aber „was ihm von der Fülle des Seins fehlt, so weit fällt es gegen das Gute ab und heißt schlecht." (Summa Theologiae, II, 1, qu. 18, a 1)

Thomas untersucht nun, inwiefern menschliches Handeln schlecht sein kann: durch die Absicht, Schlechtes zu tun, durch Unterlassung und Fahrlässigkeit, aber auch durch falsche Entscheidungen. So wie die Tugenden zu Gott führen, so sieht Thomas von Aquin in den Todsünden, zu denen er Faulheit, Habsucht, Neid, Stolz, Unzucht, Völlerei und Zorn rechnet, die Abwendung von Gott, weil der Mensch durch sie die sittlichen Gesetze der Schöpfung missachtet.

Das Gewissen des Menschen reagiert auf sein Handeln und bewertet es vor und nach einer Handlung. Vor der Handlung bestimmt es das Handlungsmotiv, weist das Böse zurück und verlangt nach dem Guten. Nach der Handlung bewertet es die vollzogene Tat. Das Gewissen ist autonom und fungiert gleichsam als „Befehl der Vernunft", das Naturgesetz zu erfüllen. Im Falle einer guten Handlung rechtfertigt es den Handelnden, im Falle der bösen Handlung wirft es dem Handelnden den Verstoß gegen das Sittengesetz vor.

Thomas von Aquin präzisiert den **Gewissensbegriff** in drei Stufen näher:

- Der Mensch besitzt ein (Vor-)Wissen *(synderesis)* von den allgemeinsten moralisch-praktischen Prinzipien als Teil der praktischen Vernunft. Dieses Wissen gebietet das Gute und verbietet das Böse.
- Die zweite Stufe umfasst die Weisheit *(sapientia)*: Dieses Wissen beschreibt Thomas als die weltanschaulichen – religiösen wie philosophischen – Grundanschauungen des Menschen.
- Die dritte Stufe zielt auf das empirische Tatsachenwissen *(scientia)*, mit dessen Hilfe der Mensch Zusammenhänge erkennen und bewerten kann.

Auch wenn das Gewissen irrt, ist der Mensch nach Thomas von Aquin daran gebunden, denn es ist die Stimme der Vernunft und darum auf Gott bezogen: Der Gläubige vernimmt in ihm gewissermaßen die Stimme Gottes. So sieht sich der Gläubige direkt Gott selbst gegenüber und hat sich allen anderen Ansprüchen und Autoritäten zu verweigern: „Man muss Gott mehr gehorchen als den Menschen" (Apostelgeschichte 5,29).

In einem nicht-moralischen Sinne kann das Gewissen jedoch irren: So können Menschen durchaus in weltanschaulicher Hinsicht irren (vgl. z. B. die Ketzerprozesse zur Zeit von Thomas oder die irrige Gewissensüberzeugung eines Terroristen), aber auch das empirische Tatsachenwissen kann einen falschen Standpunkt vertreten (z. B. bei den Entscheidungen eines Arztes). Das (Vor-)Wissen *(synderesis)* als allgemeinste moralische Instanz und Maßstab menschlicher Motivation und Handlung kann – nach Thomas von Aquin – nicht irren.

2.4 Die Bedeutung von Thomas von Aquin für die Ethik

Mit der Aneignung der Lehre von Aristoteles hat Thomas von Aquin auch für heute noch bedeutsame Erkenntnisse formuliert: Seine Leistung besteht darin, dass er die philosophische Ethik als eine Wissenschaft anerkennt, die die Wahrheit vor aller Theologie selbstständig erschließt. Damit verlieren philosophisch-ethische Aussagen ihren Sinn auch im theologischen Kontext nicht. Die philosophische Ethik ist nicht vollkommen in den moraltheologischen Prinzipien aufgegangen, sondern behält neben diesen eine eigene Perspektive.

Zusammenfassung: Philosophische Ethik bei Thomas von Aquin

Die Philosophie des Thomas von Aquin ist geprägt durch die Hinwendung zum Konkreten, zur erfahrbaren Realität der Welt. Geschult ist Thomas durch die Schriften des Aristoteles. In seiner Hauptschrift „Summa theologiae" legt er dar, dass die philosophisch-ethischen Aussagen des Aristoteles über das Leben des Menschen in der Gemeinschaft mit der christlichen Ethik in Einklang zu bringen sind.
Da der Mensch als einziges Lebewesen befähigt ist, mit seiner **Vernunft** Einsicht in die Ordnungsgesetze der Schöpfung *(lex aeterna)* zu nehmen, ist er auch für sein Tun verantwortlich. Und da der Mensch nach Gottebenbildlichkeit strebt, muss er einerseits der praktischen Vernunft folgen, dem Naturgesetz *(lex naturalis)*, das an den vier Kardinaltugenden Klugheit, Gerechtigkeit, Tapferkeit und Mäßigung ausgerichtet ist. Andererseits braucht der Mensch aber, weil er sein Ziel nicht alleine erreichen kann, die von Gott geschenkten **theologischen Tugenden** Glaube, Hoffnung und Liebe.
Da der Mensch sich aber nicht immer an die selbst gesetzten sittlichen Normen bzw. an die Gebote Gottes hält, meldet sich das Gewissen. In ihm hört der Mensch nicht nur die Stimme der Vernunft, sondern gewissermaßen die Stimme Gottes, vor dem er sich als letzter Instanz zu verantworten hat.

Philosophische Ethik in der frühen Neuzeit

1 Das neue Bild vom Menschen

Diese Illustration aus einem populärwissenschaftlichen Werk des 19. Jahrhunderts galt irrtümlich als Wiedergabe eines Holzschnittes aus der Renaissance.

Holzschnitt im Stil des 16. Jahrhunderts.

In dem Bild wird das mittelalterlicher Weltbild karikiert: Man sieht eine flache Erde, umgeben von einer Sphäre der himmlischen Leuchtkörper. Der neugierige Forscher durchbricht dieses Weltgebäude und erblickt jenseits des Horizonts, der bis dahin für die Grenze der Welt gehalten wurde, eine neue fremde Welt. Der Astronom Nikolaus Kopernikus (1473–1543) lehrte ein heliozentrisches Weltbild (die Sonne, nicht mehr die Erde wird als Mittelpunkt des Kosmos angesehen); Giordano Bruno (1548–1600) hielt die Sterne für Sonnen mit eigenen Planetensystemen, für unendliche Welten in einem unendlichen Weltall.

Diesem Wandel des Weltbildes entspricht ein neues Bild des Menschen. Während sich der Mensch des Mittelalters in den hierarchisch fest geordneten Kosmos der Schöpfung eingebunden sah, unvollkommen, hinfällig und erlösungsbedürftig, vollzieht sich in der Renaissance eine Wende zum **Subjekt Mensch.** Das, was den Menschen ausmacht, die „Humanitas“ (Menschennatur oder Menschlichkeit) wird in bewusstem Bezug zur Antike als volle Entfaltung der intellektuellen und moralischen Fähigkeiten des Menschen definiert, der sich in freier Entscheidung seine Existenz selbst schafft.

1.1 Pico della Mirandola – Die Würde des Menschen

Der italienische Philosoph und Humanist Pico della Mirandola (1463–1494) beschreibt in der Rede „oratio de homines dignitate“ als die Besonderheit des Menschen seine „Unbestimmtheit“. Gott hat den Menschen im Unterschied zu all den anderen Geschöpfen keine bestimmte Natur zugewiesen. Zwar ist der Mensch hier noch Geschöpf Gottes, aber nicht mehr in seiner Hand.

Während sich die Geschöpfe in den Schranken vorgegebener (Natur-)Gesetze bewegen, kann der Mensch sich zu seinen natürlichen geistig-körperlichen Anlagen frei verhalten. Wie ein Bildhauer gestaltet er die Form seines Lebens nach seinem Willen. Es steht ihm frei, „in die Unterwelt des Viehes zu entarten“ oder sich „in die höhere Welt des Göttlichen zu erheben.“[11] Sein Wert, seine **Würde** besteht darin, dass er sich **selbst bestimmen** kann. Er ist frei und nicht eingebunden in die Ordnung der Welt und des Staates (Antike) oder in den göttlichen Heilsplan (Mittelalter).

Pico zieht aus seiner Beschreibung keine ethischen Konsequenzen. Würde als Selbstbestimmung wird später aber zu einem zentralen Prinzip der Ethik und zu einem Grundwert politischen Handelns: Jeder Mensch hat einen unbedingten Anspruch auf Achtung seiner Würde.

1.2 René Descartes – Das denkende Subjekt

Philosophen, die bisher die Frage nach dem Wesen des Menschen stellten, wollten daraus ableiten, wie der Mensch handeln und leben soll. Als vernünftigem Lebewesen wurde ihm eine Reihe von Tugenden zugeschrieben, die er aus dieser Vernunft entwickeln soll. In seinen „Meditationen“ über die Grundlagen der Philosophie[12] stellt der französische Philosoph René Descartes (1596 –1650) die Frage radikal neu: Was bin ich? Was kann ich überhaupt wissen?

11 Pico della Mirandola: Oratio de homines dignitate, in: Renaissance und frühe Neuzeit, hrsg. von Stephan Otto, Geschichte der Philosophie Bd. 3, Reclam Verlag: Stuttgart 1984, S. 347.

12 René Descartes: Meditationen über die erste Philosophie. Ungewöhnlich für eine philosophische Schrift ist die durchgängige Ich-Form. Descartes legt eine Art intellektueller Autobiografie vor und fordert vom Leser so, die Gedankengänge des Autors an sich selbst nachzuvollziehen.

Zweifel und Wissenschaft

Alle bisherigen Überzeugungen des Menschen sollen nach Descartes' bezweifelt werden und es soll nur das beibehalten werden, was sich als unumstößlich wahr erweist. Sind diese wahren Prinzipien erfasst, lässt sich daraus ein neues wissenschaftliches Verständnis der Welt und des Menschen begründen. Descartes zeigt, dass seine bisherigen Überzeugungen von sich und der Welt auf widersprüchlichen Annahmen beruhen. Was ich über meine körperliche Existenz, meine Eindrücke und Empfindungen weiß, ist höchst unzuverlässig. Träume oder wache ich? Ist etwas groß oder klein, weil es mir aus unterschiedlichem Blickwinkel so erscheint? Radikal weiter überlegt: **Alles lässt sich grundsätzlich als Illusion bezweifeln.** Ich kann an der Existenz von Gott und der Welt zweifeln; unbezweifelbar ist nur der Vorgang des Zweifelns selbst. Ich denke, ich bin: „Ego cogito, ego existo" – oder in einer anderen Formulierung: **„Cogito ergo sum."** („Ich denke, also bin ich.") „Also was bin ich nun? Ein denkendes Ding. Was ist das? – Ein Ding, das zweifelt, einsieht, bejaht, verneint, will, nicht will, das auch bildlich vorstellt und empfindet."[13]

René Descartes

Diese **Selbstgewissheit des Subjekts** ist die Grundlage unserer Existenz wie unseres Wissens. Erkenntnis über die Welt gewinnt das Subjekt dadurch, dass es aus wenigen sicheren Annahmen deduktiv (lat. *deducere:* ableiten) und allein durch vernünftiges, d. h. logisch-mathematisches Denken die Gesetze entwickelt, nach denen alle Erscheinungen der Welt verlaufen. Descartes stützt sich dabei auf zwei metaphysische Annahmen, von denen er meint, sie auch beweisen zu können: Die Welt ist sinnvoll durch einen **Schöpfergott** gesetzlich geordnet und der Mensch kann diese Struktur durch **angeborene Ideen** erfassen.

Der Dualismus von Körper und Seele

Während Descartes beansprucht, das Gebäude des bisherigen Wissens einzureißen und darauf ein neues, wahres Wissen zu errichten, hält er dies im Bereich der Moral noch nicht für möglich. Dass der Mensch sich nur als denken-

13 René Descartes: Meditationen über die erste Philosophie, übersetzt und hrsg. von Gerhart Schmidt, Reclam Verlag: Stuttgart 1986, S. 85.

des Wesen gewiss sein kann, führt Descartes zu der Annahme eines Dualismus von Körper und Seele. Er bestimmt die Seele ausschließlich als Denken oder Bewusstsein, als **denkende Substanz** *(res cogitans)* und den Körper ausschließlich als Ausdehnung bzw. **ausgedehnte Substanz** *(res extensa)*. Der Bereich des Ich enthält nichts, was zum Bereich des Körperlichen gehört. Descartes betrachtet den Körper des Menschen wie eine Maschine aus Knochen, Muskeln und Nerven, die sich streng mechanisch nach den Naturgesetzen bewegt. Als denkendes Wesen darf sich der Mensch diesen körperlichen Vorgängen nicht unterwerfen, sondern muss sie umgekehrt beherrschen.[14]

Der Wille übermittelt die Befehle des Geistes an den Körper. Als Vermittlungsinstanz ist der **Wille frei,** sich auf die Affekte zu beziehen, d. h. etwas zu tun oder nicht zu tun. Allerdings wissen wir nach Descartes noch nicht, wie diese Vermittlung vor sich geht. Die entsprechenden Vorgänge zu beschreiben und zu erklären, ist Aufgabe der zu entwickelnden Wissenschaft der Psychologie.

Vorläufige Moral

Auf einer psychologischen Wissenschaft kann nach Descartes eine ausgearbeitete **Ethik** gründen, die als **angewandte Psychologie** die Aufgabe der rationalen Affektkontrolle hat. Solange es eine solche wissenschaftlich begründete Ethik nicht gibt, muss man sich freilich mit einer **provisorischen Moral** begnügen. Diese folgt den Vorschriften der traditionellen Moral, bemüht sich um eine feste Haltung und erkennt unabänderliche Handlungsbedingungen an.

2 Die Begründung des Staates aus der Natur des Menschen

Ein wesentliches Kennzeichen des Denkens der Neuzeit ist die Wendung gegen jede nicht durch Vernunft begründete Autorität, auch der von politischer Macht. Die Legitimation des Staates aus der Tradition und aus göttlicher Schickung gilt nicht mehr als selbstverständlich. Herrschaft und Unterordnung, Gesetzgebung und Gehorsam, Rechte und Pflichten bedürfen einer vernünftigen Begründung.

14 Descartes vertritt hier ein Bild vom Menschen, das in der Philosophie seit Platon von einer strikten Trennung von Körper und Geist ausgeht. In seiner körperlichen Existenz sei der Mensch abhängig von Bedürfnissen und Leidenschaften, endlich und unfrei; nur sein Geist oder seine Seele sei unsterblich, neuzeitlich formuliert frei, sich selbst bestimmend. Die Herrschaft der freien Seele über den Körper sei deshalb auch das Ziel des Menschen.

Die neuzeitlichen Philosophen, die komplexe Staatsgemeinschaften untersuchen, gehen auf den Menschen als Einzelwesen zurück und fragen danach, was ihn veranlasst, sein Zusammenleben mit anderen Menschen staatlich zu regeln. Dazu dient folgendes Gedankenexperiment: Wenn man von allem, was der Mensch dem staatlichen Zusammenleben verdankt, absieht, entdeckt man seinen **Naturzustand,** in dem sich der Mensch frei von allen staatlichen Zwängen und Beschränkungen verhält und sein eigentliches Wesen zeigt.

So wie die theoretische Philosophie ihr Fundament in der Selbstgewissheit des denkenden Subjekts findet, ist für die praktische und politische Philosophie der Ausgangspunkt das **Prinzip der Selbsterhaltung des handelnden Menschen.** Darauf aufbauend werden Verhaltensweisen des Menschen bestimmt und die vernünftigen Gründe gesucht, warum und wie er mit seinen Mitmenschen zusammenleben kann und muss.[15]

2.1 Thomas Hobbes – Aus Egoismus zum Vertrag

Nach dem englischen Philosophen Thomas Hobbes (1588–1679) sind die Menschen im Naturzustand, und dies heißt ihrem Wesen nach, sowohl in ihren körperlichen als auch in ihren geistigen Anlagen gleich. Sie sind durch egoistische Leidenschaften geprägt und wollen ein angenehmes Leben für sich. Die anderen treten ihnen jeweils als Gegner ihrer eigenen Ansprüche gegenüber, die man deshalb gewaltsam durchsetzen bzw. verteidigen muss. In seiner Schrift „De cive" („Vom Bürger") prägt Hobbes für das Zusammenleben der Menschen im Naturzustand die berühmte Formel **„Homo homini lupus est"** („Der Mensch ist dem Menschen ein Wolf") und spricht vom *bellum omnes omnium* (Krieg aller gegen alle). Allerdings setzen die Menschen ihre Vernunft nicht nur ein, um sich gegenseitig zu bekämpfen, sondern sie werden auch erkennen, dass sie, wenn sie ihren egoistischen Leidenschaften nachgehen, letztlich ihre eigene Existenz gefährden. Daher kommen sie zu dem Schluss, dass ein Zustand des geregelten Friedens dem Naturzustand des Krieges auf jeden Fall vorzuziehen ist. Gerade weil

Thomas Hobbes

15 Zur politischen Ethik siehe Abitur-Wissen Ethik: Politische Ethik von Hermann-Josef Große Kracht, Stark Verlag: Freising 2002.

alle den Tod fürchten und ein angenehmes Leben führen wollen, kommen sie vernünftig darauf, **Verträge** einzugehen, die ihre Selbsterhaltung in dem Maße garantiert, wie sie die Selbsterhaltung ihrer Mitmenschen garantieren. In ihrem eigenen Interesse werden sie moralische Normen einhalten, trotz aller Einsicht allerdings immer nur bedingt. Wenn es ihnen nützlich erscheint, werden sie entsprechende Verträge brechen oder unterlaufen, damit aber wieder ihre Selbsterhaltung tendenziell gefährden. Die Menschen müssen erkennen, dass Verträge ohne schützende Gewalt, „ohne Schwert", nur leere Worte sind. Deshalb bedarf es nach Hobbes eines Vertrages, der nicht mehr gebrochen werden kann, und eines Schwertes, gegen das es keine Gegengewalt mehr gibt: Die Menschen müssen in einem einmaligen, grundsätzlichen Vertrag darauf verzichten, Machtmittel gegeneinander einzusetzen, und sich gleichzeitig einer einzigen Macht unterwerfen, die Sicherheit für alle garantiert. Hobbes nennt den Staat, der aus diesem Unterwerfungsvertrag entsteht und alle Bürger zu einem Gemeinschaftskörper vereinigt, **„Leviathan":**

Abraham Bosse: Leviathan; Titelbild aus Thomas Hobbes' „Le corps politique", 1652.

Bei Leviathan ist derjenige, welcher die höchste Gewalt besitzt, gleichsam die Seele, welche den ganzen Körper belebt und in Bewegung setzt; die Obrigkeiten und Beamten stellen die künstlichen Glieder vor; die von der höchsten Gewalt abhängenden Belohnungen und Bestrafungen, wodurch jeder Einzelne zur Erfüllung seiner Obliegenheiten angehalten wird, vertreten die Stelle der Nerven; das Vermögen einzelner Personen ist hier die Kraft, sowie das Glück des Volkes das allgemeine Geschäft; die Staatsmänner, von welchen die nötigen Kenntnisse erwartet werden, sind das Gedächtnis; Billigkeit und Recht eine künstliche Vernunft; Einigkeit ist gesunder, Aufruhr dagegen kranker Zustand und Bürgerkrieg der Tod. Die Verträge endlich, welche die Teile dieses Staatskörpers verbinden, sind jenem bei Erschaffung der Welt von Gott gebrauchten Machtworte gleich: Es werde oder lasst uns Menschen machen.

Thomas Hobbes: Leviathan, S. 5ff.

Der Mensch gibt seinen Egoismus nicht auf, sondern unterstellt sich dem System von Belohnungen bzw. Bestrafungen, die die Obrigkeit zu seinem Wohl verordnet. In dem Modell der absoluten Staatsmacht ist er ein politisch rechtloser Untertan geworden.

Thomas Hobbes hat mit seiner Argumentation auch eine **neue Begründung für Moral** kreiert: Soziale Normen sind deshalb bindend, weil sich der Mensch aus eigenem freien Vernunftentschluss unterwirft, und zwar aus vernünftigem Eigeninteresse. Dies ist das Grundprinzip der so genannten **Vertragstheorie der Moral** bzw. des **Kontraktualismus.**

Hobbes' jüngerer Zeitgenosse John Locke (1632–1704) argumentiert mit dem Vertragsmodell für eine **liberale Staatsform,** wie sie sich in England mit der „Glorious Revolution" 1688 herausbildet. Bei Locke schaffen die Bürger durch Vertrag eine politische Gewalt (Exekutive), die ihr Eigentum und ihre Rechte gegen Übergriffe im Inneren und nach außen schützt. Diese Gewalt wird durch Formen der Mitentscheidung (Legislative) kontrolliert und verliert ihre Legitimation, wenn sie ihrer Aufgabe nicht mehr gerecht wird.

2.2 Jean-Jacques Rousseau – Vertrag und Freiheit

Auch der französische Philosoph Jean Jacques Rousseau (1712–1778) sucht Ursprung und Grund der Gesellschaftsordnung seiner Zeit in einem Naturzustand des Menschen. Für ihn ist allerdings der **Naturmensch** das positive Gegenbild zum modernen Zivilisationsmenschen: Im Naturzustand ist der Mensch ein sich selbst genügendes Wesen, gleich und frei, gütig in Bezug auf andere. Mit der Einführung des Eigentums wird der Mensch zum zivilisierten Egoisten:

> Der erste, welcher ein Stück Landes umzäunte, sich in den Sinn kommen ließ zu sagen: dies ist mein, der war der wahre Stifter der bürgerlichen Gesellschaft. Wie viel Laster, wie viel Krieg, wie viel Mord, Elend und Trauer hätte einer nicht verhüten können, der die Pfähle ausgerissen, den Graben verschüttet und seinen Mitmenschen zugerufen hätte: Glaubt diesem Betrüger nicht, ihr seid verloren, wenn ihr vergesst, dass die Früchte euch allen, der Boden aber niemand gehört.

Jean-Jacques Rousseau: Der Ursprung der Ungleichheit unter den Menschen, S. 230.

Den Zustand, in dem das Eigentum das menschliche Zusammenleben bestimmt, beschreibt Rousseau ähnlich wie Hobbes als Krieg, freilich als Krieg der „reichen“ Besitzenden gegen die „armen“ Besitzlosen. Sie verhalten sich zueinander wie „ausgehungerte Wölfe“. Verträge, die diesen Zustand aufheben sollen, stellen für Rousseau nichts anderes als **„Täuschungsmanöver“** der Reichen dar, um mit dem Versprechen auf Sicherheit die Armen besser im Zaum halten zu können. Solche Verträge schreiben die Ungleichheit fest und führen zu Formen der Ausbeutung, des Lasters und der Unmoral, wie Rousseau sie im Absolutismus seiner Zeit fand, in der die Menschen Untertanen weniger Oberherren sind, die die größte Gewalt an sich gezogen haben. Für Rousseau gilt es, einen anderen Vertrag zu finden, der die Freiheit des Einzelnen und das gemeinschaftliche Leben in Übereinstimmung bringt: „Finde eine Form des Zusammenschlusses, die mit ihrer ganzen gemeinsamen Kraft die Person und das Vermögen jedes einzelnen Mitglieds verteidigt und schützt und durch die jeder, indem er sich mit allen vereinigt, nur sich selbst gehorcht und frei bleibt wie zuvor.“[16]

3 Der Ursprung der Moral aus dem Gefühl

Kritik der Moralphilosophie

Der englische Philosoph David Hume (1711–1776) lehnt es ab, moralische Eigenschaften aus der Annahme einer bestimmten menschlichen Natur zu begründen. In jedem Moralsystem, das ihm bisher begegnet ist, habe der Verfasser allgemeine Aussagen über die Natur des Menschen gemacht, bestimmte Beobachtungen über dessen Eigenschaften mitgeteilt oder die Existenz Gottes behauptet. Doch sei ihm, Hume, aufgefallen, dass ihm „anstatt der üblichen Verbindungen mit ‚ist‘ oder ‚ist nicht‘ kein Satz mehr begegnet, in dem nicht ein ‚sollte‘ oder ‚sollte nicht‘ sich fände. Dieser Wechsel vollzieht sich unmerklich, aber ist von größter Wichtigkeit. Dies ‚sollte‘ oder ‚sollte nicht‘ drückt eine neue Beziehung oder Behauptung aus, muss also notwendigerweise beachtet und erklärt werden.“[17]

Aussagen über das Sein sind Urteile über Tatsachen – Aussagen über das Sollen sind moralische Urteile. Beide Urteilsweisen sind streng zu unterscheiden. Die Vernunft erkennt die Zusammenhänge von Tatsachen und unterscheidet wahre von falschen Aussagen, schließt von bekannten Umständen auf neue usw. Wie funktionieren demgegenüber moralische Urteile?

16 Jean-Jacques Rousseau: Der Gesellschaftsvertrag oder Die Grundsätze des Staatsrechtes, Reclam Verlag: Stuttgart 1994, S. 15.
17 David Hume: Ein Traktat über die menschliche Natur, übersetzt von Theodor Lipps, Meiner Verlag: Hamburg 1978, Bd. II, S. 211 f.

Vernunft und Gefühl

Das Verhältnis von Vernunft und Gefühl lässt sich an einem Beispiel Humes erläutern: Jemand hat einen vorsätzlichen Mord begangen. Wenn wir den Fall untersuchen, erklären wir wahre Abläufe und Hintergründe, scheiden Tatsachen von Vermutungen, klären die Umstände der Tat, finden Motive, Absichten, bestimmte Leidenschaften oder Kalkulationen. Der Verstand geht sachlich und mit kühlem Kopf vor. Ist der Fall aufgeklärt, hat der Verstand sein Werk getan. Unsere Abscheu, unsere Verachtung des Täters ist eine Sache unseres Gefühls, eine subjektive moralische Bewertung. „Sie liegt in euch selbst, nicht in dem Gegenstand (in dem Beispiel: der Tat). Erklärt ihr eine Handlung oder einen Charakter für lasterhaft, so meint ihr damit nichts anderes, als dass ihr zufolge eurer Natur ein unmittelbares Bewusstsein oder Gefühl des Tadels bei der Betrachtung dieser Handlung oder dieses Charakters habt.“[18]

David Hume

Hume stellt die „einfache Hypothese“ auf, „Moralität werde durch das Gefühl bestimmt“ (Moral, S. 220). Dieses Gefühl äußert sich, wenn wir an Personen oder Handlungen bestimmte Eigenschaften schätzen und loben oder verachten und hassen. Philosophische Ethik besteht darin, solche Eigenschaften zu sammeln und vergleichend zu systematisieren. Dabei kann es dem Philosophen genügen, in sich hineinzuhören und zu prüfen, „ob er diese oder jene Eigenschaft sich beigelegt wissen möchte oder nicht und ob dieses oder jenes Urteil von einem Freund oder einem Feind ausginge.“ (Moral, S. 92)

Zwei Arten solcher Gefühlsurteile sind zu unterscheiden:

- **Private** und **partikulare Gefühle,** die immer Ausdruck von **Egoismus** und Selbstliebe sind: Wir neiden jemandem seinen Erfolg, wir verachten ihn, weil er uns ihm Weg steht, wir schätzen ihn, weil wir uns Vorteile versprechen usw.
- **Universelle Gefühle,** die Ausdruck eines allgemeinen, unparteiischen **Wohlwollens** sind. Wenn wir etwas als verachtenswert oder schätzenswert bezeichnen, wählen wir einen Standpunkt, von dem wir annehmen, dass

18 David Hume: Eine Untersuchung über die Prinzipien der Moral, hier und im Folgenden zitiert nach der von Gerhard Streminger hrsg. Ausgabe des Reclam-Verlags: Stuttgart 1984, S. 211 f.

ihn die meisten unserer Mitmenschen teilen: „Der Begriff der Moral schließt ein allen Menschen gemeinsames Gefühl ein, das denselben Gegenstand der allgemeinen Zustimmung empfiehlt und das alle oder die meisten Menschen veranlasst, sich davon die gleiche Meinung zu bilden oder dieselbe Entscheidung zu treffen." (Moral, S. 200)

Philosophische Ethik klärt nach Hume die Grundlagen der Moral. Sie kann nicht vorschreiben, was wir tun sollen, sie macht uns nicht besser. Besser werden wir nur dadurch, dass wir belehrt werden und uns selbst belehren, was verachtenswert, was schätzenswert ist, und uns motivieren, gewohnheitsmäßig das eine zu tun und das andere zu lassen.

Zusammenfassung: Philosophische Ethik in der frühen Neuzeit

Für die philosophische Ethik der Neuzeit sind folgende Aspekte von grundlegender Bedeutung: Der Mensch ist ein **sich selbst bestimmendes Wesen,** das seiner Natur nach als Einzelwesen betrachtet wird. Mit gleichen Fähigkeiten ausgestattet, schafft der Mensch Wissen von der Welt aus sich selbst und handelt nach moralischen Normen, die er vernünftig als durch einen Vertrag konstituiert begreift oder sich ihrer in Gefühlsurteilen ständig bewusst wird.
Nach **René Descartes** ist der Mensch als denkendes Subjekt fähig, die Welt rational, wissenschaftlich-methodisch sicher zu erkennen. Eine solche Sicherheit ist im Bereich des sittlichen Handelns noch nicht gegeben: Die Moral muss deshalb noch provisorisch bleiben.
Thomas Hobbes führt alles Handeln auf das Prinzip der Selbsterhaltung zurück. Diesem Prinzip rational folgend gestalten die Menschen ihr gesellschaftliches Zusammenleben, Moral und Staat in der Form eines Vertrages.
David Hume geht davon aus, dass Moral nicht aus Geboten der Vernunft bestimmt werden kann, sondern als Urteile des Gefühls zu verstehen ist.

Die Pflichtethik Immanuel Kants

Die Aufgabe der Philosophie besteht darin, sich mit den Grundproblemen des Menschen gedanklich auseinander zu setzen – mit den grundlegenden Fragen des Lebens, an denen *kein* Mensch vorbeikommt. Immanuel Kant (1724–1804) formuliert diesen Sachverhalt folgendermaßen: „Alles Interesse meiner Vernunft [...] vereinigt sich in folgenden drei Fragen: 1. Was kann ich wissen? 2. Was soll ich tun? 3. Was darf ich hoffen?“[19] Die erste Frage zielt auf die Möglichkeit der Erkenntnis der Welt durch den Menschen und wird in der Philosophie im Rahmen der Erkenntnistheorie behandelt. Die dritte Frage beschäftigt sich mit den Erwartungen, die der Mensch bezüglich der irdischen Geschichte und eines möglichen Jenseits hegen darf, und ist Thema der Geschichts- und Religionsphilosophie. In den Bereich, der uns in diesem Buch beschäftigt, den Bereich der **Ethik,** fällt die zweite Frage: die **Frage nach dem richtigen moralischen Handeln des Menschen.** Kants Antwort auf diese Frage beschäftigt die Philosophen seit über zweihundert Jahren und wird von ihnen bis heute kontrovers diskutiert. Diese Antwort ist aber nicht nur von theoretischem Interesse für eine kleine Gruppe von Fachleuten. Sie ist von unmittelbarer praktischer Bedeutung für *jeden* Menschen, der sich Gedanken darüber macht, wie er im Allgemeinen bzw. in einer konkreten Lebenssituation handeln soll. Kein denkender und verantwortungsbewusst handelnder Mensch kann an Kants Antwort vorbeigehen.

Immanuel Kant

1 Die Entwicklung eines Moralprinzips

Als Mensch zu leben bedeutet, sich ständig entscheiden zu müssen. Im Gegensatz zu allen anderen Lebewesen auf dieser Welt, die – soweit wir das beurteilen können – rein ihrem Instinkt folgen und fressen, wenn sie Hunger haben

19 Für die Werke Kants werden folgende Abkürzungen verwendet: KrV: Kritik der reinen Vernunft; KpV: Kritik der praktischen Vernunft; GMS: Grundlegung zur Metaphysik der Sitten.

und Nahrung vorhanden ist, schlafen, wenn sie müde sind und ihre Umgebung sie schlafen lässt usw., ist der **Mensch fähig und gezwungen, sich zu entscheiden:** Er *kann,* obwohl er hungrig ist, auf das Essen verzichten, weil er gerade eine Diätkur macht (oder sich trotz seines Vorsatzes zur Diät für ein Stück Torte entscheiden); er kann sich trotz starker Müdigkeit dazu zwingen, wach zu bleiben, um sich die Sorgen eines Freundes anzuhören und ihm Rat zu geben (oder doch seinem Schlafbedürfnis nachgeben) usw. Diese Fähigkeit, sich zu entscheiden, ist gleichzeitig ein **Zwang:** Denn auch die Entscheidung, sich nicht entscheiden zu wollen, ist eine Entscheidung.

Der Mensch hat die Möglichkeit, sich zu entscheiden, weil er als Mensch frei ist, sich zu entscheiden. Diese **Freiheit** ist nach Kant der wertvollste Besitz des Menschen, ja geradezu die Definition des Menschen; die Freiheit ist das, was ihn erst zum Menschen macht. Aber die Fähigkeit und Notwendigkeit, sich zu entscheiden, macht das Leben oft auch unbequem und schwierig. Und so haben die Menschen schon immer nach Richtlinien und Regeln gesucht, an denen sie sich bei ihren Entscheidungen orientieren können und die ihnen das Entscheiden erleichtern.

Solche **Regeln** werden dem einzelnen Menschen immer schon von der Gesellschaft, in die er hineingeboren wird, bereitgestellt, und die Gesellschaft verlangt auch in unterschiedlichem Maße die Einhaltung von Regeln, z. B. Umgangsformen, Gesetze oder religiöse Gebote, die jeweils durch Tradition, Gesetzgebungsverfahren oder göttliche Offenbarung begründet werden. Eine Ethik, die auf solchen von außen gesetzten Regeln beruht, nennt Kant **heteronom** (durch ein *fremdes* Gesetz bestimmt). Das Problem einer heteronomen Ethik ist aber, dass sie uns keine letztgültigen Richtlinien für unser Handeln geben kann. Ein Blick auf die Gebote der verschiedenen Religionen oder die Gesetze verschiedener Staaten zeigt, dass sich diese Regeln stark unterscheiden und zum Teil sogar widersprechen – was hier erlaubt ist, ist dort verboten, was dort verpflichtend ist, ist hier ohne Bedeutung. Auch ein Blick auf die Geschichte der Ethik zeigt, dass verschiedene Philosophen zu verschiedenen Zeiten unterschiedlich darüber gedacht haben, was moralisch geboten, was moralisch gleichgültig und was moralisch verboten ist.

Ursache dieser Verwirrung ist nach Kant, dass all diese Moralsysteme auf **Erfahrung** und darum mehr oder weniger auf Zufall beruhen: Sie sind Produkte des jeweiligen gesellschaftlichen Systems, in dem sie formuliert wurden, der persönlichen Erfahrung des einzelnen Philosophen, des vorherrschenden Menschenbildes einzelner historischer Epochen, des jeweiligen Erkenntnisstandes der Wissenschaften usw. Ein Moralprinzip, das *allgemein* und *notwendig* gelten soll, darf darum nach Kant *nicht* auf Erfahrung begründet sein. Es muss unabhängig von jeder Erfahrung rein aus der **Vernunft** entwickelt werden. Nur ein solches Moralprinzip kann für alle Menschen, Länder und Zeiten **Allgemeingültigkeit** und **Notwendigkeit** beanspruchen. Eine auf einem solchen Prinzip beruhende Ethik nennt Kant **autonom** (durch ein *eigenes* Gesetz bestimmt), d. h. das oberste Prinzip des Handelns wird *allein* durch die Vernunft, unabhängig von den Zufälligkeiten der Erfahrung, bestimmt. Ein solches Gesetz heißt darum auch ein **Prinzip a priori,** d. h. ein Prinzip, das *vor* und damit unabhängig von jeder Erfahrung gültig ist. Nur ein rein aus der Vernunft entwickeltes Prinzip kann von allen Menschen, so unterschiedlich ihre persönlichen Erfahrungen, Eigenschaften, Vorlieben usw. auch sein mögen, als vernünftig akzeptiert werden – und darum befolgt werden, sofern die Menschen vernünftig handeln wollen.

Kants Problemstellung lautet also, ein **oberstes Prinzip der Moral** zu finden, das allgemein und notwendig gelten soll und daher unabhängig von jeder Erfahrung rein aus der Vernunft entwickelt werden muss. Der Weg zu diesem Ziel ist die kritische Analyse der Fähigkeit der Vernunft, das eigene Handeln zu bestimmen.

Kant nennt dieses Vorgehen die „Kritik der praktischen Vernunft“: Der Mensch kann seine Vernunft theoretisch und praktisch verwenden. Der theoretische Gebrauch der Vernunft bezieht sich auf das Erkennen und ist Thema der philosophischen Erkenntnistheorie; der praktische Gebrauch der Vernunft bezieht sich auf das Handeln und ist Gegenstand der Ethik. Dieser Gebrauch der Vernunft in Bezug auf das menschliche Handeln soll „kritisch“ untersucht werden (vgl. griech. *krinein:* unterscheiden, urteilen, vor Gericht stellen).

2 Die Analyse des menschlichen Willens

Kant stößt bei der Untersuchung der Beweggründe des menschlichen Willens auf unterschiedliche Arten von **Grundsätzen,** die den Entscheidungen des Menschen zugrunde liegen:

Maximen sind für Kant Grundsätze, die das Handeln des einzelnen Menschen bestimmen, ohne deshalb für alle Menschen Gültigkeit zu haben; es sind lediglich subjektive Grundsätze. Wenn ich mir z. B. vornehme, täglich eine Stunde zu joggen, so betrifft dieser Grundsatz nur mich selbst. Ich kann nicht von anderen Menschen fordern, dasselbe zu tun.

Praktische Gesetze oder **Imperative** nennt Kant im Gegensatz dazu Grundsätze, die für *jeden* Menschen Gültigkeit haben sollen. Sie sind Befehle: „So sollst du handeln!“, die man allerdings befolgen oder nicht befolgen kann –

darin liegt ja eben die menschliche Freiheit. Allerdings nimmt Kant an, dass ein Mensch, der *vernünftig* handeln will, an diesen Geboten nicht vorbeikommt. Diese praktischen Gesetze oder Imperative unterteilen sich bei genauerem Hinsehen in zwei Unterarten:

- **Hypothetische Imperative:** Diese Imperative haben die Form von Wenn-Dann-Sätzen: „Wenn du A willst, musst du B tun." Ein Beispiel: Ich will ein gutes Mathematik-Abitur schreiben; um dieses Ziel zu erreichen, muss ich mich gründlich vorbereiten und regelmäßig üben, Mathematikaufgaben zu lösen. Der Imperativ lautet also: „Wenn jemand ein gutes Mathematik-Abitur schreiben will, muss er die Lösung von Mathematikaufgaben üben." Dieser Satz gilt **allgemein** für alle Menschen (von Mathematik-Genies einmal abgesehen), aber nur **bedingt,** nicht notwendigerweise – er gilt eben nur unter der Bedingung, *dass* jemand im Abitur eine gute Mathematiknote schreiben will (und gilt also nicht für Menschen, die kein Abitur in Mathematik schreiben bzw. denen die Note egal ist). In Kants Worten: „Der hypothetische Imperativ sagt also nur, dass die Handlung zu irgendeiner möglichen oder wirklichen Absicht gut sei." (GMS BA 40)
- **Kategorische Imperative:** Kant sucht nach einem obersten Grundsatz des Handelns, der für alle Menschen ohne Ausnahme und Einschränkung gültig sein soll, also **allgemein** und **unbedingt** gelten soll. Die bisher untersuchten Arten von Grundsätzen waren immer von bestimmten Bedingungen abhängig. Die subjektiven Maximen hingen von persönlichen Vorlieben (bei dem angegebenen Beispiel: von der Lust am Joggen, vom sportlichen Ehrgeiz usw.) ab; die hypothetischen Imperative hingen von allgemeinen Erfahrungen ab (bei dem Beispiel des Mathematik-Abiturs etwa von der Erfahrung, dass man normalerweise in Mathematik nur gute Leistungen erzielen kann, wenn man übt) bzw. von individuellen Zielen (z. B. ein gutes Mathematik-Abitur schreiben zu wollen). Ein Imperativ, der allgemein und unbedingt, d. h. notwendig gelten soll, muss frei sein von zufälligen und subjektiven Erfahrungen und Neigungen, denn sonst könnte er für einen Menschen mit *anderen* Erfahrungen und Neigungen nicht als verbindlich angesehen werden. Kant schreibt dazu:

Endlich gibt es einen Imperativ, der, ohne irgendeine andere durch ein gewisses Verhalten zu erreichende Absicht als Bedingung zum Grunde zu legen, dieses Verhalten unmittelbar gebietet. Dieser Imperativ ist kategorisch. Er betrifft nicht die Materie der Handlung und das, was aus ihr erfolgen soll, sondern die Form und das Prinzip, woraus sie selbst folgt, und das Wesentlich-Gute derselben besteht in der Gesinnung, der Erfolg mag sein, welcher er wolle.

Immanuel Kant: GMS BA 43.

Zwei Dinge sind hier wichtig: Der Grundsatz, nach dem Kant sucht, muss, um allgemein und notwendig gültig zu sein, rein **formal** sein, ohne inhaltliche Bestimmungen, die ja nur aus persönlicher Neigung oder zufälliger Erfahrung kommen könnten. Und: Eine Handlung ist nicht deshalb moralisch, weil sie wünschenswerte Folgen hat, sondern nur dann, wenn sie **aus der richtigen ethischen Gesinnung** heraus erfolgt: Kant nennt diese Gesinnung den **guten Willen.**

Kants Systematik der Grundsätze des Willens

Praktische Grundsätze des Willens

- **Maxime**
  nur subjektiv gültig
  („Ich will immer so handeln.")
- **Imperative**
  allgemein gültig
  („So sollst du handeln.")
  - **Hypothetische Imperative**
    bedingt allgemein gültig
    („So sollst du handeln, *falls* …")
  - **Kategorische Imperative**
    unbedingt allgemein gültig
    („So sollst du *immer* handeln.")
    Grundlage einer Ethik, die allgemein und notwendig gelten soll

Betrachten wir nun Kants Lösungsvorschlag für die Formulierung eines moralischen Gesetzes, das allgemein und notwendig gültig sein soll.

3 Der kategorische Imperativ

Der kategorische Imperativ, der nach Kant allein Allgemeingültigkeit und Notwendigkeit beanspruchen kann, lautet in einer ersten Formulierung: „Handle nur nach derjenigen Maxime, durch die du zugleich wollen kannst, dass sie ein allgemeines Gesetz werde." (GMS BA 52) Dieser Satz gilt nach Kant allgemein und notwendig, weil ihm nichts Empirisches mehr anhaftet: Er sagt nichts darüber aus, was man konkret tun soll, er gibt keine konkreten Ziele unseres Handelns an, keine konkreten Güter, die man erstreben soll usw. Alle bisherigen ethischen Systeme haben versucht, solche Ziele und Güter anzugeben, und werden darum von Kant als heteronom bezeichnet. Kant sucht aber nach einem autonomen, rein aus der Vernunft entwickelten Prinzip, das nicht inhaltlich bestimmt sein kann, sondern rein formal sein muss. Er findet dieses Prinzip im kategorischen Imperativ, der **reine Form** ist.

In diese Form soll der verantwortlich handelnde Mensch in einer konkreten Entscheidungssituation die Handlungsalternativen als **Inhalte** einsetzen und dann überprüfen können, ob eine beabsichtigte Handlung sittlich ist oder nicht. Diese Prüfung muss sich nach folgendem **Schema** vollziehen:

1. Ich entscheide mich probehalber für eine Handlungsalternative.
2. Ich formuliere anhand dieser Handlungsalternative für mich eine Maxime.
3. Ich prüfe, ob ich wollen kann, dass diese Maxime ein allgemeines, für alle Menschen gültiges Gesetz wird.

Veranschaulichen wir uns das an zwei Beispielen – zunächst an einem selbst gewählten einfachen Beispiel, dann an einem von Kant formulierten komplexeren Beispiel.

Beispiel 1: Ich stehe in einem Buchladen und suche nach einem Geburtstagsgeschenk für einen guten Freund. Ich blättere in einem schönen Lyrikband, der meinem Freund große Freude bereiten würde, den zu kaufen aber mein Geld nicht ausreicht. Das Geschäft ist leer, die Verkäuferin ist ins Lager gegangen. Unbemerkt könnte ich den Band in meinem Rucksack verschwinden lassen. Um zu sehen, ob dies moralisch verantwortbar wäre, mache ich folgenden Test:

1. Probehalber entscheide ich mich dafür, das Buch zu stehlen.
2. Aus meiner beabsichtigten Handlung formuliere ich eine Maxime: „Immer wenn ich etwas besitzen möchte und nicht das Geld zum Kauf habe, stehle ich es (sofern dies ohne großes Risiko möglich ist)."
3. Nun verallgemeinere ich meine Maxime und formuliere sie als allgemeines Gesetz: „Wann immer ein Mensch etwas besitzen möchte und nicht das Geld zum Kauf hat, darf er es stehlen." Meine Vernunft wird mir nun sagen, dass ich ein solches allgemeines Gesetz unmöglich wollen kann, da ich mit diesem Gesetz auch wollen müsste, dass mir selbst jemand alles, was er möchte, stehlen darf. Ich müsste also etwas wollen, was ich gleichzeitig nicht wollen kann – ein logischer Widerspruch.

Kant geht es also um das **Prinzip** und nicht um die Folgen meiner Handlung. Im krassen Gegensatz dazu stünde eine rein teleologische, d. h. folgenorientierte Ethik: Im Rahmen einer solchen Ethik würde ich die Folgen meiner Handlung, im gewählten Beispiel: des Diebstahls, abwägen – etwa dass die große Buchhandlung den Verlust des Bandes gar nicht bemerken würde bzw. die Verluste durch Diebstahl ohnehin schon in den Preisen einkalkuliert sind, während ich meinem Freund mit diesem Lyrikband eine Freude bereiten würde. Auf diese Weise die unmittelbaren Folgen bedenkend, könnte ich zu dem Schluss kommen, dass mir in diesem konkreten Fall der Diebstahl erlaubt sei. Durch die Anwendung von Kants kategorischem Imperativ muss ich zum gegenteiligen Schluss kommen.

Beispiel 2: Kant bezieht sich bei diesem Beispiel auf eine andere Formulierung des kategorischen Imperativs: „Handle so, als ob die Maxime deiner Handlung zum allgemeinen Naturgesetz werden sollte." (GMS BA 52)

Diese Formulierung soll dem in einem Entscheidungskonflikt stehenden Menschen noch deutlicher vor Augen führen, was es heißt, dass eine Maxime *allgemein gültig* werden soll: Er soll sich in einer Entscheidungssituation vorstellen, die Maxime des eigenen Handelns werde zu einem **Naturgesetz,** zu einem Gesetz also, das *keine einzige Ausnahme* zulässt! Kant erläutert im Anschluss an diese Umformulierung des kategorischen Imperativs seine konkrete Anwendung anhand von vier Beispielen. Sein viertes Beispiel lautet:

Noch denkt ein *vierter,* dem es wohl geht, indessen er sieht, dass andere mit großen Mühseligkeiten zu kämpfen haben (denen er auch wohl helfen könnte): Was geht's mich an? Mag doch ein jeder so glücklich sein, als es der Himmel will, oder er sich selbst machen kann, ich werde ihm nichts entziehen, ja nicht einmal beneiden; nur zu seinem Wohlbefinden, oder seinem Beistande in der Not, habe ich nicht Lust, etwas beizutragen! Nun könnte allerdings, wenn eine solche Denkungsart ein allgemeines Naturgesetz würde, das menschliche Geschlecht gar wohl bestehen, und ohne Zweifel noch besser, als wenn jedermann von Teilnehmung und Wohlwollen schwatzt, auch sich beeifert, gelegentlich dergleichen auszuüben, dagegen aber auch, wo er nur kann, betrügt, das Recht des Menschen verkauft, oder ihm sonst Abbruch tut. Aber, obgleich es möglich ist, dass nach jener Maxime ein allgemeines Naturgesetz wohl bestehen könnte: so ist es doch unmöglich, zu *wollen,* dass ein solches Prinzip als Naturgesetz allenthalben gelte. Denn ein Wille, der dieses beschlösse, würde sich selbst widerstreiten, indem der Fälle sich doch manche ereignen können, wo er anderer Liebe und Teilnehmung bedarf, und wo er, durch ein solches aus seinem eigenen Willen entsprungene Naturgesetz, sich selbst alle Hoffnung des Beistandes, den er sich wünscht, rauben würde.

Immanuel Kant: GMS BA 56 f.

Auf den ersten Blick sieht Kants Beweisführung so aus, als ob er doch die *Folgen* einer Handlung bzw. ihrer Unterlassung im Sinn hätte und sogar rein egoistisch argumentieren würde nach dem Motto: Hilf den anderen, weil du irgendwann selbst deren Hilfe brauchen könntest! Diese Überlegung ist sicher nicht ganz falsch, trifft aber nicht Kants Absicht, die eigene Handlungsweise unabhängig von den möglichen Folgen am kategorischen Imperativ zu überprüfen. Seine Argumentation ist vielmehr so zu verstehen, dass er nicht vom möglichen Einzelfall zukünftiger Hilfsbedürftigkeit ausgeht, sondern allgemein vom Menschen als eines endlichen und hilfsbedürftigen Wesens. Die Frage lautet also, ob ein Wesen, das grundsätzlich der Hilfe anderer bedarf, ein Naturgesetz wollen kann, das grundsätzlich und ohne Ausnahme eine solche Hilfe ausschließt. Das führt zu einem klaren Widerspruch: Ich will prinzipiell, dass mir geholfen wird, und will gleichzeitig ein Gesetz, das diese Hilfe prinzipiell verbietet – will also gleichzeitig nicht, dass mir geholfen wird! Um diesen Widerspruch zu vermeiden, bin ich verpflichtet, im Einzelfall zu helfen.

Eine weitere Formulierung des kategorischen Imperativs ist für das richtige Verständnis von Kants ethischer Position wichtig. Sie lautet: „Handle so, dass du die Menschheit, sowohl in deiner Person, als in der Person eines jeden andern, jederzeit zugleich als Zweck, niemals bloß als Mittel brauchest." (GMS BA 66 f.)

Der **Zweck** ist das Ziel, das ich vor Augen habe, das **Mittel** der Weg, auf dem ich zu diesem Ziel komme. Wir können zur Veranschaulichung das Beispiel des Mathematik-Abiturs aus der obigen Behandlung des hypothetischen Imperativs heranziehen: Mein Ziel ist es, ein gutes Mathematik-Abitur zu schreiben; das Mittel, um dieses Ziel bzw. diesen Zweck zu erreichen, ist das Üben der Lösung von Mathematikaufgaben. Wir haben bereits gesehen, dass dieser Zweck meines Übens nur ein bedingter ist, der nicht für alle Menschen gilt: Er gilt nur für diejenigen, die überhaupt ein Mathematik-Abitur anstreben (er gilt also nur subjektiv), und bei diesen auch nur für diejenigen, die den Ehrgeiz haben, eine gute Note zu schreiben (er gilt also nur relativ). Darum konnte uns dieses Beispiel als Illustration des nur bedingt allgemein gültigen hypothetischen Imperativs dienen.

Gibt es nun – so fragt Kant – „etwas, *dessen Dasein an sich selbst* einen absoluten Wert hat, was, als *Zweck an sich selbst*, ein Grund bestimmter moralischer Gesetze sein könnte" (GMS BA 64), sodass sich der kategorische Imperativ, der ja allgemein und ohne einschränkende Bedingungen gelten soll, darauf beziehen könnte? Ja, antwortet Kant, es gibt etwas, das einen absoluten Wert aus sich selbst heraus hat – den Menschen!: „Der Mensch, und überhaupt jedes vernünftige Wesen, *existiert* als Zweck an sich selbst, *nicht bloß als Mittel* zum beliebigen Gebrauche für diesen oder jenen Willen" (GMS BA 64). Die Bedeutung dieses Satzes kann kaum überschätzt werden: Nie darf der Mensch zum bloßen Mittel für die Erlangung anderer Zwecke degradiert werden – der Arbeiter etwa als Mittel zum Zweck des Unternehmergewinns, der Partner als Mittel zum Zweck der Kompensation eigener Persönlichkeitsdefizite, der Schüler als Mittel zum Zweck des Lehrerehrgeizes. Arbeiter, Beziehungspartner, Schüler müssen immer zugleich Zweck des Handelns der Unternehmensführung, des anderen Partners, des Lehrers sein.

Mithilfe der dritten Formulierung des kategorischen Imperativs kann überprüft werden, ob eine Handlung dieser Forderung entspricht. Kant greift zur Illustration seine bereits bei der zweiten Formulierung des kategorischen Imperativs verwendeten Beispiele auf und führt zum vierten Beispiel (Soll man anderen helfen?) aus:

> In Betreff der [...] Pflicht gegen andere ist der Naturzweck, den alle Menschen haben, ihre eigene Glückseligkeit. Nun würde zwar die Menschheit bestehen können, wenn niemand zu des anderen Glückseligkeit was beitrüge, dabei aber ihr nichts vorsätzlich entzöge; allein es ist dieses doch nur eine negative und nicht positive Übereinstimmung zur *Menschheit, als Zweck an sich selbst,* wenn jedermann auch nicht die Zwecke anderer [...] zu befördern trachtete. Denn das Subjekt, welches Zweck an sich selbst ist, dessen Zwecke müssen [...] auch, so viel möglich, meine Zwecke sein.
>
> *Immanuel Kant: GMS BA 69.*

Wenn ich mich nicht um meine Mitmenschen kümmere, degradiere ich sie zwar nicht direkt zum bloßen Mittel für meine Zwecke, ich mache sie aber auch nicht zum Zweck meines Handelns. Indirekt degradiere ich sie sogar doch zum bloßen Mittel, indem mir das Ignorieren ihrer Hilfsbedürftigkeit dazu dient, in Ruhe und ohne schlechtes Gewissen meinen Wohlstand zu genießen. Kant fordert dagegen eine „positive Übereinstimmung zur Menschheit": Wenn jeder andere Mensch einen *absoluten* Zweck an sich hat, so muss auch ich mein Möglichstes dazu beitragen, dass der andere diesen seinen Zweck verwirklichen kann, d. h. dass er menschenwürdig und ohne (angesichts meiner Hilfsmöglichkeiten) überflüssiges Leid leben kann. In der „Metaphysik der Sitten" leitet Kant dann explizit aus dem Menschsein als Zweck an sich selbst zwei weitere Zwecke ab, die ohne Einschränkung gelten sollen: neben dem Zweck, die **eigene Vollkommenheit anzustreben,** den Zweck, die **Glückseligkeit der anderen zu fördern.**

4 Die Willensfreiheit

Der Mensch gerät ständig in Situationen, in denen er sich entscheiden muss; auch dann, wenn er einer Entscheidung aus dem Weg zu gehen versucht, entscheidet er sich – eben dafür, der Entscheidung aus dem Weg zu gehen. Mit dem kategorischen Imperativ will Kant dem Menschen für wichtige Entscheidungssituationen einen **Maßstab** geben, an dem der Mensch gleichsam testen kann, welche Entscheidungsalternativen moralisch richtig und welche moralisch verwerflich sind.

Dieser kategorische Imperativ ist in Kants Selbstverständnis nicht lediglich seine subjektive Erfindung. Kant ist vielmehr davon überzeugt, dass er rein durch die Analyse der Arbeitsweise der praktischen Vernunft, also unserer Fähigkeit, Entscheidungen zu treffen und zu handeln, auf diesen Grundsatz gestoßen sei. Er habe den kategorischen Imperativ also nicht *er*funden, sondern *ge*funden: Nach diesem Imperativ arbeite die menschliche Vernunft schon immer, wenn sie sich moralisch verhält! Er, Kant, habe diesen Imperativ den Menschen lediglich bewusst gemacht und ihn explizit formuliert.

Das Vorhandensein des kategorischen Imperativs in unserer Vernunft ist nach Kant nur dann sinnvoll und erklärbar, wenn wir auch tatsächlich die Möglichkeit haben, in Entscheidungssituationen ihm gemäß zu handeln, d. h. wenn wir tatsächlich die **Freiheit** besitzen, uns ihm entsprechend zu verhalten! In der uns umgebenden Welt, wie wir sie wahrnehmen (Welt der Erscheinungen, empirische Welt) finden wir keine Freiheit vor, sondern alles geschieht nach Ursache und Wirkung, also nach dem Kausalitätsprinzip. Auch das Handeln des Menschen geschieht unter dem Einfluss von Kausalitäten. Darum untersucht beispielsweise ein Strafrichter die Ursachen im Leben eines Straftäters, die dazu beigetragen haben, dass dieser die Straftat beging, etwa seelische Verletzungen in der Kindheit, negative Einflüsse der sozialen Umgebung, materielle Not usw. Dies alles sind aber lediglich mildernde Umstände, die wir dem Straftäter zugestehen, die wir aber nicht als Entschuldigung der Tat akzeptieren können. Auch angesichts all dieser Umstände werden wir nämlich zu ihm sagen: „Du hättest dich trotzdem anders entscheiden können!"

Was berechtigt uns zu diesem „trotzdem" angesichts der ausnahmslosen Herrschaft des Kausalitätsprinzips in der beobachtbaren Welt? Kant antwortet auf diese Frage, dass wir zu diesem „trotzdem" berechtigt sind, weil jeder Mensch nicht nur Bestandteil der sinnlichen Welt ist! Bei seinen moralischen Entscheidungen nämlich ist der Mensch herausgehoben aus der Welt der Kausalität und hat gleichsam **Anteil an einer anderen Welt, in der Freiheit möglich ist** (Kant nennt sie die **noumenale Welt**). Der kategorische Imperativ ist reine Form, gereinigt von allen Zutaten der empirischen Welt (ethischen Werten, Zielen usw.). Der menschliche Wille kann sich durch diesen Imperativ bestimmen lassen, weil er selbst ebenfalls nicht Teil der empirischen Welt ist, sondern dem Bereich der Freiheit angehört. Alles, was zu einer Entscheidungssituation hinführt, und alles, was aus einer Entscheidung folgt, ist Teil der empirischen Welt und von Kausalitäten bestimmt, denen auch der Mensch unterliegt. Im Moment der Entscheidung jedoch, wo der Wille in Aktion tritt, ist der Mensch frei, weil er hier als Angehöriger der anderen, der nicht empirischen Welt handelt.

5 Der gute Wille

Wie bedeutsam für Kant das Handeln nach dem kategorischen Imperativ ist, zeigt sich darin, dass er bei der Beurteilung einer Handlung als „gut" oder „böse" nichts anderes gelten lassen will als den **Willen, dem kategorischen Imperativ zu folgen.** Gleich zu Beginn der „Grundlegung zur Metaphysik der Sitten" stellt er fest:

> Es ist überall nichts in der Welt, ja überhaupt auch außer derselben zu denken möglich, was ohne Einschränkung für gut könnte gehalten werden, als allein ein *guter Wille*. Verstand, Witz, Urteilskraft, und wie die *Talente* des Geistes sonst heißen mögen, oder Mut, Entschlossenheit, Beharrlichkeit im Vorsatze, als Eigenschaften des *Temperaments,* sind ohne Zweifel in mancher Absicht gut und wünschenswert; aber sie können auch äußerst böse und schädlich werden, wenn der Wille, der von diesen Naturgaben Gebrauch machen soll und dessen eigentümliche Beschaffenheit darum *Charakter* heißt, nicht gut ist. Mit den *Glücksgaben* ist es ebenso bewandt. Macht, Reichtum, Ehre, selbst Gesundheit, und das ganze Wohlbefinden und Zufriedenheit mit seinem Zustande, unter dem Namen der *Glückseligkeit,* machen Mut und hiedurch öfters auch Übermut, wo nicht ein guter Wille da ist, der den Einfluss derselben aufs Gemüt, und hiemit auch das ganze Prinzip zu handeln, berichtige und allgemein-zweckmäßig mache.
>
> *Immanuel Kant: GMS BA 1 f.*

Es stellt sich nach dieser Ausgrenzung aller anderen menschlichen Eigenschaften aus dem Bereich des absolut Guten die Frage, wann ein Wille tatsächlich als gut bezeichnet werden kann. Kants Antwort auf diese Frage lautet: „Der gute Wille ist nicht durch das, was er bewirkt oder ausrichtet, nicht durch seine Tauglichkeit zur Erreichung irgendeines vorgesetzten Zweckes, sondern allein durch das Wollen, d. i. an sich, gut." (GMS BA 3)

Kant sieht also von den tatsächlichen Folgen des Handelns ab, davon, ob das Handeln überhaupt Erfolgschancen hat, vor allem aber von vorgegebenen Zwecken des Handelns. Ein Wille ist nicht deshalb gut, weil er auf die Erreichung eines vorgegebenen und als ethisch wertvoll definierten Zwecks gerichtet ist, wie die ethische Tradition es immer wieder behauptet hatte. Wenn aber nun alle diese Bestimmungsgründe für das Gutsein eines Willens wegfallen, was bleibt dann noch, um einen Willen als gut qualifizieren zu können? Kants Antwort: Ein Wille ist dann gut, wenn er allein durch die **Pflicht** bestimmt wird, **dem kategorischen Imperativ zu folgen.**

Kant unterscheidet zwischen bloß **pflichtmäßigen Handlungen** und **Handlungen aus Pflicht.** Beide sind rein äußerlich nicht voneinander zu unterscheiden. Kant führt das Beispiel eines Krämers an, der seine Kunden ehrlich bedient und keine überteuerten Preise verlangt. Dafür kann es verschiedene Gründe geben: Der Krämer kann aus Berechnung so handeln, weil er sich seine Kundschaft erhalten will; weniger wahrscheinlich, aber möglich ist auch, dass er eine persönliche Beziehung zu seinem Kundenstamm hat und sie deshalb nicht betrügen will. Wie auch immer: All das sind Motive, die sein Handeln *pflichtmäßig* machen, also der Pflicht gemäß. Dies ist aber noch lange kein Handeln aus Pflicht! *Aus Pflicht* handelt nur derjenige, der alle Klugheitsberechnungen und persönlichen Neigungen beiseite lässt und nur darauf achtet, ob sein Handeln mit dem kategorischen Imperativ vereinbar ist. Dies nennt Kant auch eine **Handlung aus Achtung vor dem Gesetz,** d. h. vor dem kategorischen Imperativ.

An einem Beispiel erläutert Kant, was man unter einer Handlung aus Pflicht verstehen kann. Er entwirft das Bild eines Menschen, dessen Gemüt

> […] vom eigenen Gram umwölkt [ist], der alle Teilnehmung an anderer Schicksal auslöscht, er hätte immer noch Vermögen, andern Notleidenden wohlzutun, aber fremde Not rührte ihn nicht, weil er mit seiner eigenen genug beschäftigt ist, und nun, da keine Neigung ihn mehr dazu anreizt, risse er sich doch aus dieser tödlichen Unempfindlichkeit heraus und täte die Handlung ohne alle Neigung lediglich aus Pflicht, alsdann hat sie erst ihren echten moralischen Wert.
>
> *Immanuel Kant: GMS BA 10 f.*

Dies mag uns seltsam erscheinen, erwarten wir doch normalerweise von einem Freund, dass er uns nicht nur aus Pflichtgefühl hilft, sondern weil er uns gern hat, weil er wirklich Neigung hat, uns zu helfen. Allein nach Kants strenger Definition hat eine solche Handlung keinen wirklich moralischen Wert. Diesen bekommt sie allein aus der Orientierung am kategorischen Imperativ.

6 Der Mensch als Bewohner zweier Welten

Am Ende der „Kritik der praktischen Vernunft“ fasst Kant zusammen, was die Freiheit und die Fähigkeit zu moralischem Handeln für das Menschsein und das Selbstwertgefühl des Menschen bedeuten:

Zwei Dinge erfüllen das Gemüt mit immer neuer und zunehmender Bewunderung und Ehrfurcht, je öfter und anhaltender sich das Nachdenken damit beschäftigt: *Der bestirnte Himmel über mir, und das moralische Gesetz in mir.* Beide darf ich nicht als in Dunkelheiten verhüllt, oder im Überschwänglichen, außer meinem Gesichtskreise, suchen und bloß vermuten; ich sehe sie vor mir und verknüpfe sie unmittelbar mit dem Bewusstsein meiner Existenz. […] Der erstere Anblick einer zahllosen Weltenmenge vernichtet gleichsam meine Wichtigkeit, als eines *tierischen Geschöpfs,* das die Materie, daraus es ward, dem Planeten (einem bloßen Punkt im Weltall) wieder zurückgeben muss, nachdem es eine kurze Zeit (man weiß nicht wie) mit Lebenskraft versehen gewesen. Der zweite erhebt dagegen meinen Wert, als einer *Intelligenz,* unendlich, durch meine Persönlichkeit, in welcher das moralische Gesetz mir ein von der Tierheit und selbst von der ganzen Sinnenwelt unabhängiges Leben offenbart, wenigstens so viel sich aus der zweckmäßigen Bestimmung meines Daseins durch dieses Gesetz, welches nicht auf Bedingungen und Grenzen dieses Lebens eingeschränkt ist, sondern ins Unendliche geht, abnehmen lässt.

Immanuel Kant: KpV A 288 ff.

Gedenktafel in Königsberg.

Zusammenfassung: Die Pflichtethik Immanuel Kants

Immanuel Kant sucht nach einem **moralischen Prinzip** für das Handeln des Menschen, das unabhängig von jeder (zufälligen) Erfahrung *allgemein* und *notwendig* gelten soll – ein Prinzip, das dem Menschen nicht von außen gegeben ist (heteronome Regel), sondern das ihm allein durch seine Vernunft vor aller Erfahrung (d. h. a priori) gegeben ist (autonome Regel).

Kant unterteilt die moralischen Prinzipien unseres Willens in **Maximen** (subjektiv gültig) und **Imperative** (allgemein gültig), die Imperative wiederum in hypothetische Imperative (bedingt allgemein gültig) und kategorische Imperative (unbedingt allgemein gültig) – letzteren gilt seine Suche.

Kant formuliert den absolut gültigen **kategorischen Imperativ** als die Forderung, nur nach denjenigen Maximen zu handeln, von denen man wollen kann, dass sie zugleich als allgemeines Gesetz (bzw. Naturgesetz) gelten sollen. Dies beinhaltet, dass der Mensch niemals bloß ein Mittel zur Erreichung eines Ziels, sondern immer auch der Zweck des Handelns sein soll. Nicht die Folgen des Handelns sind das Entscheidungskriterium für ethisch richtiges Handeln, sondern die Widerspruchsfreiheit zwischen den Maximen des Handelnden und dem kategorischen Imperativ.

Voraussetzung dafür, dass der Mensch entsprechend dem kategorischen Imperativ handeln kann, ist seine **Freiheit.** Zwar unterliegt jeder Mensch der Kausalität der empirischen Welt, deren Bestandteil er ist. Im Moment des Entscheidens jedoch ist ihm Freiheit jenseits aller Kausalitäten möglich, da er gleichzeitig Teil einer nicht-empirischen, noumenalen Welt ist.

Kants Ethik ist eine **Pflichtethik:** Der (moralisch) gute Wille ist allein von der Pflicht bestimmt, gemäß dem kategorischen Imperativ zu handeln.

Der Utilitarismus

1 Unterschiede zu Kant

Fast gleichzeitig zu Kants Schrift „Kritik der praktischen Vernunft" (1788) erschien in England Jeremy Benthams Werk „An Introduction to the Principles of Moral and Legislation" (1789). Bentham versucht hier, eine Moralphilosophie zu begründen, für die er den Begriff „utilitarian" (nützlich) einführt. Im „Utilitarismus" wird eine zur Ethik Kants gegensätzliche Konzeption entworfen. Beide Konzeptionen prägen bis in die Gegenwart die Diskussionen darüber, wie moralische Fragen und Antworten zu formulieren sind.

An einem **Beispiel** sollen zunächst die unterschiedlichen Ansätze und Argumentationsweisen verdeutlicht werden: Im Anhang zu seiner Schrift „Metaphysik der Sitten" formuliert Kant ein Beispiel eines moralischen Lehrgesprächs. Er lässt einen Lehrer seinen Schüler fragen: „Wenn dir ein Fall vorkömmt, da du durch eine fein ausgedachte Lüge dir oder deinen Freunden einen großen Vorteil verschaffen kannst, ja noch dazu dadurch auch keinem anderen schadest, was sagt dazu deine Vernunft?"[20]

Es ist anzunehmen, dass die meisten Menschen in diesem Fall in der Lüge nichts Verwerfliches entdecken würden. Nicht nur weil damit für sie ein Vorteil verbunden ist, sondern auch weil damit keinem anderen geschadet wird.

Antwort Kants: Der Lehrer in Kants Beispiel wäre mit dieser Antwort allerdings nicht zufrieden. Die „Vernunft" des Schülers soll gerade Vorteile und Folgen nicht berechnen. Im Dialog lässt Kant den Schüler antworten: „Ich soll nicht lügen; der Vorteil für mich und meinen Freund mag so groß sein, wie immer er wolle. Lügen ist niederträchtig und macht den Menschen unwürdig, glücklich zu sein. Hier ist eine unbedingte Nötigung durch ein Vernunftgebot (oder Verbot), dem ich gehorchen muss, wogegen alle meine Neigungen verstummen müssen."

Das unbedingte Vernunftgebot „Du sollst nicht lügen" lässt sich auch mit der allgemeinen Formel des kategorischen Imperativs begründen: Die **Handlungsmaxime,** ich lüge um eines Vorteils willen, lässt sich als **allgemeines Gesetz** nicht widerspruchsfrei denken. Wer lügt, setzt ja gerade voraus, dass in seinen Beziehungen eigentlich Wahrheit gilt und auch erwartet wird. Lüge als

20 Immanuel Kant: Bruchstück eines moralischen Katechismus, Metaphysik A 170/171.

allgemeine Handlungsvorschrift (Gesetz) würde so ihre eigene Voraussetzung aufheben.

Antwort eines Utilitaristen: Für einen Utilitaristen sind bereits in der Frage alle Faktoren so gegeben, dass die Vernunft zur Lüge rät: Die Folgen der Handlung „lügen“ sind für den Handelnden oder, was noch besser ist, für die größere Gruppe seiner Freunde von einem „großen Vorteil“. Da zudem ausgeschlossen scheint, dass einem anderen dadurch geschadet wird, ist die Bilanz von Nutzen und Schaden so, dass die Handlung auf jeden Fall vorzuziehen ist. Möglicherweise würde er, um die konkrete Handlung zu überprüfen, die dem konstruierten Beispiel zugrunde liegt, noch genauer nach den besonderen Umständen fragen, sich nach der Art und Größe des Vorteils, nach dem Inhalt der Lüge, nach der Garantie des Schadensausschlusses erkundigen.

An diesen Antworten werden die unterschiedlichen Argumentationswege deutlich. **Kants Ethik** ist **deontologisch** (griech. *deon:* Pflicht): Es gibt einen bindenden Maßstab der Beurteilung von gutem und schlechtem Handeln, der als unbedingte Pflicht gilt, unabhängig von Umständen und Folgen des Handelns. Der **Utilitarist** verfährt **teleologisch** (griech. *telos:* Ziel): Er beurteilt die Ziele und Folgen einer Handlung.

2 Die Grundlegung des Utilitarismus durch Jeremy Bentham und John Stuart Mill

2.1 Jeremy Bentham

Jeremy Bentham, der Begründer des Utilitarismus, wurde 1748 als Sohn eines Anwalts in London geboren, wo er 1832 auch starb. Er war Jurist, Philosoph und Sozialreformer, der in vielen Publikationen nicht nur die englische Rechtswissenschaft und Verfassung kritisierte, sondern auch eine Gruppe der „Philosophischen Radikalen“ initiierte, die sich für mehr Demokratie und Sozialreformen, gegen die Autorität der Kirche und die Privilegien der herrschenden Schichten einsetzte. Am aufkommenden Industriekapitalismus in England kritisierte er die Spaltung in wenige Besitzende auf der einen Seite und eine zunehmende Masse verarmter Bevölkerungskreise auf der anderen Seite. Er ging davon aus, dass die Bevölkerung gerecht und gleichmäßig an dem erwirtschafteten Wohlstand beteiligt werden muss. Unter anderem verfolgte Bentham das Ziel, den Zugang zum Universitätsstudium zu erweitern, und war Mitbegründer des von religiösen Bindungen freien „University College“ in London.

Die Grundsätze des Utilitarismus

Die Ethik des Utilitarismus lässt sich durch vier Grundüberzeugungen beschreiben, die sich schon bei Bentham finden. Die Vielzahl utilitaristischer Ansätze und Ethikentwürfe nach Bentham erweitern, differenzieren und korrigieren diese Grundsätze im Wesentlichen: Alles Handeln ist **hedonistisch** geprägt, auf die **Folgen** gerichtet, an einer **Nützlichkeitskalkulation** orientiert und verbindet **individuelle Interessen** mit denen der **Gemeinschaft.**

Jeremy Bentham

- Die **hedonistische Grundlage:** Bentham beginnt seine „Einführung" programmatisch mit einer empirischen Beschreibung des Menschen: „Die Natur hat die Menschheit unter die Herrschaft zweier souveräner Gebieter – Leid und Freude – gestellt."[21] Alles was wir tun, sagen oder denken, bezieht sich auf diese Grundstruktur. Je nachdem, ob wir mit etwas Lust oder Schmerz assoziieren, werden wir danach streben oder es meiden. Auch wenn wir uns weigern sollten, diese hedonistische Bestimmung zu akzeptieren, bleiben wir ihr doch immer unterworfen. Der Utilitarismus, oder wie Bentham formuliert, das **„Prinzip Nützlichkeit"** will auf dieser Grundlage ein normatives Moralsystem begründen, „dessen Ziel es ist, das Gebäude der Glückseligkeit durch Vernunft und Recht zu errichten." (Einführung, S. 55)

- **Handlungsfolgen:** Jede Handlung ist dann gut und richtig, wenn sie Lust, oder synonym dazu, Glück optimiert und Schmerz bzw. Unlust minimiert. Die utilitaristische Ethik bestimmt also die moralische Richtigkeit von Handlungen ausschließlich von den zu erwartenden Folgen, Konsequenzen und Auswirkungen her. Vorausgesetzt ist dabei, dass sich solche Folgen möglichst umfassend ermitteln und präzise voraussagen lassen.

- **Nützlichkeit und Interesse:** Nützlich ist eine Handlung dann, wenn sie dazu beiträgt, „Gewinn, Vorteil, Freude, Gutes oder Glück hervorzubringen" (Einführung, S. 56) oder aber vor Unheil, Leid, Bösem oder Unglück zu bewahren. Ob dabei das Interesse eines bestimmten Individuums oder einer

21 Jeremy Bentham: Eine Einführung in die Prinzipien der Moral und der Gesetzgebung; hier und im Folgenden zitiert nach: Otfried Höffe (Hg.): Einführung in die utilitaristische Ethik, Franke Verlag: Tübingen 1992, S. 55 ff.

Gruppe oder der Gemeinschaft befördert wird, gilt gleich. Bezogen auf das Individuum ist eine Handlung dann nützlich, wenn sie die „Gesamtsumme seiner Freuden vermehrt“ bzw. die „Gesamtsumme seiner Leiden vermindert.“ (Einführung, S. 57) Bezogen auf die Gemeinschaft ist eine Handlung nützlich, wenn sie – der Tendenz nach – das **Glück der Gemeinschaft** eher vermehrt, als es zu vermindern.
Gegen jede Überbewertung eines Gemeinschaftsinteresses gibt Bentham zu bedenken, dass das „Interesse einer Gemeinschaft“ nichts weiter ist als die „Summe der Interessen der verschiedenen Glieder, aus denen sie sich zusammensetzt.“ (Einführung, S. 57)

Bentham fasst zusammen:

Von einer Handlung, die mit dem Prinzip der Nützlichkeit übereinstimmt, kann man stets entweder sagen, sie sei eine Handlung, die getan werden soll, oder zum Mindesten, sie sei keine Handlung, die nicht getan werden soll. Man kann auch sagen, es sei richtig zu sagen, dass sie getan werden sollte; es sei zum Mindesten nicht falsch zu sagen, dass sie getan werden sollte, sie sei eine richtige Handlung; zum Mindesten sei sie keine falsche Handlung. So verstanden haben die Wörter sollen, richtig und falsch einen Sinn.

Jeremy Bentham: Eine Einführung in die Prinzipien der Moral und der Gesetzgebung, S. 58.

- **Hedonistischer Kalkül:** Die meisten Menschen machen sich nach Bentham das Prinzip der Nützlichkeit zu Eigen, „ohne groß nachzudenken.“ Entweder richten sie danach ihr Handeln aus oder sie überprüfen ihr Handeln und das der Mitmenschen.
Bentham ist davon überzeugt, dass die Nützlichkeit einer Handlung für den Einzelnen wie für die Gemeinschaft wissenschaftlich, also methodisch präziser und rationaler als es gewöhnlich geschieht, kalkuliert werden muss.

Da alle Handlungen durch Lust und Unlust bestimmt sind, muss man nur die Größe, Dauer, Intensität usw. von Lust- bzw. Unlusteinheiten der zu erwartenden Handlungsfolgen berechnen. Wenn man die entsprechenden Einheiten addiert bzw. subtrahiert, ergibt sich eine **Bilanz des zu erwartenden Wohlbefindens.** Bentham meint, dass sich so arithmetisch exakt eine Gesamtbilanz des Glücks oder des maximalen Wohlbefindens aller Individuen erstellen lässt.

Auch wenn dieses Verfahren nicht bei jedem moralischen Urteil oder jedem politisch sozialen Vorhaben streng durchgeführt werden kann, sollte es doch als Beurteilungsmaßstab immer präsent sein. Mit zunehmender Anwendung wird es dann bald zur selbstverständlichen Praxis werden.

2.2 John Stuart Mill

John Stuart Mill (1806–1876) war Philosoph, Nationalökonom und liberaler Politiker. Sein Vater James Mill war eng mit Bentham befreundet und erzog seinen Sohn nach dessen Grundsätzen. John S. Mill versuchte, Schwächen des Konzepts von Bentham zu korrigieren und seine Grundsätze gegen Kritik zu verteidigen. Sein Essay „Der Utilitarismus" ist seit seiner Veröffentlichung 1861 im angelsächsischen Raum der meistgelesene und meistdiskutierte moralphilosophische Text.

Qualitativer Hedonismus

Mill bekräftigt zunächst das Prinzip, dass „die Nützlichkeit oder das Prinzip des größten Glücks die Grundlage der Moral ist, [...] dass Handlungen insoweit und in dem Maße moralisch richtig sind, als sie die Tendenz haben, Glück zu befördern und insoweit moralisch falsch, als sie die Tendenz haben, das Gegenteil von Glück zu bewirken. Unter Glück ist dabei Lust und das Freisein von Unlust, unter Unglück Unlust und das Fehlen von Lust verstanden."[22]

John S. Mill

Mill greift den Einwand auf, dass der Hedonismus den Menschen auf bloße Lustbefriedigung reduziere und ihn so tierähnlich mache, und er gesteht zu, dass für den Menschen den „Freuden des Verstandes, der Empfindung und Vorstellungskraft sowie des sittlichen Gefühls" ein weit höherer Wert zuzuschreiben ist „als denen der bloßen Sinnlichkeit." (Utilitarismus, S. 15) **Geistige Freuden** sind gegenüber körperlichen auch nicht nur deshalb vorzuziehen, weil sie länger andauern oder weniger aufwändig sind. Der Wert einer Freude kann nicht nur quantitativ bestimmt werden. Die Befriedigung bloß sinnlicher Bedürfnisse und die Ansprüche eines geistigen Wesens auf Lebensglück müssen scharf unterschieden werden. „Es ist besser, ein unzufriedener Mensch zu sein als ein zufrieden gestelltes Schwein; besser ein unzufriedener Sokrates als ein zufriedener Narr." (Utilitarismus, S. 18)

22 John Stuart Mill: Der Utilitarismus; hier und im Folgenden zitiert nach der von Dieter Birnbacher übersetzten Ausgabe des Reclam-Verlags: Stuttgart 2000, S. 13.

Mill betont, dass nach utilitaristischer Auffassung ein glückliches Leben der Endzweck des menschlichen Handelns ist, das „möglichst frei von Unlust und in qualitativer wie quantitativer Hinsicht so reich wie möglich an Lust ist.“ (Utilitarismus, S. 21)

Der Maßstab, nach dem Qualität beurteilt und gegenüber bloßer Quantität verglichen werden kann, wird in der Erfahrung derer gesucht, die über die entsprechenden Vergleichsmöglichkeiten verfügen: „Von zwei Freuden ist diejenige wünschenswerter, die von allen oder nahezu von allen, die beide erfahren haben [...] entschieden bevorzugt wird.“ (Utilitarismus, S. 15 f.)

Erweiterung: Handlungsregeln und Betroffene

Gegenüber Kritikern des utilitaristischen Konzepts von Bentham nimmt Mill drei weitere entscheidende Ergänzungen vor:

- Mill stellt heraus, dass moralisch richtiges Handeln nicht nur am Glück des Einzelnen, sondern am **Glück aller Betroffenen** orientiert ist:

  Der Utilitarist fordert von jedem Handelnden, zwischen seinem eigenen Glück und dem der anderen mit ebenso strenger Unparteilichkeit zu entscheiden wie ein unbeteiligter und wohlwollender Zuschauer. In der goldenen Regel, die Jesus von Nazareth aufgestellt hat, finden wir den Geist der Nützlichkeitsethik vollendet ausgesprochen.

  John S. Mill: Der Utilitarismus, S. 30.

  Das Prinzip, Eigeninteresse und Interesse des anderen sowie Selbstliebe und Nächstenliebe zu verbinden, soll nach Mill die Grundlage für Gesetzgebung, Erziehung und öffentliche Meinung sein.

- Mill sieht das Problem, „die Auswirkungen aller möglichen Handlungsweisen auf das allgemeine Glück zu berechnen und abzuwägen“, und schlägt deshalb vor, **Handlungsregeln und -vorschriften zu beurteilen.**

  Damit greift er einen zentralen Einwand gegen den Utilitarismus auf: Der Utilitarist könne im Unterschied zu einer Pflichtethik nicht einsichtig machen, warum man z. B. unbedingt gehalten ist, Schulden zurückzuzahlen, die Wahrheit zu sagen oder Versprechen zu halten. Denn utilitaristisch sei ein solches Verhalten nur geboten, wenn dadurch der maximale Nutzen oder das gesamtgesellschaftliche Wohl gesteigert werden kann.

  Wenn Mill das utilitaristische Prinzip nicht nur unmittelbar auf einzelne Handlungen anwendet, sondern dafür plädiert, damit Regeln oder Grundsätze für Handlungen zu überprüfen, verbindet er so die Nutzenkalkulation mit dem Prinzip der Verallgemeinerung.

- Zusätzlich erweitert Mill den Kreis der von den Folgen der Handlung Betroffenen: Die gesamte Menschheit bzw. sogar das „fühlende Leben“ muss in die Kalkulation der Wirkungen mit einbezogen werden.

Zusammenfassend formuliert Mill die zentrale moralische Norm des Utilitarismus:

> Diese kann also definiert werden als die Gesamtheit der Handlungsregeln und Handlungsvorschriften, durch deren Befolgung ein Leben der angegebenen Art [d. h. Wohlergehen] für die gesamte Menschheit im größtmöglichen Umfange erreichbar ist und nicht nur für sie, sondern, soweit es die Umstände erlauben, für die gesamte fühlende Natur.
>
> *John S. Mill: Der Utilitarismus, S. 21.*

Grundsätzlich orientieren sich utilitaristische Positionen an folgenden Fragen:

Frage	Kriterium	Prinzip
Wie sind Handlungen bzw. Regeln zu beurteilen?	Teleologisch: Folgen, Konsequenzen	Folgen- / Konsequenzenprinzip
Wie sind Konsequenzen zu beurteilen?	Nutzen für das Wohlergehen	Utilitätsprinzip
Wodurch ist Wohlergehen bestimmt?	Erfahrung von Lust, Vermeidung von Unlust	Hedonismusprinzip
Was ist der Maßstab des Nutzens?	Maximierung des Wohlergehens für die Betroffenen	Sozialprinzip

3 Handlungs- und Regelutilitarismus

Ausgehend von Mills Überlegungen wird in der englischsprachigen Diskussion in der ersten Hälfte des 20. Jahrhunderts zwischen Handlungs- und Regelutilitarismus unterschieden.

In beiden Konzeptionen ist das allgemeine Wohlergehen der letzte Prüfstein für die moralische Richtigkeit einer Handlung. Für die Beurteilung werden jedoch unterschiedliche Verfahren vorgeschlagen.

Der Handlungsutilitarismus

Handlungsutilitaristen sind der Meinung, man müsse herausfinden, welche der möglichen Handlungen vermutlich das größere Übergewicht von guten gegenüber schlechten Folgen in der Welt herbeiführen wird. Die Prüffrage lautet: „Welche Folgen wird meine Ausführung dieser Handlung in dieser bestimmten Situation haben?“

Verallgemeinerungen können dabei im Sinne von Faustregeln durchaus von Nutzen sein. Man könnte z. B. formulieren, dass die bisherige Erfahrung dafür spricht, es sei für das allgemeine Wohlergehen das Beste, ein Versprechen zu halten. Die entscheidende Frage aber lautet, ob es **in dieser Situation** das Beste ist. Es kann niemals richtig sein, der Regel, ein Versprechen zu halten, Folge zu leisten, wenn in einem konkreten Fall überzeugende Gründe dafür sprechen, dass mit einem Bruch des Versprechens das allgemeine Wohlergehen besser befördert werden kann.

Der Regelutilitarismus

Der Regelutilitarist besteht dagegen darauf, konkrete moralische Entscheidungen **in Übereinstimmung mit einer Regel** zu fällen, ohne Rücksicht darauf, ob es in der konkreten Situation eine Handlungsalternative mit besseren Folgen gibt. Im Unterschied zu einer deontologischen Auffassung müssen die Regeln freilich so gewählt werden, dass sie dazu dienen, das **größte allgemeine Wohl** zu befördern. Die Beurteilungsfrage lautet nicht mehr, welche Handlung, sondern welche Regel am nützlichsten ist: „Was wären die Folgen, wenn jeder in derartigen Fällen so handelt?“

Eine Handlung ist dann moralisch richtig, wenn sie mit solchen Handlungsregeln übereinstimmt, die ein Höchstmaß an Wohlergehen bewirken. Der letzte Maßstab für die Gültigkeit einer Regel bleibt also immer das Prinzip der Nützlichkeit. Im Unterschied zur Bewertung einer Einzelhandlung kann es allerdings die Verpflichtung geben, einer Regel deshalb zu folgen, weil es nützlich ist, dass es diese Regel gibt, selbst wenn in der konkreten Situation die Befolgung der Regel nicht zu den besten Folgen beiträgt.

Die unterschiedliche Vorgehensweise soll abschließend an einem **Beispiel** verdeutlicht werden: Sie stehen als Autofahrer nachts gegen drei Uhr, wenn so gut wie kein Verkehr ist, an einer relativ übersichtlichen Kreuzung vor einer roten Ampel. Sollen Sie auf Grün warten oder ausnahmsweise bei Rot fahren?

Handlungsutilitarismus	Regelutilitarismus
Welche Folgen wird meine Ausführung dieser Handlung in dieser Situation haben?	Welche Folgen würde die allgemeine Ausführung derartiger Handlungen in derartigen Situationen haben?

Wenn Sie die gegebene Situation abwägen, könnten Sie nach der Argumentation des Handlungsutilitarismus ins Feld führen, dass die Ampelregelung zwar im Allgemeinen sinnvoll ist, es aber im beschriebenen Fall fast ausgeschlossen erscheint, dass etwas passiert und ein anderer dadurch einen Nachteil erleidet. Sie würden durch Ihr Verhalten auch niemandem ein schlechtes Beispiel geben.

Außerdem ist es für Sie nützlich, den unnötigen Zeitverlust einzusparen. Wahrscheinlich würden Sie auch noch überprüfen, ob für Ihren Regelübertritt eine entsprechende Sanktion befürchtet werden muss, etwa aufgrund einer überwachten Ampel.

Natürlich gehen Sie dabei davon aus, dass Sie die Folgen zureichend einschätzen können und dass der Nutzen, den Sie aus der Regelverletzung ziehen, größer ist als ein möglicher Schaden.

Nach der Argumentation des Regelutilitarismus würden Sie feststellen, dass es vernünftig ist, eine Regel einfach deshalb zu befolgen, weil es sie gibt, selbst dann, wenn im konkreten Fall Nachteile zu erwarten sind. Der Vorteil, möglicherweise Zeit zu gewinnen, mit dem Sie im Beispiel rechnen könnten, würde es nicht rechtfertigen, Verkehrsregeln in das Belieben der Verkehrsteilnehmer zu stellen.

4 Der Utilitarismus in der Diskussion

Einwände gegen die utilitaristische Position beziehen sich unter anderem auf die **Folgeneinschätzung** und das hedonistische Prinzip.

Die Beurteilung nach Folgen setzt voraus, dass diese angemessen erfasst und vorausgesagt werden können. Dass in unserer zunehmend technisierten und vernetzten Welt auch der Zusammenhang von Wirkungen und Folgen immer komplizierter und die Reichweite von Prognosen geringer wird, macht zwar die Beurteilung von Folgen schwieriger, aber nicht überflüssig. Verantwortliches Handeln bedarf der Folgeneinschätzung nach bestem Wissen und dies heißt auch nach der Feststellung von Unabwägbarkeiten und Risiken. In der modernen Wissenschaft wird die Folgenabschätzung zu einem wichtigen Bestandteil. Die Tatsache, dass die Einzelwissenschaften dabei oft „betriebsblind" verfahren, macht gesellschaftlich organisierte, interdisziplinäre Folgenabschätzung notwendig. Dort hat auch die Ethik ihren Platz: Dürfen/sollen/wollen wir tun, was wir können und könnten?

Ein weiterer Einwand richtet sich gegen die **hedonistische Grundlage.** Lassen sich die unterschiedlichen Spielarten des Angenehmen tatsächlich auf ein vergleichbares Maß zurückführen? Und besteht Glück für den Menschen in der Ansammlung von angenehmen Zuständen?

Dass das Wohlergehen ein wesentliches Ziel für den Menschen ist, dass Bedürfnisse und Interessen eine wichtige Rolle spielen, ist wohl nicht zu bestreiten. Wichtige Fragen bleiben freilich: Welche Bedürfnisse können wie befriedigt werden, wie kann das Wohlergehen gerecht und weltweit hergestellt werden, welche Entscheidungs- und Verteilungsstrukturen müssen organisiert werden?

Zusammenfassung: Der Utilitarismus

Das Grundprinzip des Utilitarismus lautet: Eine Handlung ist dann gut, wenn deren Folgen das größtmögliche Glück der größtmöglichen Zahl der von dieser Handlung Betroffenen herbeiführt bzw. die größtmögliche Leidensverminderung bewirkt.
Jeremy Bentham geht noch davon aus, dass sich Lustgewinn und Schmerzvermeidung als empirische Grundlagen des Handelns jedes Menschen berechnen lassen.
John Stuart Mill betont demgegenüber den **Prozess der Folgenabschätzung:** Das Maß der möglichen positiven oder negativen Folgen und der Kreis der davon Betroffenen muss in jeder Entscheidung rational abgewogen werden.
Der Handlungsutilitarismus betont in diesem Prozess die **nützlichen Folgen einer Handlung** in einer konkreten Situation.
Der Regelutilitarismus beurteilt die **nützlichen Folgen einer Handlungsregel.**

Die Mitleidsethik Arthur Schopenhauers

Arthur Schopenhauer (1788–1860) verfasste sein philosophisches Hauptwerk „Die Welt als Wille und Vorstellung" bereits als Dreißigjähriger; doch erst in seinen letzten Lebensjahren nahm die Öffentlichkeit Notiz davon. Im Gegensatz zu Immanuel Kant und den idealistischen Philosophen in dessen Nachfolge (Friedrich W. J. Schelling, Johann Gottlieb Fichte, Georg W. F. Hegel), welche den Grund der Welt in einem geistigen Prinzip (etwa der Vernunft, der Idee oder dem Weltgeist) sahen, ist es für Schopenhauer ein **irrationaler Wille,** der allem Sein zugrunde liegt und den Menschen, die organische und die anorganische Natur bestimmt. Es ist daher nicht erstaunlich, dass Schopenhauer auch die **Grundlage der Moral** – also die Antwort auf die Frage: Aus welchem Grund handelt jemand moralisch? – nicht in einem Vernunftprinzip sieht, wie etwa Kant im kategorischen Imperativ, sondern in einem **intuitiven Gefühl,** das jedem Menschen mehr oder weniger gegeben ist und ihn moralisch handeln lässt.

Arthur Schopenhauer

1 Schopenhauers Auseinandersetzung mit Kant

Anlass für Schopenhauers Suche nach einem festen Grundprinzip der Moral ist die **Preisfrage** der Königlich Dänischen Societät der Wissenschaft 1839: „Ist die Quelle und Grundlage der Moral zu suchen in einer unmittelbar im Bewusstsein (oder Gewissen) liegenden Idee der Moralität [...] oder aber in einem andern Erkenntnisgrunde?"

Kant hatte ein halbes Jahrhundert zuvor auf diese Frage die Antwort gegeben, dass es die Einsicht in eine Idee, ein Vernunftprinzip sei, eben den kategorischen Imperativ, der die Menschen moralisch richtig handeln lasse. Da Kants Theorie der bedeutendste Ansatz zur Klärung der Grundlage moralischen Handelns war und Schopenhauer eine gänzlich andere Antwort zu geben beabsichtigt, besteht das erste Drittel seiner „Preisschrift über das Fundament der Moral" in einer intensiven Auseinandersetzung mit Kants Position, die er als „völlig unberechtigte, grundlose und erdichtete Annahme"[23] zurückweist. Schopenhauers detailreiche **Kritik an Kant** kann hier nur äußerst zusammengefasst wiedergegeben werden. Sie läuft im Wesentlichen auf folgende Punkte hinaus:

- Schon die Gleichsetzung von Vernunft und Moral bei Kant ist nach Schopenhauer verkehrt. Die **Vernunft ist moralisch neutral,** sie ist das bloße Werkzeug des Willens. Der **Wille allein entscheidet,** ob die Vernunft zu moralischem oder unmoralischem Handeln eingesetzt wird. Auch ein Verbrecher kann mit äußerster Vernunft sein Verbrechen planen.
- Kant überschätzt nach Schopenhauer auch den Einfluss der Vernunft auf die Moral. In den meisten Entscheidungssituationen sei der Wille des Menschen viel stärker als sein Intellekt; gegen die Leidenschaften des Menschen – so Schopenhauer – hilft eine intellektuelle Moral so wenig wie eine „Klystierspritze [kleine medizinische Spritze] bei einer Feuersbrunst". Der kategorische Imperativ ist nicht der Grund dafür, dass jemand moralisch handelt, sondern jemand muss im Gegenteil bereits zuvor eine bestimmte **moralische Einstellung** besitzen, damit er überhaupt bereit ist, den kategorischen Imperativ zu befolgen. Bloße Begriffe allein können den Willen nicht motivieren.
- Es kann überhaupt kein reines moralisches Sollen geben, da jedes Sollen abhängig ist vom Vorhandensein von Drohungen oder Belohnungen; handelt man aber aus Furcht vor Strafe oder wegen der Aussicht auf Gewinn (und sei es, wie es die Religionen behaupten, erst im Jenseits), so ist dies kein moralisches Handeln mehr. Was es allein gibt, ist ein **moralisches Wollen,** dessen Existenz die Ethik beschreiben und erklären kann; die Ethik kann aber kein Sollen *vor*schreiben.
- Schließlich wirft Schopenhauer der Ethik Kants auch vor, dass sie ein versteckter Egoismus sei. Die Prüfung, ob die Maxime meines Handelns zur allgemeinen Gesetzgebung taugen würde, wird vom eigenen **Egoismus** bestimmt: Dieser lässt mich überlegen, ob ich eine allgemeine Regelung auch dann will, wenn ich nicht wie im Augenblick der aktiv Handelnde, sondern irgendwann in der Zukunft der passiv Erleidende sein werde – ob ich also nicht einmal in der Zukunft Nutznießer dieser Maxime sein könnte.

23 Arthur Schopenhauer: Preisschrift über das Fundament der Moral, hier und im Folgenden zitiert nach der von Hans Ebeling hrsg. Ausgabe des Meiner-Verlags: Hamburg 1979, S. 14.

Für Schopenhauer erscheinen insgesamt sämtliche rationalistischen Moralkonzepte zu abgehoben, abstrakt, intellektualistisch und wirklichkeitsfremd – sie seien „trefflich geeignet, in den Hörsälen widerzuhallen und eine Übung des Scharfsinnes abzugeben: aber dergleichen kann es nicht sein, was den in jedem Menschen dennoch wirklich vorhandenen Aufruf zum Rechttun und Wohltun hervorbringt" (Preisschrift, S. 83). Schopenhauer fasst die **Anforderungen an ein wirkliches Fundament der Moral** wie folgt zusammen: Es muss „etwas sein, das wenig Nachdenken, noch weniger Abstraktion und Kombination erfordert, das, von der Verstandesbildung unabhängig, jeden, auch den rohesten Menschen anspreche, bloß auf anschaulicher Auffassung beruhe und unmittelbar aus der Realität der Dinge sich aufdringe." (Preisschrift, S. 84)

Schopenhauer und Kant.

2 Die Grundmotive menschlichen Handelns

Schopenhauer unterscheidet bei seiner Untersuchung menschlichen Handelns zunächst zwischen „antimoralischen" und moralischen Handlungen. Die beiden „Grundtriebfedern" von **antimoralischen Handlungen** sind der **Egoismus** und die **Bosheit:**

- Der **Egoismus** ist die „Haupt- und Grundtriebfeder" des Handelns der Menschen (und auch desjenigen der Tiere). Sein Ziel ist das eigene Überleben und Wohlergehen. Er ist bestenfalls moralisch neutral, meist aber antimoralisch, da er in Konkurrenz zum Überleben und Wohlergehen anderer Menschen steht und gegen sie gerichtet ist. Seine Maxime ist: „Hilf niemandem, vielmehr verletze alle, wenn es dir gerade nützt!"
- Die **Bosheit** ist in ihrem Wesen noch mehr gegen die Interessen anderer gerichtet als der Egoismus. „Der Egoismus kann zu Verbrechen und Untaten aller Art führen: Aber der dadurch verursachte Schaden und Schmerz anderer ist ihm bloß Mittel, nicht Zweck, tritt also nur akzidentell [als Neben-

effekt] dabei ein. Der Bosheit und Grausamkeit hingegen sind die Leiden und Schmerzen anderer Zweck an sich und dessen Erreichen Genuss. Dieserhalb machen jene eine höhere Potenz moralischer Schlechtigkeit aus." (Preisschrift, S. 98) Entsprechend lautet die Maxime der Bosheit: „Verletze alle, so sehr du kannst!"

Auf der Suche nach dem **Grundmotiv von moralischen Handlungen,** Schopenhauers eigentlichem Thema, definiert er solche Handlungen dadurch, dass sie an der **„Abwesenheit aller egoistischen Motivation"** erkennbar seien (Preisschrift, S. 102). Als Nebeneffekte kommen dazu, dass man, wenn man moralisch handelt, ein Gefühl der Zufriedenheit, eben den Beifall des Gewissens verspürt und auch den Beifall unbeteiligter anderer Menschen erhält.

Positiv gewendet liegt moralisches Handeln vor, wenn ich jemandem nicht aus Furcht vor Strafe oder um einer Belohnung willen helfe, sondern wenn „der letzte Beweggrund zu einer Handlung, oder Unterlassung, geradezu und ausschließlich im *Wohl und Wehe* irgendeines dabei passiv beteiligten *andern* liegt [... Es] *muss sein Wohl und Wehe unmittelbar mein Motiv* sein [...] Dies aber setzt notwendig voraus, dass ich bei *seinem* Wehe als solchem geradezu mit leide, *sein* Wehe fühle, wie sonst nur meines." (Preisschrift, S. 105 f.) Dies ist möglich, indem ich mich mit dem anderen identifiziere, wodurch der Unterschied zwischen mir und dem anderen, der normalerweise das menschliche Leben bestimmt, für eine Zeitspanne aufgehoben ist. Dies aber wird wiederum ermöglicht durch die menschliche Fähigkeit zum Mitleiden mit dem anderen.

3 Das Mitleid als Fundament der Moral

In dem auf den ersten Blick eher banal und alltäglich wirkenden Phänomen des **Mitleids** gründet also für Schopenhauer jegliches wirklich moralische Handeln des Menschen. Mitleid – das ist für Schopenhauer die „ganz unmittelbare, von allen anderweitigen Rücksichten unabhängige *Teilnahme* zunächst am *Leiden* eines andern und dadurch an der Verhinderung oder Aufhebung dieses Leidens [...] Dieses Mitleid ganz allein ist die wirkliche Basis aller *freien* Gerechtigkeit und aller *echten* Menschenliebe. Nur sofern eine Handlung aus ihm entsprungen ist, hat sie moralischen Wert: und jede aus irgendwelchen andern Motiven hervorgehende hat keinen." (Preisschrift, S. 106) Für Schopenhauer ist das Mitleid eine „unleugbare Tatsache des menschlichen Bewusstseins, ist diesem wesentlich Eigen, beruht nicht auf Voraussetzungen, Begriffen, Religionen, Dogmen, Mythen, Erziehung und Bildung; sondern ist ursprünglich und unmittelbar, liegt in der menschlichen Natur selbst, hält eben deshalb unter allen Verhältnissen Stich, und zeigt sich in allen Ländern und Zeiten; daher an dasselbe, als an etwas in jedem Menschen notwendig Vorhandenes, überall zuversichtlich appelliert wird [...] Hingegen nennt man den, dem es zu mangeln scheint, einen Unmenschen; wie auch ‚Menschlichkeit' oft als Synonym von Mitleid gebraucht wird." (Preisschrift, S. 110 f.)

Wie ist es aber möglich, dass der Mensch die grundsätzliche Schranke zwischen sich und dem anderen überschreitet und das Leid des anderen als *dessen* Leid so sehr empfindet, dass er ihm ohne jedes eigene Interesse hilft? Wie ist es – genauer gesagt – möglich, dass wir bei wirklichem Mitleid *seine* Schmerzen empfinden, aber sie nicht als unsere Schmerzen empfinden, sondern dass *wir* sie *in ihm* empfinden? Es ist dadurch möglich, „dass ich mich mit dem andern gewissermaßen identifiziert habe, und folglich die Schranke zwischen Ich und Nicht-Ich, für den Augenblick, aufgehoben sei [...]: dann erblicke ich ihn nicht mehr [...] als ein mir Fremdes, mir Gleichgültiges, von mir gänzlich Verschiedenes; sondern in *ihm* leide ich mit, trotz dem, dass seine Haut meine Nerven nicht einschließt." (Preisschrift, S. 127) Wie ist dieser Vorgang aber wiederum erklärbar? Mit unserer Vernunft nicht, und auch nicht aus unserer Erfahrung heraus, die uns ja ständig nur unser unüberbrückbares Getrenntsein von den anderen Dingen der Welt, und also auch den Menschen, zeigt. „Und doch", so Schopenhauer, „ist er [der Vorgang des Mitleids] alltäglich. Jeder hat ihn oft an sich selbst erlebt, sogar dem Hartherzigsten und Selbstsüchtigsten ist er nicht fremd geblieben. Er tritt täglich ein, vor unseren Augen." (Preisschrift, S. 127) Letztendlich handelt es sich um das „große Mysterium der Ethik", das nicht mehr im Rahmen menschlicher Erfahrung und Vernunft erklärt werden kann, sondern nur noch metaphysisch.[24]

Die **Quelle** jeder moralischen Handlung ist also das Mitleid. Die ihr zugrunde liegende **Maxime** lautet: *Neminem laede; immo omnes, quantum potes, juva.* – „Verletze niemanden; vielmehr hilf allen, so weit du kannst!" Aus den beiden Teilsätzen dieser Maxime leiten sich die beiden **Grundtugenden** moralischen Handelns ab: die Tugend der Gerechtigkeit und die Tugend der Menschenliebe.

- Die **Gerechtigkeit** folgt der Maxime *Neminem laede.* – „Verletze niemanden!" Nach Schopenhauer ist der Mensch aufgrund seiner egoistischen Grundkonstitution ungerechtem und gewalttätigem Handeln gegenüber an-

24 Schopenhauer gibt im letzten Abschnitt seiner Moralschrift als „Zugabe" eine Antwort auf der Grundlage seiner Metaphysik des Willens, auf die aber im Rahmen einer rein ethischen Betrachtung nicht eingegangen werden muss; vgl. Abschnitt IV „Zur metaphysischen Auslegung des ethischen Urphänomens", a. a. O., S. 159 ff.

deren zugeneigt. Die Tugend der Gerechtigkeit aber hindert ihn daran, seinen egoistischen Tendenzen nachzugeben und den anderen psychisch oder physisch zu verletzen. Sie ist insofern negativ bestimmt, als sie lediglich eine *Unterlassung* unmoralischer Handlungen fordert.

- Die **Menschenliebe** dagegen hat positiven Charakter, insofern sie zu *aktivem* Handeln auffordert: *Omnes, quantum potes, juva.* – „Hilf allen, so viel du kannst!" ist ihre Maxime. Sie ist die größere der beiden Grundtugenden, und es ist das Verdienst des Christentums, aber auch der alten östlichen Religionen, die Menschenliebe (sogar als Feindesliebe!) gepredigt zu haben.

Aus dem bisher Gesagten ergibt sich folgender Zusammenhang der einzelnen Motive und Zwecke menschlichen Handelns und der Position und Funktion der Moral:

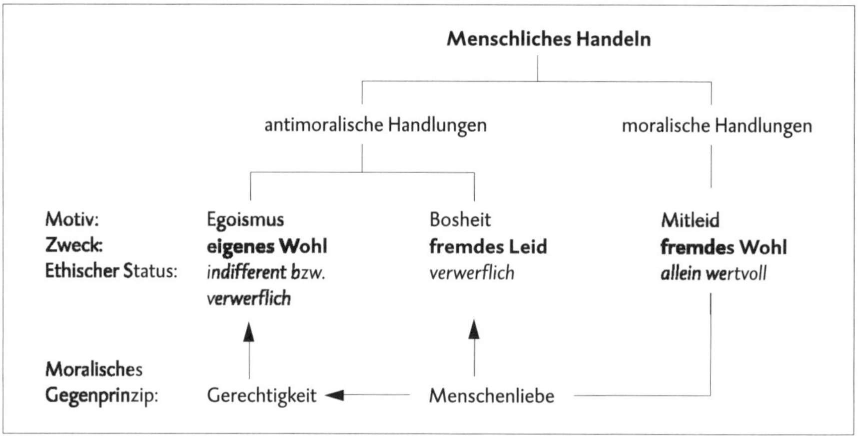

Alle drei Motive – Egoismus, Bosheit und Mitleid – bestimmen das Handeln jedes einzelnen Menschen. Jedoch sind die einzelnen Motive bei den Menschen unterschiedlich stark ausgeprägt, woraus sich der Grad der Moralität oder Unmoralität ihrer Handlungen erklärt.

Schopenhauer führt als entscheidende Probe dafür, dass nicht irgendein abstraktes Vernunftprinzip, sondern Mitleid dem moralischen Handeln zugrunde liegt, das – sehr drastisch konstruierte, aber anschauliche – **Beispiel** zweier junger Männer an, die beide leidenschaftlich verliebt sind, jeweils in ein (anderes) Mädchen; beide Mädchen haben aber bereits einen anderen Partner. Die Liebe ist bei beiden Männern so stark und so groß, dass sie beide beschließen, ihren jeweiligen Nebenbuhler zu töten, wobei keinerlei Gefahr bestünde, dass die Morde aufgedeckt würden. „Als jedoch“, so Schopenhauer, „jeder seinerseits an die nähere Veranstaltung des Mordes geht, stehn beide, nach einem Kampfe mit sich selbst, davon ab. Über die Gründe dieses Aufgebens ihres Entschlusses sollen sie uns aufrichtige und deutliche Rechenschaft geben.“ Der eine argumentiert nach Kant: „Ich bedachte, dass die Maxime meines Verfahrens in diesem Fall sich nicht geeignet haben würde, eine allgemein gültige Regel für alle möglichen vernünftigen Wesen abzugeben, indem ich ja meinen Nebenbuhler allein als Mittel und nicht zugleich als Zweck behandeln würde.“ Der andere jedoch erklärt: „Wie es zu den Anstalten kam, und ich [...] mich [...] mit jenem Nebenbuhler zu beschäftigen hatte; da zuerst wurde mir recht deutlich, was jetzt mit ihm eigentlich vorgehn sollte. Aber nun ergriff mich Mitleid und Erbarmen, es jammerte mich seiner, ich konnte es nicht über's Herz bringen: ich habe es nicht tun können.“ Und Schopenhauer fragt nun den Leser: „Welcher von beiden ist der bessere Mensch? – Welchem von beiden möchte er sein eigenes Schicksal lieber in die Hand geben? – Welcher von ihnen ist durch das reinere Motiv zurückgehalten worden? – Wo liegt demnach das Fundament der Moral?“ (Preisschrift, S. 129 f.) Für Schopenhauer ist die Antwort evident.

4 Handeln aus Mitleid – Handeln nach Maximen

Wenn unser moralisches Handeln allein auf das spontane Gefühl des Mitleids mit dem anderen gegründet sein soll, ist zu fragen, ob ein solches Gefühl tragfähig genug ist, um als Fundament der Ethik zu funktionieren. Nicht umsonst haben die meisten anderen Moralphilosophen ganze Systeme von ethischen Forderungen entworfen, die den Menschen bei seinem Handeln leiten und ihm im Konfliktfall Entscheidungshilfen für moralisches Handeln geben sollen. Kann eine Ethik allein darauf aufgebaut werden, dass sich im Entscheidungsfall mehr oder weniger zufällig Mitleid einstellt – oder auch nicht?

Mit dieser Frage würden wir aber Schopenhauers Mitleidsethik missverstehen. Auch sie kommt nicht ohne Maximen aus, die unser Handeln leiten. „Ohne fest gefasste *Grundsätze* würden wir den antimoralischen Triebfedern, wenn sie durch äußere Eindrücke zu Affekten erregt sind, unwiderstehlich Preis gegeben sein. [...] Denn obwohl Grundsätze und abstrakte Erkenntnis überhaupt keineswegs die Urquelle oder erste Grundlage der Moralität sind, so sind sie doch zu einem moralischen Lebenswandel unentbehrlich.“ (Preisschrift, S. 112) Aus dem allgemeinen Grundsatz „Verletze niemanden; vielmehr hilf allen, so weit du kannst!“, auf dem moralisches Handeln basiert und aus dem sich die beiden Tugenden der Gerechtigkeit und der Menschenliebe ableiten lassen, folgert Schopenhauer für die **Tugend der Gerechtigkeit:** Es „ist keineswegs erforderlich, dass in jedem einzelnen Fall das Mitleid wirklich erregt werde; wo es auch oft zu spät käme: sondern aus der ein für alle Mal erlangten Kenntnis von dem Leiden, welches jede ungerechte Handlung notwendig über andere bringt, und welches durch das Gefühl des Unrechterduldens, d. h. der fremden Übermacht, geschärft wird, geht in edlen Gemütern die Maxime *neminem laede* hervor, und die vernünftige Überlegung erhebt sie zu dem ein für alle Mal gefassten festen Vorsatz, die Rechte eines jeden zu achten, sich keinen Eingriff in dieselben zu erlauben." (Preisschrift, S. 112)

Mit den beiden Grundsätzen der Gerechtigkeit und Menschenliebe ist nach Schopenhauer die **Basis der ganzen Ethik** gelegt. Wenn diese beiden Grundsätze fest genug im Menschen verwurzelt sind, ist es nicht notwendig, sich ein kompliziertes Moralsystem anzueignen – wozu ohnehin die meisten Menschen nicht fähig sind –, sondern jeder Mensch kann selbst im konkreten Fall die richtigen Folgerungen aus diesen Grundsätzen ziehen und somit moralisch handeln.

5 Mitleid mit Tieren

Ein großes Verdienst der Ethik Schopenhauers ist es, dass er auch den **Umgang des Menschen mit Tieren** in den Bereich moralischen Handelns einbezieht. Dass gerade die europäischen Moralsysteme das Verhältnis Mensch – Tier kaum thematisieren, liegt nach Schopenhauer daran, dass in der Philosophie vor allem der **Wesensunterschied** zwischen Mensch und Tier hervorgehoben wurde, der seinen Niederschlag unter anderem in der Sprache findet, wenn für die gleichen Sachverhalte bei Mensch und Tier unterschiedliche Ausdrücke gebraucht werden („essen" – „fressen", „gebären" – „werfen"). Der Hauptunterschied zwischen Mensch und Tier liegt nach Schopenhauer im Bereich der intellektuellen Fähigkeiten, im Grad der Erkenntniskraft – dies ist aber nur etwas Sekundäres. Im Kern sind sich Mensch und Tier gleich – beide sind Wesen, in denen sich der **Wille** manifestiert, der in Schopenhauers Philosophie den Urgrund der Welt ausmacht. Weniger metaphysisch ausgedrückt sind Menschen wie Tiere Wesen, die den Willen zum Leben und Überleben haben, die sich ihrer Existenz bewusst sind und die vor allem beide **leidensfähig** sind.

Die Erkenntnis dieser Leidensfähigkeit der Tiere befähigt uns wiederum zum Mitleid mit ihnen, fähig zur Identifikation mit ihrem Leiden, sodass wir auch auf sie den Grundsatz des *Neminem laede* anwenden. Schopenhauer wirft der europäischen Philosophie vor, dass die Tiere für sie „bloße ‚Sachen', bloße *Mittel* zu beliebigen Zwecken [sind], also etwa zu Vivisektionen [Eingriffe am lebenden Tier zu wissenschaftlichen Zwecken], Parforcejagden, Stiergefechten, Wettrennen, zu Tode peitschen vor dem unbeweglichen Steinkarren u. dgl. – Pfui! Über eine solche [...] Moral, – die das ewige Wesen verkennt, welches in allem, was Leben hat, da ist, und aus allen Augen, die das Sonnenlicht sehn, mit unergründlicher Bedeutsamkeit hervorleuchtet." (Preisschrift, S. 60) Für Schopenhauer zeigt sich darum im Umgang eines Menschen mit Tieren geradezu sein wahrer Charakter: „Mitleid mit Tieren hängt mit der Güte des Charakters so genau zusammen, dass man zuversichtlich behaupten darf, wer gegen Tiere grausam ist, könne kein guter Mensch sein." (Preisschrift, S. 139)

6 Der Unterschied der Charaktere – warum Mitleid nicht lehrbar ist

Das Mitleid ist für Schopenhauer das einzige Fundament des moralischen Handelns der Menschen, es ist eine der drei „Triebfedern" des menschlichen Handelns und bei fast jedem Menschen anzutreffen – allerdings in unterschiedlichem Maße. Es fragt sich nun, warum bei dem einen Menschen das Mitleid gegenüber der egoistischen Motivation überwiegt, während bei einem anderen Menschen Egoismus und Bosheit über das Mitleid siegen.

Die Antwort, die Schopenhauer darauf gibt, ist für jeden, der mithilfe der Ethik die Menschen bessern und damit die Welt verbessern will, desillusionierend. Auf die Frage „Kann [die Ethik] den hartherzigen Menschen in einen mitleidigen und dadurch in einen gerechten und menschenfreundlichen umschaffen?" antwortet Schopenhauer klipp und klar: „Gewiss nicht: Der Unterschied der Charaktere ist angeboren und unvertilgbar. Dem Boshaften ist seine Bosheit so angeboren, wie der Schlange ihre Giftzähne und Giftblase; und so wenig wie sie kann er es ändern. *Velle non discitur* (Wollen lässt sich nicht lernen). [...] Die drei ethischen Grundtriebfedern des Menschen, Egoismus, Bosheit, Mitleid, sind in jedem in einem andern und unglaublich verschiedenen Verhältnisse vorhanden. Je nachdem dieses ist, werden die Motive auf ihn wirken und die Handlungen ausfallen." (Preisschrift, S. 148 ff.) Jemandem, bei dem der Egoismus oder die Bosheit dominiert, zu mehr Mitleid hin zu erziehen, ist daher „viel gewisser unmöglich, als dass man Blei in Gold umwandeln könnte", weil eben „die Tugend angeboren und nicht angepredigt" ist. (Preisschrift, S. 153)

Das bedeutet allerdings nicht, dass man Egoisten und Bösewichten schutzlos ausgeliefert wäre. Schopenhauer betont lediglich, dass man nicht das *Herz* eines Menschen ändern und so einen tugendlosen in einen tugendhaften Menschen verwandeln kann. Was man jedoch kann, ist, mit Argumenten auf seinen *Kopf* einzuwirken, sodass er aus vernünftiger Einsicht, um z. B. Strafe zu vermeiden oder eine Belohnung zu erlangen, bestimmte unmoralische Handlungen unterlässt. Auf diese Weise kann die Gesellschaft versuchen, erwünschte Handlungsweisen zu fördern und unerwünschte zu unterdrücken. Auch Egoisten und Bösewichte werden sich aus Angst vor Strafe oder aus Hoffnung auf Vorteile an die Regeln halten – tugendhafte Menschen sind sie deshalb noch lange nicht geworden. „Durch Motive", so Schopenhauer, „lässt sich *Legalität* erzwingen, nicht *Moralität*: Man kann das *Handeln* umgestalten, nicht aber das eigentliche *Wollen*, welchem allein moralischer Wert zusteht." (Preisschrift, S. 154) Mit Argumenten kann sogar das Handeln eines mitleidvollen Menschen noch besser zum Ausdruck gebracht werden, z. B. dadurch, dass er lernt, die kurz- und langfristigen Folgen seines Mitleids abzuschätzen und gegeneinander abzuwägen.

Zusammenfassung: Die Mitleidsethik Arthur Schopenhauers

Für Schopenhauer gründet das moralische Handeln des Menschen in seiner **Fähigkeit zum Mitleiden,** das es dem Menschen ermöglicht, das Leid des anderen *in jenem* zu empfinden. Die grundlegende moralische Maxime, die daraus folgt, lautet: **„Verletze niemanden; vielmehr hilf allen, so weit du kannst!"** Daraus ergeben sich die beiden Grundtugenden der **Gerechtigkeit** und der **Menschenliebe,** die den antimoralischen Handlungsmotiven des Egoismus und der Bosheit entgegenwirken. Die moralischen Grundsätze lauten für die Gerechtigkeit „Verletze niemanden!", für die Menschenliebe „Hilf allen, so viel du kannst!" – sie sind die Basis der Ethik. Diese Grundsätze sollen auch das Verhältnis Mensch – Tier prägen, da sich beide in ihrer Leidensfähigkeit ähnlich sind.

Die Fähigkeit zum Mitleiden ist in den Menschen unterschiedlich ausgebildet, sie kann nicht erlernt werden. Darum sind Strafen und Belohnungen für diejenigen Menschen notwendig, bei denen das Mitleid nicht vorhanden oder nur gering ausgeprägt ist, um auch sie zum rechten Handeln zu bewegen.

Die Existenzphilosophie

Die Ursprünge des Existenzialismus – und mit ihm verwandt die kulturrevolutionären Bewegungen des Expressionismus, Dadaismus, Futurismus und Surrealismus – liegen bereits im späten 18. bzw. frühen 19. Jahrhundert: Bereits die Romantik setzt das schöpferische Individuum gegen eine fremd gewordene Welt. Während aber die Romantik gegen die Auflösungstendenzen der Moderne nach einer Wiederherstellung der vormodernen Welt sucht, formulieren die Philosophen Søren Kierkegaard, auf den der Begriff „Existenzphilosophie" zurückgeht, und Friedrich Nietzsche, das Postulat von der Autonomie des Subjekts.[25]

Beide brechen mit der bis dahin üblichen Darstellungsform der Philosophie, führen ein ungesichertes Leben am Rande bürgerlicher Normalität und formulieren ihre Gedanken aus ihrer subjektiven Lebenserfahrung.

1 Søren Kierkegaard – Der Beginn der Existenzphilosophie

1.1 Leben und Werk

Das Leben Søren Kierkegaards (1813–1855) ist aufgrund der strengen Erziehung seines pietistischen Vaters von selbstquälerischer Schwermut gekennzeichnet, die ihn ständig fragen lässt, wo in der Unbegreiflichkeit seiner Existenz ein Sinn liegen könne. Aus dieser Unsicherheit löst er auch die Verlobung mit einem sehr viel jüngeren Mädchen auf, weil er glaubt, ihrer nicht wert zu sein. Als sie sich nach langem Trennungsschmerz erneut bindet, ist er der Verzweiflung nahe. Den Ausweg sieht er in einer reichhaltigen Produktion literarischer, philosophischer und theologischer Schriften. Er formuliert seine Gedanken aber nicht in systematischen philosophischen Abhandlungen, sondern verwendet Briefform, Tagebuch-Eintragung oder aktualisierende Ausdeutungen von Märchen oder der Bibel. Zumeist erscheinen diese Schriften anonym, sodass er nicht gezwungen ist, eine endgültige Synthese seiner Gedanken vorzulegen. Da er nicht mit harscher Kritik spart, schafft er sich zahlreiche Feinde.

25 Zu den ersten Existenzphilosophen zählt auch Max Stirner (1806–1856), ein philosophischer Einzelgänger, der einen radikalen materialistischen Egoismus vertritt.

Als Kierkegaard sich am Ende seiner Überlegungen mit dem Wesen der christlichen Existenz beschäftigt, gerät er in eine scharfe Auseinandersetzung mit der Amtskirche. Darüber stirbt er 1855 mit 42 Jahren.

Seinem anderen großen Gegner, Georg Wilhelm Friedrich Hegel (1770–1831), wirft Kierkegaard vor, in seinem großen idealistischen System zwar Natur und Geschichte begreifen zu wollen, aber den Menschen vergessen zu haben: Eine so umfassende Gesamtschau nütze dem Menschen nichts, solange sie sein Dasein nicht umgestalte. Wahrheit sei nur für den lebendig, der sie sich entschlossen aneigne und in seiner konkreten Existenz verwirkliche.

1.2 Die Suche nach dem Selbst

Die Erkenntnis, dass die Philosophie den Menschen umgestalten müsse, wendet Kierkegaard auf sich selbst an und will den Begriff des Menschen aus der Selbsterfahrung gewinnen. Angriffsziel ist ihm die anonyme Masse, weil in ihr der Einzelne in seiner Besonderheit untergeht. Allenfalls als Spießbürger tritt der Einzelne in der Masse in Erscheinung. Das Ziel seiner Schriften ist es daher, die Grundsituation des Menschen in seiner unverwechselbaren Einzelheit zu erfassen. Weil ihm aber für dieses philosophische Neuland die Sprache fehlt, analysiert er zum ersten Mal Begriffe wie Existenz, Schwermut, Verzweiflung, Angst, Augenblick, Wahl, Entscheidung usw., die aus der modernen Philosophie nicht mehr wegzudenken sind.

Søren Kierkegaard

Da Kierkegaard in einer säkularisierten Welt das Christentum gegen Aufklärung und Fortschrittsoptimismus retten will, beharrt er auf der Trennung von Glauben und Wissen: Subjektivität erfüllt sich im Glauben, nicht im Wissen, denn im Wissen bewegt sich jeder Mensch im Medium des Allgemeinen: Jeder kann alles wissen. Im Glauben jedoch steht das Individuum allein vor Gott. Kierkegaard entwickelt aus dieser Einsicht die beiden Möglichkeiten der Selbstreflexion des Individuums:

- In der **objektiven Reflexion** wird sich das Individuum selbst zum Objekt und klammert die konkrete individuelle Existenz aus: Es denkt sich als Mann, Frau, Schüler oder Schülerin, Arbeitnehmer, Arbeitnehmerin usw. und sucht sich in der Realität seines Daseins zu erfassen.

- In der **subjektiven Reflexion** geht es aber um die individuelle Existenz. Der Mensch will sich in seinem subjektiven So-sein und seinen individuell-subjektiven Möglichkeiten verstehen, er begreift sich als offen im Denken und in seiner Phantasie.

1.3 Die Bestimmung der Existenz

Da der Mensch den Widerspruch zwischen der Begrenztheit seines Daseins und der Möglichkeit, sich und seine Zukunft zu gestalten, aufheben möchte, entwickelt Kierkegaard eine **Dialektik** der Bestimmung der Existenz, d. h. er sucht durch das Aufweisen und Überwinden von Widersprüchen nach der Wahrheit:

- In der Synthese, also der Aufhebung der Widersprüche von **Realität** und **idealen Möglichkeiten** gewinnt die Existenz in der Entscheidung das Bewusstsein von sich selbst.
- In der Synthese von **Endlichkeit** (Zeitlichkeit) und **Unendlichkeit** (Ewigkeit) liegt die konkrete Erfahrung des Existierens in Freiheit,
- In der Synthese von der auf das Jenseits gerichteten **Seele** und der **Leiblichkeit** erfährt sich die Existenz als Geist.

Was und wer ich selbst bin, folgt aus der Weise, in der ich mich zu mir selbst verhalte, indem ich Idealität und Realität meines Daseins in einer **Synthese** zur Einheit meines Selbstseins vermittle. Dabei wird aber der grundsätzliche Unterschied zwischen Existieren und Denken deutlich: In der subjektiven Reflexion will sich der Denkende selbst verstehen, seine Möglichkeiten erfassen und sich der Offenheit seines Werdens stellen; das Selbst ist nicht festgelegt, sondern erfordert ein stets neues Verhalten zu sich selbst. Das Denken ist dem Existieren immer voraus – z. B. man plant etwas – oder denkt ihm hinterher – z. B. man reflektiert das, was man davon umgesetzt hat. So ist sich der Mensch gewissermaßen entfremdet.

1.4 Der Weg aus der Verzweiflung

Diese Grunddifferenz zwischen Denken und Existieren ist nicht auflösbar und stürzt den Menschen, so Kierkegaard in seiner späten Schrift „Die Krankheit zum Tode" (1848), in die **eigentliche Verzweiflung,** die sich in zweifacher Form äußert: In der ersten geht es darum, bis zum Endpunkt des Selbstmords

Der Mensch ist auf der Suche nach sich selbst; Max Klinger: Der Philosoph.

sich von sich selbst zu lösen; in der zweiten geht es darum, das Selbst in seiner Identität zu stabilisieren. Wenn sich der Mensch aber dem Nachdenken über sich selbst, also der subjektiven Reflexion, entzieht, dann verharrt er in der **uneigentlichen Verzweiflung.** Darunter versteht Kierkegaard, dass der Mensch sich ausschließlich davon leiten lässt, das Leben zu genießen. So ein Mensch ist nicht frei, weil er sich von Wünschen, Neigungen, Personen, Gegenständen oder der gesellschaftlichen Umwelt bestimmen lässt. Diese Form des Lebens nennt Kierkegaard **ästhetische Existenz** (griech. *aíthesis:* vorreflexive Wahrnehmung): Der Mensch lebt selbst-los. Bindungslos verliert er sich in Äußerlichkeiten, denen er widerstandslos ausgesetzt ist. Entstehen Überdruss und Langeweile und wird die Sinnlosigkeit eines solchen Daseins verspürt, meldet sich Verzweiflung, weil die gegebenen Möglichkeiten, zu entscheiden und das Leben zu gestalten, nicht genützt werden. Die Wahl einer solchen Existenz beschreibt Kierkegaard in seinem voluminösen Frühwerk „Entweder – Oder" (1843):

Die ästhetische Wahl ist entweder völlig unmittelbar und insofern keine Wahl, oder sie verliert sich in der Mannigfaltigkeit. Wenn etwa ein junges Mädchen der Wahl ihres Herzens folgt, so ist diese Wahl, wie schön sie im Übrigen auch sei, in strengerem Sinne keine Wahl, da sie völlig unmittelbar ist. Wenn ein Mensch ästhetisch eine Menge von Lebensaufgaben erwägt, [...] so erhält er nicht leicht ein Entweder – Oder, sondern eine ganze Mannigfaltigkeit, weil das Selbstbestimmende in der Wahl hier nicht ethisch akzentuiert ist und weil, wenn man nicht absolut wählt, man nur für den Moment wählt und deshalb im nächsten Augenblick etwas anderes wählen kann.

Søren Kierkegaard: Entweder – Oder, S. 715 f.

In „Die Krankheit zum Tode" verschärft Kierkegaard seine Bewertung einer solchen Wahl, weil sich der Wählende nur dem Hier und Jetzt hingibt:

Ohne Fantasie, die dem Spießbürger stets fehlt, lebt sie [die Spießbürgerlichkeit] dahin in einem gewissen alltäglichen Begriff von Erfahrungen, wie es so hergehe, was da möglich sei, was da zu geschehen pflege, möge der Spießbürger im Übrigen Bierzapfer sein oder Staatsminister. [...] Und hilft dann unterweilen das Dasein mit Schrecknissen, welche die Papageienweisheit der Alltagserfahrung überschreiten, dann verzweifelt die Spießbürgerlichkeit, das heißt, dann wird es offenbar, dass die Verzweiflung schon gewesen ist; [...]

Søren Kierkegaard: Die Krankheit zum Tode, S. 38.

Gibt sich der Mensch aber nicht mit dieser Existenzform zufrieden, weil er sich selbst erfahren will, so überschreitet er die ästhetische Existenz, wird sich seiner Möglichkeiten bewusst und findet zu sich selbst: Kierkegaard nennt dies die **ethische Existenz.**

Die Wahl [der ethischen Existenz] selbst ist entscheidend für den Gehalt der Persönlichkeit; durch die Wahl sinkt sie in das Gewählte hinab, und wenn sie nicht wählt, welkt sie in Auszehrung dahin. [...] Was gewählt werden soll, steht in der tiefsten Beziehung zum Wählenden, und wenn von einer Wahl die Rede ist, die eine Lebensfrage betrifft, so muss das Individuum ja gleichzeitig leben und kommt damit, je weiter es die Wahl hinausschiebt, leicht dazu, sie zu verändern, obwohl es ständig überlegt und überlegt und damit glaubt, die Gegensätze der Wahl recht auseinander zu halten. Wenn man das Entweder – Oder des Lebens so betrachtet, ist man nicht leicht versucht, damit zu spaßen. Man sieht also, dass der innere Trieb der Persönlichkeit zu Gedankenexperimenten keine Zeit hat, dass er beständig vorwärts eilt und irgendwie entweder das eine oder das andere setzt, wodurch denn die Wahl im nächsten Augenblick noch schwieriger wird; denn was gesetzt ist, muss zurückgenommen werden. Wenn du dir einen Steuermann auf seinem Schiffe vorstellst in dem Augenblick, da ein Schlag gemacht werden soll, so wird er vielleicht sagen können: Ich kann entweder dies tun oder das; wenn er aber kein mäßiger Steuermann ist, so wird er sich zugleich bewusst sein, dass das Schiff unterdessen mit seiner gewohnten Geschwindigkeit dahinfährt und dass es somit nur für einen Augenblick gleichgültig ist, ob er dieses tut oder jenes. So auch mit einem Menschen, vergisst er, diese Geschwindigkeit zu berechnen, so kommt schließlich ein Augenblick, da von einem Entweder – Oder nicht mehr die Rede ist, nicht etwa deshalb, weil er gewählt hätte, sondern weil er es unterlassen hat zu wählen, was sich auch so ausdrücken lässt: Weil andere für ihn gewählt haben, weil er sich selbst verloren hat.

Søren Kierkegaard: Entweder – Oder, S. 711 f.

Diese Wahl ist für Kierkegaard deswegen so wichtig, weil er befürchtet, dass im Zögern die Chance, sich selbst zu bestimmen, unwiderruflich vorbei ist. Hat man sich aber entschieden, man selbst zu sein, macht man einen weiteren entscheidenden Schritt:

Überall, wo in strengerem Sinne von einem Entweder – Oder die Rede ist, kann man stets sicher sein, dass das Ethische mit im Spiel ist. Das einzige absolute Entweder – Oder, das es gibt, ist die Wahl zwischen Gut und Böse, die aber ist auch absolut ethisch. [...] Die ethische Wahl ist in gewissem Sinne viel leichter [als die ästhetische Wahl], viel einfacher, in anderem Sinne aber ist sie unendlich viel schwerer. Wer sich seine Lebensaufgabe ethisch bestimmen will, hat im Allgemeinen keine so bedeutende Auswahl; dagegen hat der Akt der Wahl für ihn weit mehr zu bedeuten.

Søren Kierkegaard: Entweder – Oder, S. 715 f.

Dabei kommt es beim Wählen gar nicht einmal darauf an, das Richtige zu wählen, sondern auf Energie und **Ernsthaftigkeit bei der Wahl.** Liegen diese vor, wird der Wählende bald das Unrechte seiner Wahl entdecken und zu korrigieren versuchen. In jedem Falle hat der Mensch das getan, was ihm aufgetragen ist, er hat sich selbst bestimmt. So kann er sein Leben strukturieren und der Gemeinschaft Sinn geben:

Zwar wird der Mensch damit kein anderer als er zuvor gewesen, aber er wird er selbst; das Bewusstsein schließt sich zusammen, und er ist er selbst. Wie ein Erbe, und wäre er auch Erbe aller Schätze der Welt, sie doch nicht besitzt, bevor er mündig geworden ist, so ist selbst die reichste Persönlichkeit nichts, bevor sie sich selbst gewählt hat, und andererseits ist selbst das, was man die ärmste Persönlichkeit nennen müsste, alles, wenn sie sich selbst gewählt hat; denn das Große ist nicht, dieses oder jenes zu sein, sondern man selbst zu sein; und das kann ein jeder Mensch, wenn er es will.

Søren Kierkegaard: Entweder – Oder, S. 728.

Wenn der Mensch sich selbst in seiner jeweils eigenen Existenz als wirklich konkret existierenden Einzelnen gewählt hat, dann erst kann er sich zwischen Gut und Böse entscheiden.

Das Entweder – Oder, das ich aufgestellt habe, ist also in gewissem Sinne absolut; denn es ist die Entscheidung zwischen Wählen und Nichtwählen. Da aber die Wahl eine absolute Wahl ist, so ist das Entweder – Oder absolut; in anderem Sinne jedoch tritt das absolute Entweder – Oder erst mit der Wahl ein; denn nun zeigt sich die Wahl zwischen Gut und Böse. Diese in und mit der ersten Wahl gesetzte Wahl soll mich hier nicht beschäftigen, ich möchte dich nur auf jenen Punkt hinzeigen, an dem die Notwendigkeit der Wahl sich zeigt, und darauf das Dasein unter ethischen Bestimmungen betrachten. Ich bin kein ethischer Rigorist, der für eine formale abstrakte Freiheit begeistert ist; wenn die Wahl nur erst gesetzt ist, kehrt alles Ästhetische wieder, und du wirst sehen, dass damit erst das Dasein schön wird und dass es einem Menschen erst auf diesem Wege gelingen kann, seine Seele zu retten und die ganze Welt zu gewinnen, die Welt zu gebrauchen, ohne sie zu missbrauchen.

Søren Kierkegaard: Entweder – Oder, S. 728 f.

Trotzdem stellt sich Verzweiflung ein, weil eine Synthese zwischen der Realität und der Selbstannahme letztlich nicht möglich ist, denn dem Menschen bleibt immer bewusst, dass er bisher sein wahres Sein verfehlt hat und dass er es in der offenen Entscheidung verfehlen kann, d. h. dass er sündig ist. Psychologie und Philosophie nennen das heute „Probleme bei der Selbstfindung" oder „Identitätskrise". Daraus kann sich der Mensch nach Kierkegaard lösen, wenn er die nächste Wahl vornimmt: Denn erst in der Wahl des **religiösen Standpunktes** vollendet der Mensch seine Existenz: In der Welt findet er nur Endliches und findet dadurch letztlich keinen Halt. Der Mensch ist unsicher in seiner Freiheit („Schwindel der Freiheit"). Halt kann er nur im Glauben finden. Und der Glaube an Gott zeigt ihm auf, dass dieser den Weg in die endliche Existenz zurückweist. So findet das Selbst einen Halt. Das Ethische verweist über sich hinaus auf das Religiöse, und im Religiösen vollendet sich das Ethische.

Der Weg aus der Verzweiflung: Die Wahl der Existenz

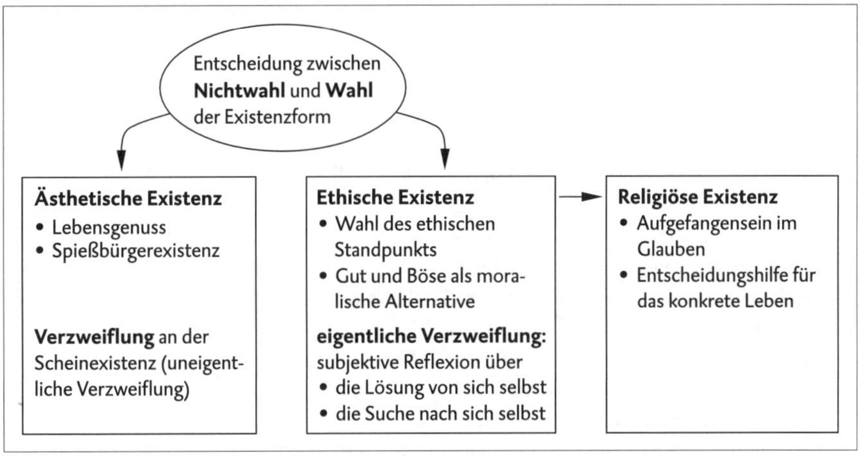

1.5 Die Wirkung Kierkegaards

Für Kierkegaard ist die Geschichte der Welt mit der Ausbildung der bürgerlichen Gesellschaft und deren Begriff im System der Philosophie an ihr Ende gekommen, und mit diesem Ende formuliert die Dialektik Kierkegaards das Resultat der Geschichte. Dieses Resultat ist die im Ursprung christlich begründete Freiheit der Subjektivität. Darüber hinaus beweist das Ende der Weltgeschichte nichts anderes als vollkommene Gleichgültigkeit gegenüber dem

Einzelnen: Das Schicksal des Individuums erfüllt sich, wenn überhaupt, dann nur *außerhalb* der Weltgeschichte, in der absoluten Innerlichkeit der Heilsgeschichte, in der es nur darum geht, dass der Einzelne Gott so nah wie möglich kommt.

Fasst man zusammen, worin Kierkegaards Leistung für die Philosophie besteht, so wird deutlich, dass bei ihm bereits alle wesentlichen Motive der modernen Existenzphilosophie zu finden sind:

- Er analysiert als Erster, dass sich Selbstbestimmung aus der Freiheit, der Autonomie des Subjekts und der Verantwortung zusammensetzt.
- Er stellt als Erster die Verzweiflung des Menschen dar, dem es aufgetragen ist, aus der Uneigentlichkeit des Daseins herauszutreten und die moralische Wahl zwischen Gut und Böse zu treffen.
- Er betont darüber hinaus die endliche Existenz des Menschen in konkreter Geschichtlichkeit.
- Auf ihn gehen die heute noch gültigen Existenzanalysen mit dem notwendigen Vokabular zurück.

Zusammenfassung: Søren Kierkegaard – Der Beginn der Existenzphilosophie

Kierkegaard bricht – wie alle Existenzphilosophen – mit der traditionellen Philosophie. Da für ihn die allgemeine Wahrheit nicht erkannt werden kann, rückt die **persönliche Existenz** in den Mittelpunkt. Das hat eine Subjektivierung der Ausdrucksform zur Folge.
Der Mensch hat die Wahl zwischen **drei Lebensformen:**

- der **ästhetischen Existenz** (unreflektierter Lebensgenuss),
- der **ethischen Existenz** (bewusstes Leben) und
- der **religiösen Existenz** (Verantwortung vor Gott).

Kierkegaards **Leistung für die Philosophie** enthält bereits alle wesentlichen Motive der modernen Existenzphilosophie.

- Selbstbestimmung setzt sich aus **Freiheit, Autonomie des Subjekts** und **Verantwortung** zusammen.
- Dem Menschen ist es aufgetragen, aus der Uneigentlichkeit des Daseins herauszutreten und die **moralische Wahl** zwischen Gut und Böse zu treffen.
- Der Mensch lebt in **endlicher Existenz** in konkreter Geschichtlichkeit.
- Auf Kierkegaard gehen die heute noch gültigen Existenzanalysen mit dem notwendigen Vokabular zurück.

2 Friedrich Nietzsche – Ethik der Selbstbestimmung

Friedrich Nietzsche (1844–1900) hat seine Überlegungen zur Ethik in verschiedenen Schriften ausgeführt, oft in knapp formulierten Gedankengängen und in unterschiedlichen Zusammenhängen. In systematisch geschlossener Form veröffentlichte er sie 1887 in seiner Streitschrift „Zur Genealogie der Moral", in der er den **geschichtlich-gesellschaftlichen Ursprung der moralischen Werte** aufdecken will. Er versucht darin vor allem zwei Fragen zu beantworten: „Unter welchen Bedingungen erfand sich der Mensch jene Werturteile gut und böse? Und welchen Wert haben sie selbst?"[26]

Es geht Nietzsche also nicht darum, wie Kant ein Vernunftprinzip als Basis für die Ethik zu finden oder wie Schopenhauer ethisches Handeln mit einem intuitiven Gefühl, dem Mitleid, zu erklären, sondern er will die **konkreten historischen und gesellschaftlichen Umstände** ausmachen, in denen unsere moralischen Werte entstanden sind. Darüber hinaus will er diese im Laufe der Geschichte entstandenen Werte selbst wieder **bewerten,** d. h. überprüfen, ob diese Werte insgesamt für die Menschheit eher positiv oder negativ gewirkt haben.

Dabei konfrontiert uns Nietzsche mit zwei ungewöhnlichen und zunächst paradox wirkenden Hypothesen:

- Zum einen behauptet er, dass der **Ursprung der Moral** selbst nicht auf dem Gebiet des Moralischen zu suchen ist, sondern dass unsere moralischen Werte aus Bereichen kommen, die mit Moral nichts zu tun haben: Die Moral gründet im Nicht-Moralischen, ja – nach gängigem moralischen Empfinden – im Unmoralischen!
- Zum anderen bezweifelt er, dass die so entstandenen **moralischen Werte** wie Nächstenliebe, Gleichheit, Gerechtigkeit für die Menschheit wirklich durchweg etwas Positives gebracht hätten! Provozierend stellt er in der Vorrede der „Genealogie" die Fragen: „Wie? wenn im ‚Guten' auch ein Rückgangssymptom läge, insgleichen eine Gefahr [...] So dass gerade die Moral daran Schuld wäre, wenn eine an sich mögliche höchste Mächtigkeit und Pracht des Typus Mensch niemals erreicht würde? So dass gerade die Moral die Gefahr der Gefahren wäre?" (Genealogie, S. 9)

26 Friedrich Nietzsche: Zur Genealogie der Moral; hier und im Folgenden zitiert nach der Ausgabe des Reclam-Verlags: Stuttgart 1997, S. 5.

Mit diesen beiden Thesen grenzt sich Nietzsche schroff gegen alle bisherige Ethik ab: Fast alle moralphilosophischen Theorien vor Nietzsche gingen selbstverständlich davon aus, dass der **Ursprung der moralischen Werte** selbst in einem positiven Prinzip zu suchen ist. Und ebenso wurde der **Wert** dieser vorgefundenen moralischen Werte für das Zusammenleben der Menschen und die Entwicklung der Menschheit insgesamt **positiv** gesehen und nicht infrage gestellt; es ging vielmehr nur darum, diese Werte theoretisch zu begründen bzw. moralisches Handeln zu erklären. Nietzsche bricht mit beiden Grundannahmen.

Im Folgenden wird dargestellt, wie Nietzsche seine beiden Thesen begründet, und es werden die Konsequenzen erörtert, die sich aus diesen Thesen für die Ethik und ihr Menschenbild ergeben.

2.1 Gesellschaftliche Machtverhältnisse als Ursprung der Moral

Nietzsche wendet sich gegen ethische Hypothesen, die den Ursprung der moralischen Werte im Altruismus des Menschen, in der Nützlichkeit moralischer Werte usw. suchen. Im Gegensatz dazu behauptet er, dass die Bezeichnungen **„gut"** und **„böse"** ursprünglich **Ausdruck gesellschaftlicher Machtverhältnisse** waren: Die führenden Schichten früherer Gesellschaften bezeichneten sich selbst und ihr Handeln mit „gut" – im Gegensatz dazu wurden mit „schlecht" alle darunter liegenden gesellschaftlichen Schichten und ihr Handeln definiert. Die Sprachgeschichte des Wortes „gut" in verschiedenen Sprachen führt nach Nietzsche zu den Begriffen „vornehm", „edel" im ständischen Sinn, die Sprachgeschichte des Wortes „schlecht" zu „schlicht", „gemein", „pöbelhaft". Der (soziale) Gegensatz „gut" – „schlecht" hat also ursprünglich nichts mit dem (moralischen) Gegensatz „unegoistisch" – „egoistisch" zu tun! Erst durch eine lange Entwicklung des Niedergangs der aristokratischen Schichten und der seelischen Verinnerlichung wurde aus „gut" im Sinne eines politisch-sozialen Vorrangs die Bezeichnung für einen psychisch-moralischen Vorrang, entsprechend aus „schlecht" im Sinne eines sozial niederen Ranges die Bezeichnung

Friedrich Nietzsche

für moralische Verwerflichkeit. Im Laufe dieser Entwicklung veränderten sich aber auch die Inhalte der beiden Begriffe „gut“ und „schlecht“ – durch einen Vorgang, den Nietzsche plakativ mit **„Sklavenaufstand der Moral“** bezeichnet. Was ist darunter zu verstehen?

Die unteren Schichten der frühen Gesellschaften versuchten nach Nietzsche, sich gegen die Unterdrückung und Gewalt der oberen Schichten dadurch zu schützen, dass sie sich zusammentaten und mit vereinten Kräften Widerstand zu leisten versuchten, was aber meist misslang. Größeren Erfolg hatte dagegen im historischen Rückblick die Strategie, die **alten aristokratischen Werte umzuwerten:** Alles, was bisher im aristokratischen Sinne als „gut“ galt – Reichtum, Kraft, Stolz, Rücksichtslosigkeit usw. –, wurde von den unterdrückten Schichten nun als moralisch „schlecht“ bezeichnet; sie hatten diese Eigenschaften ja tatsächlich nur als Unterdrückung und Ausbeutung kennen gelernt. Umgekehrt machten diese Sklavenschichten nun im wörtlichen Sinn *aus ihrer Not eine Tugend:* Was im aristokratischen Sinne als „schlecht“ galt – Armut, Entbehrung, Ohnmacht, Unterwerfung usw. – wurde nun unter neuen Namen als moralisch „gut“ bezeichnet:

Die Schwäche soll zum *Verdienste* umgelogen werden [...] und die Ohnmacht, die nicht vergilt, zur „Güte“; die ängstliche Niedrigkeit zur „Demut“; die Unterwerfung vor denen, die man hasst, zum „Gehorsam“ (nämlich gegen Einen, von dem sie sagen, er befehle die Unterwerfung, – sie heißen ihn Gott). Das Unoffensive des Schwachen, die Feigheit selbst, an der er reich ist, sein An-der-Tür-stehn, sein unvermeidliches Warten-müssen kommt hier zu guten Namen, als „Geduld“, es heißt auch wohl *die* Tugend; das Sich-nicht-rächen-Können heißt Sich-nicht-rächen-Wollen, vielleicht selbst Verzeihung [...] Auch redet man von der „Liebe zu seinen Feinden“ – und schwitzt dabei.

Friedrich Nietzsche: Zur Genealogie der Moral, S. 37.

Indem es den unteren Schichten im Laufe der Geschichte gelang, den Herren ihre Definition von „gut“ und „böse“ allmählich unterzuschieben – und am erfolgreichsten war darin nach Nietzsche das Christentum –, konnten sie ihre Lage verbessern und erträglicher gestalten: Die gesellschaftliche Unterdrückung wurde milder, das Strafsystem gerechter, dem Ruf nach rechtlicher und politischer Gleichheit wurde immer mehr nachgegeben, die Hilfe für die sozial Schwachen immer mehr verstärkt. Und für das verbleibende Leid blieb den unteren Schichten die Aussicht auf eine Belohnung für ihre Duldsamkeit im Jenseits:

[...] sie sagen [...], ihr Elend sei eine Auswahl und Auszeichnung Gottes, man prügele die Hunde, die man am liebsten habe; vielleicht sei dies Elend auch eine Vorbereitung, eine Prüfung, eine Schulung, vielleicht sei es noch mehr – etwas, das einst ausgeglichen und mit ungeheuren Zinsen in Gold, nein! in Glück ausgezahlt werde. Das heißen sie „die Seligkeit.“ [...] Sie heißen das „das jüngste Gericht“, das Kommen *ihres* Reichs, des „Reichs Gottes“.

Friedrich Nietzsche: Zur Genealogie der Moral, S. 37 f.

Nietzsche nennt das so entstandene moralische System eine **Moral des Ressentiments,** also eine Moral, die aus ohnmächtigem Hass, aus Neid und Rachsucht der Niederen gegen die Herren entstanden ist. Das ist Nietzsches Provokation: Der Kern der abendländischen, also der primär christlich geprägten Moral erweist sich als unmoralisch im Sinne eben dieser Moral! Unter dem Deckmantel dieser Moral verbergen sich niedere Affekte wie Hass, Neid und Rache der Unterdrückten gegen ihre Unterdrücker. Mit dem Christentum sind Schwäche und Ohnmacht an die Macht gekommen und prägen seit zweitausend Jahren die Entwicklung der europäischen Gesellschaften.

Soweit Nietzsches Begründung seiner ersten These, dass die herrschende abendländische Moral ihre Wurzeln im Nicht-Moralischen hat und Ausdruck gesellschaftlicher Machtverhältnisse ist. – Nun gut, könnte man an diesem Punkt sagen, wenn es sich auch so verhalten mag, so hat uns diese Entwicklung doch im Wesentlichen positive Resultate beschert: ein Rechtssystem, das Gerechtigkeit und Rechtssicherheit erstrebt, einen Staat, der seinen Bürgern demokratische Teilhabe ermöglicht, ein Sozialsystem, das den Menschen ein einigermaßen menschenwürdiges Dasein zu garantieren sucht, soziale Umgangsformen, die ein friedliches und gedeihliches Zusammenleben der Menschen ermöglichen. Was ist daran so schlecht? Um diese Frage zu beantworten, müssen wir zunächst Nietzsches Unterscheidung von „Herren-“ und „Sklavenmoral“ genauer betrachten.

2.2 „Herrenmoral“ und „Sklavenmoral“

„Der Sklavenaufstand der Moral“, so Nietzsche, „beginnt damit, dass das *Ressentiment* selbst schöpferisch wird und Werte gebiert: das Ressentiment solcher Wesen, denen die eigentliche Reaktion, die der Tat versagt ist, die sich nur durch eine imaginäre Rache schadlos halten. Während alle vornehme Moral aus einem triumphierenden Ja-sagen zu sich selber herauswächst, sagt die Sklaven-Moral von vornherein Nein zu einem ‚Außerhalb‘, zu einem ‚Anders‘, zu einem ‚Nicht-selbst‘: Und *dies* Nein ist ihre schöpferische Tat. [...] ihre Aktion ist von Grund aus Reaktion.“ (Genealogie, S. 26) Während also die „Vornehmen“ in Nietzsches Sinn ihre Werte aus einer Selbstbejahung heraus entwickeln, aus dem Bewusstsein der eigenen Stärke und der Freude am eigenen Dasein, entwickeln die „Niederen" ihre Werte aus der Verneinung der „vornehmen" Werte, aus dem Bewusstsein der eigenen Schwächen und aus dem Leiden an der eigenen Unterdrückung. Während die „Vornehmen" aus ihrem Machtgefühl heraus ihren Gegnern, den „Niederen", mit „mildem Hass" begegnen können, verzehren sich die „Niederen" in einem „bösen Hass" gegenüber ihren Herren; sie entwickeln Schläue, Verschlagenheit und Klugheit, während die Herren auf ihre Instinktsicherheit setzen und in Offenheit handeln.

Die Herren beurteilen nach den ständischen Kriterien „gut" und „schlecht": „Gut" sind die Wertvorstellungen, Charakterzüge und Verhaltensweisen des eigenen Standes, „schlecht" dagegen ist all das, was diesen widerspricht bzw. nicht entspricht – eben die Lebenswelt und Verhaltensweise der Sklaven. Die Sklaven dagegen verurteilen die Werte und Handlungen der Herren, unter denen sie ja leiden, als „böse" und entwickeln *erst daraus* ihre Vorstellung von „gut" – in Abgrenzung zu den Werten der Herren. Während also – so Nietzsche – „gut" bei den Herren etwas Primäres und Selbstgeschaffenes ist, ist „gut" bei den Sklaven etwas Sekundäres und Abgeleitetes. „Schlecht" wiederum ist für die Herren dasjenige, was sie nicht sein *wollen;* für die Sklaven aber das, was sie nicht sein *können.*

Stichpunktartig zusammengefasst lässt sich Nietzsches Auffassung von „Herrenmoral" und „Sklavenmoral" folgendermaßen gegenüberstellen:

„Herrenmoral"	**„Sklavenmoral"**
• originär: geschaffen aus der Bejahung des eigenen Selbst • Aktion aus Stärke • Identität *ex positivo* • Spiegel der eigenen Kraft • Offenheit und Instinktsicherheit • Lebensbejahung • Diesseitsorientierung	• sekundär: abgeleitet aus der Verneinung des anderen • Reaktion aus Schwäche • Identität *ex negativo* • Stilisierung der Not zur Tugend • Verschlagenheit und Schläue • Lebensverneinung • Jenseitsorientierung

Schon aus diesen Gegensätzen wird deutlich, warum Nietzsche bei der Beurteilung der Moral der Schwachen und Unterdrückten zu einem negativen Ergebnis kommen kann – dies sind, wohlgemerkt, Gegensätze, wie Nietzsche sie entwickelt! Er glaubt, sie historisch z. B. im Gegensatz von Römertum und Judentum festmachen zu können, wenn er schreibt: „Die Römer waren ja die Starken und Vornehmen, wie sie stärker und vornehmer bisher auf Erden nie dagewesen, selbst niemals geträumt worden sind; [...] Die Juden umgekehrt waren jenes priesterliche Volk des Ressentiments par excellence“ (Genealogie, S. 42). Das aus dem Judentum hervorgegangene Christentum habe den Sieg über Rom davongetragen und in der Folge Geschichte und Denken Europas bis zur Gegenwart geprägt – aus Nietzsches Sicht zu seinem Schaden.

Es muss nicht betont werden, dass Nietzsches Abgrenzung der beiden Formen von Moral willkürlich und einseitig ist und dass es nicht schwer ist, etwa in einem Vergleich der Ethik von Römertum und Christentum zu ganz anderen Wertungen zu kommen. Die meisten ethischen Positionen, die in diesem Buch vorgestellt werden, vertreten Werte, die Nietzsche zur „Sklavenmoral“ zählen würde; und Nietzsche macht dies der ganzen Ethik seit Sokrates zum Vorwurf! – Nietzsche liegt völlig richtig in seiner Analyse, dass viele moralische Werte die Funktion haben, die Schwachen, d. h. die von der Natur oder der Gesellschaft Benachteiligten, gegen die „Starken“ zu schützen: Moral ist immer *auch* der Versuch, Ungerechtigkeiten auszugleichen, dem so genannten „Recht des Stärkeren“ Grenzen zu setzen und so allen Menschen ein zumindest erträgliches Zusammenleben zu ermöglichen. Das Erstaunliche an Nietzsche ist, dass er zu einer derart einseitigen, derart **negativen Bewertung der herkömmlichen Moral** gelangt! Um dies zu verstehen, müssen Nietzsches Menschenbild und seine Geschichtsauffassung näher betrachtet werden.

2.3 Die Vision vom Übermenschen

Nietzsche denkt hoch vom Menschen – genauer gesagt von den *Möglichkeiten* des Menschen, von dem **Potenzial,** das in ihm steckt: In der „Genealogie der Moral“ schreibt er schwärmerisch, dass mit der Entstehung und Entwicklung der menschlichen Seele „auf Erden etwas so Neues, Tiefes, Unerhörtes, Rätselhaftes, Widerspruchsvolles und Zukunftsvolles gegeben war, dass der Aspekt der Erde sich damit wesentlich veränderte. In der Tat, es brauchte göttliche Zuschauer, um das Schauspiel zu würdigen, das damit anfing und dessen Ende durchaus noch nicht abzusehen ist, – ein Schauspiel zu fein, zu wundervoll, zu paradox, als dass es sich sinnlos-unvermerkt auf irgendeinem lächerlichen Gestirn abspielen dürfte! Der Mensch zählt seitdem mit unter den unerwartetsten und aufregendsten Glückswürfen, die das ‚große Kind‘ des Heraklit, heiße es Zeus oder Zufall, spielt.“ (S. 77 f.) Doch ist dies für Nietzsche nur ein *Potenzial,* das zwar im Menschen angelegt, aber noch nicht ausgeschöpft und verwirklicht ist, denn er fährt fort, dass der Mensch „für sich ein Interesse, eine Spannung, eine Hoffnung, beinahe eine Gewissheit [erweckt], als ob mit ihm sich etwas ankündige, etwas vorbereite, als ob der Mensch kein Ziel, sondern nur ein Weg, ein Zwischenfall, eine Brücke, ein großes Versprechen sei.“ (S. 78)

„Werde, der du bist“ ist einer der ältesten Sätze der Philosophie. Der Satz geht davon aus, dass der Mensch nicht von Haus aus dasjenige in sich verwirklicht vorfindet, was in ihm angelegt ist, sondern dass er selbst sein Potenzial erst erkennen und dann verwirklichen muss, um sich selbst zu verwirklichen. Für Nietzsche ist der Mensch bzw. die Menschheit insgesamt eine Übergangserscheinung zwischen Tierwelt und dem, was in ihm angelegt, aber noch nicht verwirklicht ist: Der Mensch steht zwischen dem Affen und demjenigen, was Nietzsche den **Übermenschen** nennt. In seinem Werk „Also sprach Zarathustra“ legt Nietzsche seine Vision der Weiterentwicklung des Menschen zum Übermenschen dar, wenn er Zarathustra verkündigen lässt:

> Ich lehre euch den Übermenschen. Der Mensch ist etwas, das überwunden werden soll. [...] Ihr habt den Weg vom Wurme zum Menschen gemacht, und vieles ist in euch noch Wurm. Einst wart ihr Affen, und auch jetzt noch ist der Mensch mehr Affe, als irgendein Affe. [...] Seht, ich lehre euch den Übermenschen! Der Übermensch ist der Sinn der Erde. Euer Wille sage: der Übermensch *sei* der Sinn der Erde.
>
> *Friedrich Nietzsche: Also sprach Zarathustra, S. 279 f.*

Aus diesem Zitat wird zweierlei deutlich: Nietzsche sieht die Möglichkeit einer **Weiterentwicklung des Menschen** durch eine wie auch immer geartete Steigerung seiner Fähigkeiten und Anlagen; und Nietzsche sieht in dieser Weiterentwicklung den „Sinn der Erde“, also den **Sinn der menschlichen Existenz und Geschichte.** Für Nietzsche – wie für die meisten Philosophen seit dem Ende des 18. Jahrhunderts – ist eine Sinngebung des Menschen durch Gott nicht mehr möglich, nachdem die Religion ihre Überzeugungskraft verloren hat. Nietzsche kann aber auch keine Sinngebung in den metaphysischen Konstruktionen finden, welche die Philosophie dem modernen Menschen als – wie Nietzsche kritisiert – Religionsersatz anbietet. In bestimmten Phasen seiner philosophischen Entwicklung geht Nietzsche dann auch konsequent von der Sinn- und Ziellosigkeit des gesamten Seins aus.

Aber auch für Nietzsche scheint es schwer gewesen zu sein, sich mit dem Faktum der Sinnlosigkeit des Daseins abzufinden, denn immer wieder tauchen in seinem Werk Wendungen auf, die dieser grundsätzlichen Sinnlosigkeit entgegentreten. Das oben angeführte Zitat aus dem „Zarathustra“ macht die Problematik der Sinnfrage durch die Doppelung der Formulierung – „Der Übermensch ist der Sinn der Erde [...] Der Übermensch *sei* der Sinn der Erde“ – deutlich: Einer Seinsaussage wird ein Imperativ nachgeschoben, sodass unentschieden bleibt, ob die Höherentwicklung des Menschen nun tatsächlich der Sinn des Daseins *ist* oder – als ethische Forderung – *sein soll.*

Nietzsche hat von der möglichen Weiterentwicklung des heutigen Menschen, des „letzten Menschen", wie er ihn nennt, hin zum Übermenschen oft nur in Andeutungen gesprochen. Manche seiner Äußerungen zeigen, dass Nietzsche unter dem Einfluss der Evolutionstheorie teilweise durchaus **biologistisch** an eine Züchtung und Auslese der Menschen gedacht haben mag – darauf haben sich die Rassentheoretiker des Nationalsozialismus berufen. Aber mehr noch geht es ihm um die Aufforderung zur entschlossenen **Selbstgestaltung des Menschen:** Der Mensch soll sich und sein Leben in die eigene Hand nehmen und das Versprechen, das er sich selbst ist, auch halten, indem er seine Fähigkeiten mit all seinen Kräften zu steigern sucht, sodass eine gelungene Existenz daraus wird. Daraufhin ist zu fragen, welche ethischen Konsequenzen Nietzsches Ansatz hat. Zuvor muss aber vor dem Hintergrund der Vision vom Übermenschen die Frage beantwortet werden, warum Nietzsche zu einer dermaßen negativen Beurteilung der christlich-abendländischen Moral kommt.

2.4 Nietzsches Elitedenken

Nietzsche sieht im Menschen ein ungeheures Potenzial von Möglichkeiten angelegt, die – einmal realisiert – zur Entwicklungsstufe des „Übermenschen" führen würden. Nur ist dieser Weg nicht für alle Menschen begehbar! Die gerade verwendete Formulierung „Potenzial *im Menschen*" ist zu abstrakt. Nietzsche sieht nur in einer *Minderheit* von Menschen die Ausgangsbasis für eine Weiterentwicklung gegeben. Diese **Elite,** die körperlichen, intellektuellen und artistischen Spitzen einer Generation, gilt es zu fördern, und um ihretwillen muss die große Masse der Menschen bereit sein, ihre Arbeitskraft, Energie und wenn nötig auch ihr Leben zu opfern. Dieses Elitedenken zieht sich durch sämtliche Schriften Nietzsches – und es ist auch der Grund dafür, warum er die christlich-abendländische Moral verdammt.

Diese Moral nämlich geht von der grundsätzlichen Gleichheit der Menschen aus – sei es die Gleichheit vor Gott, die Gleichheit vor dem Gesetz oder die politische Gleichberechtigung. Sie beruht auf den Prinzipien der Nächstenliebe und auf dem Mitleid und fordert dazu auf, den Kranken, den Schwachen, den von Natur oder Gesellschaft Benachteiligten zu helfen. Sie fordert von der Gesellschaft Gerechtigkeit ein und verlangt sozialen Ausgleich und Chancengleichheit. Sie will den Schwächeren vor dem vermeintlichen Recht des Stärkeren schützen und verurteilt zu starke Macht und zu großen Reichtum. All dies aber, so ist Nietzsches feste Überzeugung, fördert das Mittelmaß, behindert die freie Entwicklung der Starken, Fähigen, Begabten und zerstört in der Konsequenz die Weiter- und Höherentwicklung der Menschheit.

„Was macht heute *unsern* Widerwillen gegen ‚den Menschen'?" fragt Nietzsche und gibt sich selbst die Antwort: „dass das Gewürm ‚Mensch' im Vordergrund ist und wimmelt; dass der ‚zahme Mensch', der Heillos-Mittelmäßige und Unerquickliche bereits sich als Ziel und Spitze, als Sinn der Geschichte, als ‚höheren Menschen' zu fühlen gelernt hat." (Genealogie, S. 32 f.) Und er fleht:

> [...] gönnt mir einen Blick nur auf Etwas Vollkommenes, zu-Ende-Geratenes, Glückliches, Mächtiges, Triumphierendes [...] Auf einen Menschen, der *den* Menschen rechtfertigt, auf einen komplementären und erlösenden Glücksfall des Menschen, um desswillen *man den Glauben an den Menschen* festhalten darf! [...] Denn so steht es: die Verkleinerung und Ausgleichung der europäischen Menschen birgt *unsre* größte Gefahr, denn dieser Anblick macht müde [...] Wir sehen heute Nichts, das größer werden will, wir ahnen, dass es immer noch abwärts, abwärts geht, in's Dünnere, Gutmütigere, Klügere, Behaglichere, Mittelmäßigere, Gleichgültigere [...]
>
> *Friedrich Nietzsche: Zur Genealogie der Moral, S. 33 f.*

Dies ist nur eine Stelle von zahllosen in Nietzsches Werk, in denen er seinen Ekel vor dem kulturellen und intellektuellen Mittelmaß seiner Zeit kundtut. Die Moral der Gerechtigkeit und Gleichheit ist ihm Ursache dieser Entwicklung hin und hinab zum Mittelmaß, und das Ausmaß seines Hasses auf diese Moral entspringt der Tiefe seines Ekels vor dieser Entwicklung. Wie vielen Denkern vor ihm dient ihm die griechische und römische Antike als positives Gegenbild zur Gegenwart, aber Nietzsche feiert darüber hinaus die archaische Grausamkeit der Eroberervölker – als Sieg des Starken und Kräftigen über das Schwache und Mittelmäßige. So kann Nietzsche sich dann zu Formulierungen wie folgender versteigen: „Die Größe eines ‚Fortschritts' *bemisst* sich [...] nach der Masse dessen, was ihm alles geopfert werden musste; die Menschheit als Masse dem Gedeihen einer einzelnen *stärkeren* Spezies Mensch geopfert – das *wäre* ein Fortschritt" (Genealogie, S. 69). Dies ist eine von Nietzsches berüchtigten Formulierungen, welche – vor allem, wenn sie aus dem Zusammenhang gerissen werden – Nietzsche schnell an die Seite von Rasse- und Vernichtungsdenkern rücken.

Solche Formulierungen sind verräterisch und gefährlich, auch wenn sie teilweise aus Nietzsches Pathos, seinem Willen zur Übertreibung und der Größe seiner Wut und Verzweiflung über eine gesellschaftlich-kulturelle Entwicklung, die ihm als Abstieg erscheint, zu erklären sind. Sie lenken aber mehr ab von dem *eigentlichen* Problem, das Nietzsches Elitedenken darstellt: Nietzsche verurteilt die christliche Moral des Mitleids, die Demokratie und den Sozialstaat deshalb so vehement, weil er die Selbststeigerung und Höherentwicklung des Menschen nicht mit einer auf Ausgleich und Solidarität beruhenden Gesellschaft zusammendenken konnte. Die Weiterentwicklung des einzelnen Menschen bzw. einer Minderheit von besonders Befähigten war ihm nur denkbar in Form einer Abgrenzung von der Masse – durch das **„Pathos der Distanz"**, wie er es nennt. Und auch rein ökonomisch gesehen war es für Nietzsche notwendig, dass die breite Masse der weniger Begabten ihre Arbeitskraft in den Dienst der Elite stellt, sodass diese all ihre Aufmerksamkeit und Energie in die Ausbildung ihrer Anlagen stecken kann.

Tatsächlich existiert ein Spannungsverhältnis zwischen dem demokratischen Anspruch der allgemeinen Förderung und Bildung *aller* und dem Anspruch der individuellen Förderung von *besonders Befähigten,* das sich zum Beispiel in der aktuellen Bildungsdiskussion widerspiegelt: Der Staat ist verpflichtet, für die Bildung und Ausbildung aller Kinder und Jugendlichen zu sorgen. Inwieweit und in welchem finanziellen Umfang ist er aber dazu berechtigt oder gar verpflichtet, besonders begabte Schülerinnen und Schüler sowie Studentinnen und Studenten besonders zu fördern – durch die Einrichtung von Hochbegabtenklassen, die Gründung von Eliteuniversitäten, die Vergabe von Stipendien? Solche Einrichtungen verschlingen finanzielle Mittel, welche dem ohnehin engen Bildungsetat entzogen werden müssen – zum Nachteil der Breitenbildung. In unserer Gesellschaft wird versucht, einen **Kompromiss** zwischen beiden Ansprüchen zu finden, was auch mehr oder weniger gelingt. Für Nietzsche ist ein solcher Kompromiss nicht denkbar gewesen, und darum ist ihm die Elite alles und die Masse nichts.

Es bleibt die Frage, welche Elemente aus Nietzsches Überlegungen zu Moral und Menschenbildung wir trotz seiner Einseitigkeiten, seiner Übertreibungen und seiner Abgründigkeiten für eine zeitgemäße Ethik übernehmen und fruchtbar machen können.

2.5 Der Wert von Nietzsches Philosophie für eine zeitgemäße Ethik

In den obigen Abschnitten konnte nur ein kleiner Einblick in Nietzsches Gedankenwelt und seine Philosophie mit all ihren Wahrheiten und Irrtümern gegeben werden. Es kristallisieren sich dennoch zumindest zwei Momente heraus, die für eine zeitgemäße Ethik fruchtbar gemacht werden können: Sein Konzept des souveränen Menschen und seine Forderung nach Selbstbildung des Menschen.

Nietzsche fordert in seinen Schriften immer wieder den **souveränen Menschen,** der autonom denkt und handelt, sein Leben selbst entwirft und sich seine eigenen Regeln gibt. Er lebt ganz in dieser Welt und für diese Welt (nicht für ein Jenseits), schafft sich seine Normen und Werte selbst und gibt seinem Leben einen selbst geschaffenen Sinn. In der „Genealogie der Moral" feiert Nietzsche das *„souveräne Individuum*, das nur sich selbst gleiche, das von der Sittlichkeit der Sitte wieder losgekommene, das autonome übersittliche Individuum (denn ‚autonom' und ‚sittlich' schließt sich aus), kurz den Menschen des eignen unabhängigen langen Willens [...] Der ‚freie' Mensch, der Inhaber eines langen unzerbrechlichen Willens, hat in diesem Besitz auch sein Wertmaß: von sich aus nach dem andern hinblickend, ehrt er oder verachtet er." (Genealogie, S. 48 f.)

Auch dieses Zitat, mehr noch der ganze Zusammenhang, dem es entnommen ist, enthält viel Fragwürdiges. Für uns bleibt aber Nietzsches Forderung nach **Autonomie und Selbstbestimmung** als positiv festzuhalten: Gerade in der heutigen Zeit, in der wir *einerseits* losgelöst von traditionellen Bindungen und Wertvorstellungen mehr denn je auf uns selbst gestellt sind (die Soziologie spricht von „Individualisierung"), in der wir *andererseits* mit so vielfältigen und sich zum Teil widersprechenden moralischen Forderungen, Sinnangeboten und Lebensmodellen konfrontiert sind, ist es besonders wichtig, die kritische Fähigkeit zur *eigenständigen* Prüfung dieser Angebote zu entwickeln – um auf der Basis dieser Prüfung eigene Wertmaßstäbe zu finden und das eigene Leben zu gestalten. Dabei müssen sich Autonomie und Moral nicht ausschließen – an die Stelle von heteronomen, also fremdbestimmten und unkritisch übernommenen Wertvorstellungen sollen jedoch autonome, also selbstbestimmte und kritisch geprüfte Wertvorstellungen treten. Die herkömmliche Ethik wird dadurch nicht überflüssig: Sie bekommt die Aufgabe, dem einzelnen Menschen Moralkonzepte darzulegen und sie zu erläutern, auf die Konsequenzen hinzuweisen, die bestimmte ethische Grundentscheidungen nach sich ziehen, und Fähigkeiten zur Prüfung von Moral- und Sinnangeboten zu vermitteln. In diesem Sinne kann Ethik die Entwicklung des Einzelnen hin zur personalen Autonomie fördern und unterstützen.

In engem Zusammenhang mit Nietzsches Konzept des souveränen Menschen steht seine Forderung nach lebenslanger **Selbstbildung und Selbstgestaltung** des Menschen. Das Dasein des Einzelnen bekommt erst dadurch einen Sinn, dass er seine Anlagen und Fähigkeiten erkennt und dann all seine

Kraft und Energie einsetzt, um diese Anlagen und Fähigkeiten weiterzubilden und sie, so weit es geht, zu steigern. Nichts ist Nietzsche mehr zuwider als die Selbstzufriedenheit des Menschen mit dem einmal Erreichten: Im „Zarathustra" ist ihm diese Selbstzufriedenheit geradezu ein Kennzeichen für das „Verächtlichste", was es gibt, den „letzten Menschen" – womit er die Masse seiner Zeitgenossen meint: Sie haben es in einem bescheidenen Rahmen zu Wohlstand, Bildung, ja zu einem gewissen Glück gebracht und sind nun nicht bereit, das Erreichte für etwas Neues aufs Spiel zu setzen. Zarathustra dagegen fordert: „Es ist an der Zeit, dass der Mensch sich sein Ziel stecke. Es ist an der Zeit, dass der Mensch den Keim seiner höchsten Hoffnung pflanze. Noch ist sein Boden dazu reich genug. [...] Wehe! Es kommt die Zeit, wo der Mensch nicht mehr den Pfeil seiner Sehnsucht über den Menschen hinaus wirft, und die Sehne seines Bogens verlernt hat zu schwirren!" (Also sprach Zarathustra, Vorrede, Abschn. 5) Nietzsche fordert den Menschen dazu auf, diese Sehnsucht nach Selbstvervollkommnung nicht verkümmern zu lassen, das Höchste von sich zu fordern und seine Ziele dann mit aller Kraft zu verfolgen. In dieser Ausbildung der „autoplastischen Kräfte" (R. Safranski), der Kräfte zur Selbstformung und -gestaltung, kann der Einzelne und kann die Menschheit *für sich* den Sinn des Daseins finden.

Die beiden Momente von Nietzsches Denken, die hier in ihrer Bedeutung für eine zeitgemäße Ethik hervorgehoben wurden, seine Aufforderung zu moralischer Autonomie und zu eigenverantwortlicher Selbstgestaltung, gehen zusammen in der Forderung, die Nietzsche in seinem Werk „Menschliches, Allzumenschliches" formuliert hat: *„Du sollst Herr über dich werden."*

Zusammenfassung: Friedrich Nietzsche – Ethik der Selbstbestimmung

Für Nietzsche ist die christlich-abendländische Moral der Ausdruck gesellschaftlicher Machtverhältnisse; sie ist entstanden aus dem Ressentiment, d. h. dem ohnmächtigen Hass der Unterdrückten gegen ihre Herren. Nietzsche bezeichnet sie als **Sklavenmoral** und stellt sie der ursprünglichen **Herrenmoral** gegenüber.
Nietzsches negative Bewertung des abendländischen Moralsystems beruht auf seiner Überzeugung, dass diese Moral das menschliche Mittelmaß fördert und die Entwicklung einer gesellschaftlich-geistigen Elite verhindert; eine solche Entwicklung allein aber kann zur **Vervollkommnung des Menschen** hin zum **„Übermenschen"** beitragen, dessen Herausbildung der alleinige Sinn der menschlichen Existenz und Geschichte ist. Den einzelnen Menschen fordert Nietzsche in diesem Sinne zur kritischen **moralischen Autonomie** und zur lebenslangen **Selbstgestaltung** und Selbstvervollkommnung auf.

3 Karl Jaspers – Existenz im technischen Zeitalter

Kierkegaards und Nietzsches Einwände gegen den herrschenden geschichtsphilosophischen Optimismus wurden zu ihrer Zeit nicht verstanden und daher abgelehnt; von der historischen Entwicklung selbst wurden sie allerdings bestätigt: Die Verwissenschaftlichung der Erfahrungen widerspricht zunehmend dem – zum Teil religiös bestimmten – vorwissenschaftlichen Weltverständnis; der kapitalistische Prozess zertrümmert die überkommenen Lebensformen und vernichtet die damit verbundenen Produktionsweisen (Auflösung der Großfamilie, Verstädterung, Fabriken, Entstehung der Massengesellschaft).

Um den gesellschaftlichen Zusammenhang wieder herstellen zu können, soll der Staat diese Auflösungs- und Zersetzungsbewegungen durch Vermittlungs- und Verwaltungshandlungen auffangen:

> Die Allianz von Wissenschaft, Technik, Kapital und nationalem Staat löst den einheitlichen *ordo* der christlichen Kultur auf und schließt die „entzauberte" Welt zugleich in das „stählerne Gehäuse" der Moderne ein. Freigesetzt aus der religiös gebundenen Sittlichkeit des traditionellen Lebens und im selben Augenblick schon der historisch rigidesten Verwertung aller Lebenstätigkeiten unterworfen, sieht das moderne Individuum sich in die Situation gestellt, gleichzeitig rückhaltlos vereinzelt und ausnahmslos zur Masse nivelliert zu werden. Spätestens mit dem Ausbruch des Ersten Weltkriegs im Jahre 1914 wird diese tendenziell schizophrene Lage zur Erfahrung der meisten. Zu ihrer Zeit noch unzeitgemäß, werden Kierkegaard [...] und Nietzsche nun vielerorts als die ersten Zeugen einer katastrophisch entfalteten Modernität [...] entdeckt.
>
> *Thomas Seibert: Existenzphilosophie, S. 72 f.*

3.1 Biografie

Starken Einfluss gewinnt das Denken von Kierkegaard und Nietzsche auf den deutschen Philosophen Karl Jaspers (1883–1969). In der Auseinandersetzung mit diesen beiden Denkern wird ihm deutlich, dass ein aktuelles Philosophieren von der Krise des modernen Menschen ausgehen müsse, der durch die Herrschaft der Technik in der modernen Massengesellschaft verloren geht.

Jaspers studierte zuerst Medizin und Psychiatrie und wurde 1916 zum Professor der Psychologie an die Universität Heidelberg berufen. Mit seiner Schrift „Psychologie der Weltanschauungen" wechselte er aber zur Philosophie über und erhielt einen Lehrstuhl in Heidelberg. Er lebte sehr zurückgezogen, da ihm eine Herzkrankheit jede körperliche Anstrengung verbot. Die sich daraus ergebende Einsamkeit zwang ihn geradezu, ständig über die Existenz des Menschen nachzudenken. Unablässig kreiste sein Denken um den Menschen, seine Grunderfahrungen, seine Handlungen, seine Welt, sein alltägliches Verhalten, seine Gefährdungen.

Karl Jaspers

Da Jaspers mit einer Jüdin verheiratet war, musste er ständig Repressalien und die Deportation seiner Frau fürchten. 1937 bekam Jaspers Lehr- und Publikationsverbot. Von wenigen Freunden unterstützt lebte er mit seiner Frau in Heidelberg. Das Ehepaar Jaspers entging dem Abtransport in ein Konzentrationslager nur, weil die Amerikaner Heidelberg einnahmen. Von ihnen wird Jaspers auch nach dem Ende der nationalsozialistischen Diktatur zum ersten Senator der Heidelberger Universität ernannt. Weil er aber mit der Entwicklung im Nachkriegsdeutschland nicht einverstanden war, ging er 1948 an die Universität Basel, wo er bis zu seinem Ruhestand 1961 lehrte. Bitter vermerkt er darüber in seiner Autobiografie: „Am 1. April wurde Heidelberg von den Amerikanern besetzt. Ein Deutscher kann es nicht vergessen, dass er mit seiner Frau sein Leben den Amerikanern verdankt gegen Deutsche, die im Namen des nationalsozialistischen deutschen Staates ihn vernichten wollten.“[27]

3.2 Philosophie in Abgrenzung zur Wissenschaft

Von der Naturwissenschaft Medizin herkommend beschäftigt sich Jaspers zeit seines Lebens mit dem Verhältnis zwischen Wissenschaft und Philosophie. Dabei setzt er sich auch mit der zeitgenössischen Philosophie, wie sie an den Universitäten gelehrt wird, auseinander, die seiner Meinung nach zu Unrecht Anspruch erhebt, Philosophie mit der Exaktheit und den Methoden einer Naturwissenschaft betreiben zu können. Für Jaspers gehören Wissenschaft und Philosophie zusammen, Philosophie ist aber auch keine „Überwissenschaft“, sondern ist anderes Denken.

27 Karl Jaspers: Philosophische Autobiographie, in: Karl Jaspers: Werk und Wirkung, Piper Verlag: München 1963, S. 87.

Die Wissenschaften ließen die Herrlichkeit des Wissenkönnens erfahren, das Fortschreiten der Erkenntnis, eine Weise der Gewissheit, die sonst nirgends zu haben ist. Wer Philosophie begeht – das blieb mir bis heute selbstverständlich –, der begeht auch Wissenschaft. Nachdem sich die Wissenschaften entwickelt haben und wissenschaftliche Denkungsart in der Bewusstheit methodischen Wissens zugänglich ist, ist eine Philosophie, die sie umgeht und ignoriert, ebenso unwahr, wie eine Denkungsart unwahrhaftig ist, die in Gestalt von Wissenschaft das haben will, woran dem Menschen alles gelegen ist.

Denn als die Grenzen der Wissenschaft methodisch bewusst wurden, wiederholte sich die alte Erfahrung, dass wissenschaftliche Erkenntnis nicht das Leben zu führen vermag, dass sie nicht einmal ihren eigenen Sinn, nämlich dass sie da sein soll, begründen kann, dass sie vom Standpunkt der Philosophie her gesehen Zerstreutheit [im Sinne von verschiedenen Disziplinen] ist.

Karl Jaspers: Philosophie I, S. XXV.

In diesem Zusammenhang muss geklärt werden, was Jaspers unter moderner Wissenschaft versteht.

- Wissenschaft ist **methodische Erkenntnis,** d. h. dass sich der Wissenschaftler der Methode bewusst ist, durch die er Wissen erwerben kann.
- Wissenschaft besitzt darüber hinaus nahezu zwingende Gewissheit der Erkenntnis und diese kann **von jedem Verstand nachvollzogen** werden.
- Die moderne Wissenschaft ist **universal,** sie kann alles zum Untersuchungsgegenstand machen.
- Sie ist nie fertig in der Erkenntnis, der Fortschritt ist **grenzenlos.**
- **Radikalität** des Fragens und Radikalität der Kritik gehören zum Wesen der Wissenschaft.
- Wissenschaft strebt den allseitigen **Zusammenhang** in allen Bereichen an.

Was bedeutet dagegen Philosophie für Jaspers? Da Wissenschaft immer an Gegenständlichkeit orientiert ist, immer in der Relativität ihrer Erkenntnisse bleibt, spezifische Sacherkenntnis ist, gerät sie an eine Grenze. Sie kann keine Auskunft über die Ziele des Lebens, über richtiges Handeln und über das Sein geben: „Philosophie verlangt ein anderes Denken, ein Denken, das im Wissen zugleich mich erinnert, wach macht, zu mir selbst bringt, mich verwandelt.“[28]

28 Karl Jaspers: Existenzphilosophie. Drei Vorlesungen, Verlag de Gruyter: Berlin ^{4}1974, S. 10.

3.3 Die Existenzphilosophie

Auf Jaspers geht der Begriff „Existenzialismus“ zurück: Jeder Mensch befindet sich in Situationen (Umwelt, Gesellschaft, Geschichte), in denen er sich verhält: Er lässt sich treiben, sucht zu gestalten, muss erleiden oder entzieht sich und tritt damit in eine andere Situation ein. Situationen aber, die sich nicht wandeln, denen man sich nicht entziehen kann, nennt Jaspers **Grenzsituationen.** Dazu gehören Leiden, Schuld, die man auf sich lädt, Kampf und Tod. In solchen Grenzsituationen beginnt das Philosophieren, weil der Mensch sich befragt, wer er ist, wohin er gehört und wohin er geht. Während Wissenschaft immer an Gegenstände gebunden ist, richtet sich das beginnende Philosophieren auf das eigentliche Sein, das jenseits aller Gegenständlichkeit ist. Jaspers nennt das **„transzendieren“** (lat. *transcendere:* überschreiten). Felder des Transzendierens sind vor allem das Nachdenken über die eigene Existenz und über das Transzendente, das man auch mit Gott beschreiben kann.

Im Nachdenken über die Existenz stößt Jaspers zuerst auf das Problem Freiheit. Biologie, Psychologie und Soziologie beschreiben die Grenzen des Menschen, aber frei ist der Mensch im Handeln, frei ist er in der Selbstentfaltung und frei ist er in der Wahl seiner Entscheidung. Und wählt der Mensch diese Freiheit, dann wählt er sich und schafft sein eigenes Wesen. Er ist nicht nur Ursprung seiner Handlungen, sondern wird er selbst. Das Wesen des Menschen ist seine Existenz, d. h. der Mensch ist offen in seinen Möglichkeiten und besitzt die Freiheit zum Entwurf seiner selbst. Da es kein Vorbild gibt, muss der Mensch sich selbst entwerfen:

> Der denkende Mensch sucht sich seinem Sein auf den Grund zu gehen. Mittel dazu ist das Bewusstsein des Menschen, das ihm eine Sonderstellung im Sein gibt. Bewusstsein heißt, sich der Welt der Gegenstände, den anderen Menschen und sich selbst stellen:
>
> Weil Dasein Bewusstsein ist und ich als Bewusstsein da bin, sind für mich die Dinge nur als Gegenstände des Bewusstseins. Alles, was für mich ist, muss ins Bewusstsein treten [...] Daseinsanalyse ist Analyse des Bewusstseins.
>
> *Karl Jaspers: Philosophie I, S. 7.*

Die Existenz des Menschen vollzieht sich in endlicher „Situiertheit“, die durch drei Aspekte gekennzeichnet ist: Der Mensch ist ins Sein geworfen, das mit dem Tode endet. Und das In-der-Welt-Sein bestimmt Jaspers (wie Kierkegaard) als Geschichtlichkeit. Diese definiert Jaspers als **Einheit von Dasein und Existenz.** Das Dasein ist objektiv (für alle geltend), zeitlich bestimmbar und durch Notwendigkeit bestimmt. Die Existenz ist subjektiv und durch die Freiheit der Möglichkeit und Entscheidung gekennzeichnet.

Wie bei Kierkegaard steht der Mensch aber vor einer Grundentscheidung: Will er ein durchschnittliches, unpersönliches, allgemeines Leben führen wie viele andere auch (ästhetischer Standpunkt bei Kierkegaard) oder sucht er bewusst sich und seine Möglichkeiten und steht zur Selbstgestaltung in der freien Entscheidung seiner geschichtlichen Existenz (ethischer Standpunkt bei Kierkegaard)? Erst wenn er so gewählt hat, kann er zwischen dem moralisch Guten und dem Verwerflichen unterscheiden.

Jaspers erläutert – ausgehend vom Bewusstsein – die Situation desjenigen, der sich nicht für sich als subjektive Existenz entscheidet, sondern, wie er es nennt, in der **„Uneigentlichkeit"** verharrt.

Das Dasein des Bewusstseins als Wirklichkeit in der Zeit ist unablässiges Getriebensein zur Befriedigung vielfältigen Begehrens. Aus der Natur herausgehoben durch Wissen und durch die Möglichkeit des Wählens hat es den Tod vor Augen, den es um jeden Preis zu meiden sucht. Der Trieb, sein Dasein zu erhalten, lässt es Angst vor Bedrohungen erfahren und deren Art erfassen, um sich ihnen zu widersetzen. Es sucht Lust im Daseinsgenuss und im Gefühl der Daseinserweiterung, für die es sich täglich müht. In Erwartung des Künftigen denkt es an ferne Möglichkeiten, Ziele und Gefahren. Sorge, entsprungen in der Reflexion auf das Kommende, zwingt, Zukünftiges zu sichern. Der grenzenlose Lebenswille und die Machtinstinkte des Daseins verlangen ihre Befriedigung im Überwinden anderer und im Genuss der eigenen Geltung im Spiegel der Umwelt. Es ist, als ob es erst darin sein eigentliches Daseinsbewusstsein hätte. Jedoch mit allem nur einen Augenblick befriedigt, drängt es weiter. Mit nichts eigentlich zufrieden, erreicht es kein Ziel, sondern hört mit seinem Tode auf.

Karl Jaspers: Philosophie I, S. 10 f.

Wer nur dieses Leben gelten lassen will, wird ein Leben führen, das nicht von Vernunft gesteuert ist, sondern vom Trieb, d. h. ein Leben, das sich dem Instinkt überlässt und das Willkür und das Recht des Stärkeren akzeptiert. Wählt ein Mensch aber den Weg der Vernunft, wählt er sich selbst; er will sich bewusst verwirklichen – Jaspers nennt das **„Eigentlichkeit"** – und schließt Wahlmöglichkeiten aus. Damit erfährt er „Schuld" in dem Sinne, dass er andere Entscheidungen nicht trifft. Diese Schuld ist nicht moralisch gemeint, sondern existenziell:

Dadurch, dass ich tätig das Leben ergreife, nehme ich den anderen weg, verletze ich durch meine ausschließliche Verwirklichung im Zurückweisen mögliche Existenz. Erschrecke ich vor dieser Form meines Tuns, so kann ich wohl denken, die Schuld zu vermeiden, indem ich, nicht eintretend in die Welt, gar nichts tue; [...] Aber Nichthandeln ist selbst ein Handeln, nämlich Unterlassen [...] Also ob ich handle oder nicht handle, beides hat Folgen, in jedem Falle gerate ich unvermeidlich in Schuld.

Karl Jaspers: Philosophie II, S. 247.

Trotzdem ist der Mensch in seiner Freiheit des Handelns, des sich Selbstentfaltens und in seiner Wahlfreiheit auf die Freiheit ausgerichtet. Nach Jaspers muss dieser Freiheit aber Wissen und Rationalität zugrunde liegen. Dann erst, wenn das Ich Ursprung seiner Handlungen ist, schafft sich das Ich sein eigenes Wesen.

Jaspers Existenzbegriff

Dasein des Menschen
bestimmt durch biologische, psychologische, soziale, politische und historische Determinanten
Wahlmöglichkeit des Einzelnen

Existenz der Uneigentlichkeit
- Triebsteuerung
- Daseinserhalt
- Lust und Daseinsgenuss
- Machtausübung über andere

keine Erfahrung der existenziellen Selbstbestimmung: Schuld durch die Unterlassung der Wahl einer bewussten Existenz

Existenz der Eigentlichkeit
- Vernunftsteuerung
- Wahlmöglichkeit der Existenz
- Erkenntnisgewinn (vor allem in Grenzsituationen)
- Kommunikation mit anderen

bewusste Erfahrung der eigenen Existenz: Schuld durch den Akt des Auswählens selbst

3.4 Die Transzendenz

Jaspers' Verhältnis zum religiösen Glauben ist vielschichtig. Grundsätzlich widerspricht aber der Absolutheitsanspruch der Religion dem **Freiheitsgedanken** von Jaspers. Religion lässt außerhalb ihrer Lehre keine andere Welterklärung zu. So ist für Jaspers in seinen Auseinandersetzungen mit dem Christentum Christus nur ein maßgebender Mensch wie Sokrates, Buddha oder Konfuzius.

Jaspers macht sich aber Gedanken über das Wesen des Seins, das allem zugrunde liegt. Er nennt es Transzendenz, von der es keine Vorstellung gibt und die mit keiner Sprache zu beschreiben ist. Nur in Chiffren (Reales, Vorgestelltes, Gedachtes) wird das Transzendente – zumeist in Grenzsituationen – erfahrbar:

Welt ist Dasein, das als jeweils bestimmtes Dasein von Objekten mir vorkommt, und das ich bin als empirisches Dasein; Welterkenntnis ist gegenständlich, sodass die Sache als Objekt vor Augen steht, das All der Welt ist jedoch kein Gegenstand und kein Ganzes. Vom Sein, das als es selbst ungegenständlich ist, habe ich nur eine erhellende Vergewisserung in inadäquater Vergegenständlichung. Dieses ungegenständliche Sein ist die *Existenz,* wenn es mir in eigenem Ursprung gegenwärtig werden kann dadurch, dass ich es selbst bin; es heißt *Transzendenz,* wenn es in gegenständlicher Gestalt der Chiffre, aber nur für Existenz erfassbar, das Sein ist.

Karl Jaspers: Philosophie I, S. 28.

Jaspers definiert Transzendenz als das **An-sich des Seins** schlechthin, das Grund allen Erscheinens ist. Damit nähert sich Jaspers Kierkegaard an, der mit Transzendenz Gott meint. Für Jaspers erschließt sich die Transzendenz aber in der Erfahrung der Existenz. Während Kierkegaard auf die Erneuerung des Gottesglaubens zielt, lehnt Jaspers eine Gleichsetzung von Transzendenz und persönlichem Gott ab. Er glaubt in der Philosophie die **Einheit das Seins** als Chiffre erfahren zu können. Mittel, dies alles zu begreifen, ist die **Vernunft:** Die Vernunft ist das Band des inneren Zusammenhangs von Dasein, Bewusstsein, Geist und Welt und ermöglicht gleichzeitig die Offenheit der Existenz zu der sich stets wandelnden Welt und zur Transzendenz. Vernunft strebt durch die Vielfachheit nach der Einheit des Seins und der Erfahrung. Sie steht überdies in skeptischer Distanz zu Verabsolutierungen, wie sie sich in Wissenschaft, Politik oder Religion zeigen. Vernunft als treibende Kraft zerschlägt solche Enge, sie öffnet sich kritisch allen neuen Entwicklungen.

3.5 Die Bedeutung der Kommunikation

Schon in seinen ersten Schriften betont Jaspers die Bedeutung der Kommunikation. Seiner Meinung nach öffnet sich nämlich Existenz erst in der Kommunikation mit anderen. Grundlage der Kommunikation ist aber das Streben nach Wahrheit. Damit sind nicht nur die Ergebnisse der Wissenschaft gemeint, deren Richtigkeit jeder überprüfen kann, sondern Jaspers bezieht in seine Überlegungen auch das Irrationale wie das Gefühl oder den Instinkt ein. Beides, **Rationalität** und **Irrationalität,** gehört zum Wesen der Existenz. In diesem Sinne kann es keine Wahrheit geben, die fest und eindeutig ist, der Mensch muss sie immer wieder suchen. Wahrheit – so verstanden – umgreift die ganze Existenz und gehört somit zum Sein, das sich in Freiheit entwirft. Und in der Begegnung von Existenz mit Existenz findet **Selbstwerdung** statt. Die Voraussetzung für ein Gelingen dieser Kommunikation ist **eigenständiges Denken** und vorbehaltlose **Offenheit** dem anderen gegenüber. Dazu gehört aber auch, dass man den anderen gleichberechtigt anerkennt und Verantwortung für ihn wahrnimmt.

3.6 Jaspers und seine Einmischung in die Zeit

Gegen den Vorwurf, eine Philosophie der Passivität zu vertreten, die nur auf Analyse setzt, wie ein Zuschauer in der Loge sitzend, wehrt sich Jaspers, indem er betont, dass er sich gegen jedes philosophische System wendet, das diktatorisch die Welt erklärt und bedingungslose Unterordnung verlangt. Denn in einem solchen System findet keine Kommunikation mehr statt, sondern es wird Unwahrhaftigkeit verkündet. Philosophie dagegen fördert die Freiheit des Einzelnen:

In der Philosophie handelt es sich um die Freiheit, die als Vernunft erkennt, was unbedingt für sie in geschichtlicher Konkretion gilt. Es handelt sich um das Selbstsein, das im Philosophieren zu sich kommt aus der Willkür, der Triebhaftigkeit, der Dunkelheit des bloßen Daseins. Die Philosophie erhebt an den ihr Folgenden den harten Anspruch, sich selbst zu finden mit gutem Willen, und mit heller Vernunft in der Bereitschaft zu sein, sich von der Transzendenz in der eigenen Freiheit geschenkt zu werden. Die Philosophie als mitgeteilte Gedankenwelt kann das, worauf es ankommt, durch keinen Gedanken erzwingen, wohl aber durch ihn bestätigen. Sie kann erinnern und fördern, was im denkenden Existieren des je Einzelnen werden kann.

Karl Jaspers: Philosophie I, S. XLVIII f.

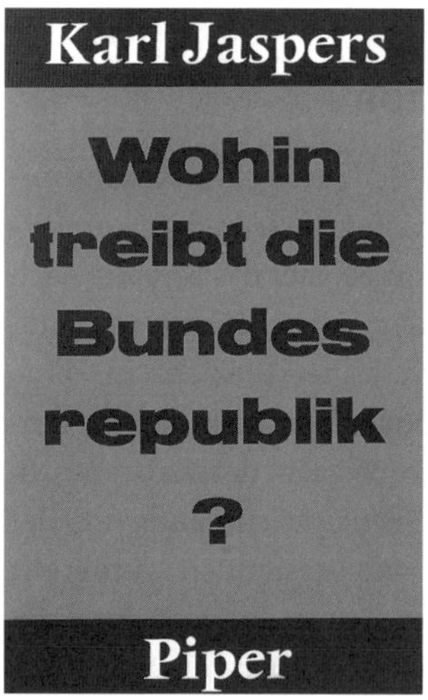

Jaspers Buch, in dem er eine Bestandsaufnahme der Bundesrepublik Deutschland um 1965 gibt, wurde ein Bestseller.

Diese Grundhaltung Jaspers' lässt sich am deutlichsten in seinen Stellungnahmen zur Geschichte und Politik belegen. So äußert sich Jaspers 1930 in der kleinen Schrift „Die geistige Situation der Zeit" (veröffentlicht 1931) zwar nicht zur politischen Situation der Weimarer Republik, sondern analysiert die Selbstverwirklichung in Freiheit. Politisch deutlich, ja streitbar, die Öffentlichkeit suchend, wird Jaspers nach dem 2. Weltkrieg: Er setzt sich mit der Schuldfrage der Deutschen auseinander; in seiner großen Streitschrift „Die Atombombe und die Zukunft des Menschen" (1957) äußert er sich zur Technikentwicklung und seine Schrift „Wohin treibt die Bundesrepublik" (1966) wird sogar zum Bestseller des Jahres 1966. Jaspers äußert sich darin in einem Interview über die Verjährung von Morden des NS-Staates, analysiert die Bundestagsdebatten dazu und fordert in einer detaillierten Darstellung der Institutionen und des politischen Prozesses in der Bundesrepublik die besondere moralische Verantwortung der politischen Führer, einen demokratischen Neuanfang zu wagen. Dazu gehört für ihn die uneingeschränkte Diskussion in der Öffentlichkeit (Lehre von der Kommunikation), ohne die Wahrheit nicht zu erfahren ist. Denn nur in Freiheit kann der Mensch zu sich selbst finden, wobei politische und individuelle Freiheit verklammert sind.

Zusammenfassung: Karl Jaspers – Existenz im technischen Zeitalter

Jaspers prägte den Begriff „Existenzphilosophie". Er will die Eigenständigkeit des Einzelnen in der von der Technik bestimmten modernen Massengesellschaft bewahren. Zur Analyse der Situation ist die Wissenschaft notwendig, die aber nie über die Ziele des Lebens und über das richtige Handeln Auskunft geben kann.
In Grenzsituationen beginnt der Mensch, über die eigene Existenz nachzudenken. Er erfährt sich selbst in der **freien Entscheidung,** die in der Wahl der ihm gegebenen Möglichkeiten besteht. Dabei steht der Mensch vor der Grundentscheidung, ob Bewusstsein und Rationalität die Lebensentscheidung bestimmen („Eigentlichkeit") oder die Befriedigung triebhafter Bedürfnisse („Uneigentlichkeit").
Für Jaspers erschließt die **Kommunikation** Wege zur **Erfahrung der Existenz.** Wenn der Mensch begriffen hat, dass menschliches Existieren nie abgeschlossen ist, wird ihm die **Einmischung in die Zeit** wichtig, damit auf der Basis der Vernunft moralisches Handeln möglich wird.

4 Jean-Paul Sartre – Denker der menschlichen Freiheit

Unter den Philosophen des Existenzialismus nimmt Jean-Paul Sartre (1905–1980) aus mehrfachen Gründen eine besondere Rolle ein: Mit ihm wird die Existenzphilosophie aus Deutschland nach Frankreich übertragen und gewinnt große Popularität. Die Popularität ist aber auch an sein riesiges, nahezu unüberschaubares Werk gebunden: Durchschnittlich schrieb Sartre an jedem Tag seines Lebens dreißig Seiten. Er beschäftigte sich intensiv mit Philosophie, Literatur, Geschichte, Soziologie und Psychoanalyse. Dieses Wissen verarbeitete er nicht nur in seinem philosophischen Werk, sondern seine Philosophie geht auch in autobiografische Schriften, Dramen, Romane, Drehbücher, Erzählungen, Essays und Briefe ein. Sartres Ruf gründet überdies in seiner Aktivität, sich einzumischen – auch in tagespolitische Fragen. So wird er als engagierter Literat einer breiten Öffentlichkeit weit über Frankreich hinaus bekannt.

Jean-Paul Sartre

Da Sartre in seinen Schriften immer wieder sein eigenes Leben reflektiert, werden bei ihm stärker als bei anderen Philosophen zur Deutung seines Werkes biografische Daten herangezogen: In der Auseinandersetzung mit verschiedenen Interpretationen der Welt und des Menschseins sieht sich Sartre nicht als Philosophen, der im zeitlosen Raum des Denkens über die Wahrheit des Menschen spricht, sondern als Individuum in einem bestimmten geschichtlichen Zeitraum. Der traditionelle Gegensatz von Leben und Werk ist ihm daher fremd.

4.1 Biografie und Wirkung

1905 wurde Sartre als Sohn eines Marineoffiziers in Paris geboren. Da der Vater sehr früh starb, lebte er mit seiner Mutter bis 1916 bei den Großeltern. Rückblickend beschrieb er seine Jugend in „Die Wörter" (1964). Illusionslos analysiert er in dieser faszinierenden Studie ironisch und resignativ zugleich die kindliche Psyche, das Fehlen des Vaters und die Erwachsenenwelt:

> […] ich war ein Waisenkind ohne Vater. Da ich niemandes Sohn war, wurde ich meine eigene Ursache, ein äußerster Fall von Stolz und von Elend; ich war in die Welt gekommen dank dem Schwung, der mich dem Guten entgegentrug. Der Zusammenhang dürfte klar sein: verweiblicht durch die Zärtlichkeit meiner Mutter, kraftlos gemacht durch das Fehlen des rüden Moses, der mich erzeugt hatte, aufgebläht durch die Anbetung, die ich von meinem Großvater empfing, war ich ein reiner Gegenstand, der dazu vorherbestimmt schien, den Weg des Masochismus zu gehen, wenn es mir gelungen wäre, an das Familientheater glauben zu können.
>
> *Jean-Paul Sartre: Die Wörter, S. 65.*

Sartre taucht – angeleitet durch seinen Großvater – in die Welt der Literatur ein und betrachtet seine Kindheit und den Weg über die Faszination der Wörter zum Schriftsteller „als ein Programm der Selbsterschaffung, mit dem Ziel, der Zufälligkeit der Existenz zu entgehen und die Notwendigkeit des Daseins zu erreichen.“[29] Die Literatur gibt ihm eine Möglichkeit, die Beliebigkeit und Vielfältigkeit der menschlichen Existenz nacherlebend auszuprobieren.

Nachdem seine deutsch-elsässische Mutter, eine Nichte Albert Schweitzers, wieder geheiratet hatte, wuchs Sartre zuerst in La Rochelle, dann in Paris auf, wo er das renommierte Lycée Henri IV. besuchte. 1924 wurde er in die École Normale Supèrieure aufgenommen, die französische Eliteschule, deren sorgfältig ausgesuchte Studenten Staatsstipendiaten sind. Dort studierte er Psychologie, Philosophie und Soziologie. Mit dem Abschlussexamen als Bester seines Jahrgangs erreichte er die Agrégation (Lehrerlaubnis) am Gymnasium und an der Hochschule. In diese Zeit fiel auch der Beginn der Lebensgemeinschaft mit der Schriftstellerin Simone de Beauvoir (1908–1986).

Sartre unterrichtete in der Folgezeit an verschiedenen Gymnasien, unterbrochen durch ein Stipendium am Institut Francais in Berlin, wo er sich mit Nietzsche und der zeitgenössischen deutschen Philosophie, vor allem mit Karl Jaspers und Martin Heidegger, beschäftigte. 1938 veröffentlichte Sartre den Roman „Der Ekel“, in dem er sich mit der Freiheit und Einsamkeit des Individuums auseinander setzt.

1939 leistete er Kriegsdienst in einer Sanitätstruppe. Nach dem Überfall auf Frankreich 1940 geriet er für ein knappes Jahr in deutsche Kriegsgefangenschaft. Aus dem Lager entkommen unterrichtete Sartre Philosophie in Paris und arbeitete u. a. mit Albert Camus in der Résistance gegen die deutsche Besatzung. 1943 erscheinen das philosophische Hauptwerk „L'Être et le néant“ („Das Sein und das Nichts“) und das Drama „Les mouches“ („Die Fliegen“): Der Königssohn Orest entscheidet sich in diesem Drama für die Rache an den

29 Jean-Paul Sartre, in: Martin Suhr: Jean-Paul Sartre zur Einführung, Junius Verlag: Hamburg 2001, S. 12.

Mördern seine Vaters. Er beruhigt seine Landsleute, die Gewissensbisse („Fliegen“) haben, und verkündet in dichterischer Form – gegen die deutsche Besatzungsmacht gerichtet – den Widerstand aus der Verantwortung des freien Menschen in einer Welt ohne Gott:

> Ich bin weder Herr noch Knecht, Jupiter. Ich bin meine Freiheit [...] Mir selbst ein Fremder – ich weiß es – außer aller Natur, gegen die Natur, unentschuldbar, ohne Zuflucht, außer mir selbst. Aber ich werde nicht mehr zurückkehren unter dein Gesetz; ich bin dazu verurteilt, kein anderes Gesetz zu haben als das meine.
>
> *Jean-Paul Sartre: Die Fliegen, S. 70 f.*

Ab 1945 arbeitete Sartre, der auf eine universitäre Karriere verzichtete, als äußerst produktiver freier Schriftsteller in Paris. 1946 veröffentlichte er einen Vortrag als Aufsatz „Ist der Existentialismus ein Humanismus?“. Darin und in immer wieder folgenden Schriften suchte er seine Existenzphilosophie mit dem Marxismus zu verbinden, was heftige Kontroversen auslöste und den Bruch mit Camus provozierte. 1948 wurden die Werke Sartres von der katholischen Kirche auf den Index gesetzt, weil „den Gläubigen gefährliche Zweifel erspart bleiben müssten“, wie es in der Begründung des Vatikans heißt.

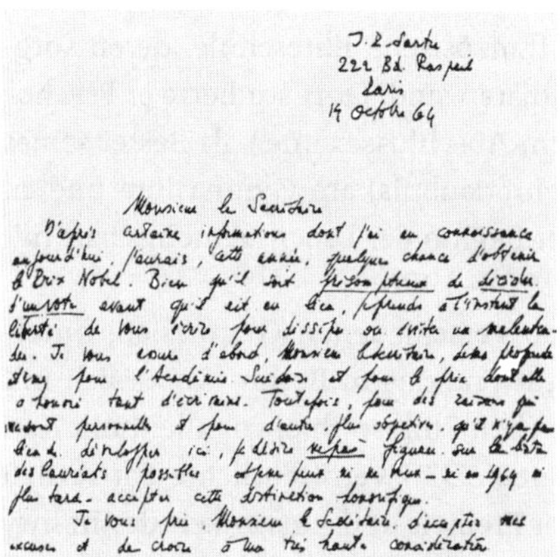
J.P. Sartre
222 Bd. Raspail
Paris
14 octobre 64

Monsieur le Secrétaire

Sartres Brief an den Sekretär der Schwedischen Akademie, in dem er den ihm verliehenen Nobelpreis ablehnt.

Im Jahr 1952 wurde Sartre Mitglied der Kommunistischen Partei und besuchte in den folgenden Jahren Russland, China und Kuba, trat aber aus Protest nach dem durch die Sowjetunion blutig niedergeschlagenen Ungarn-Aufstand wieder aus der Kommunistischen Partei aus und wandte sich gegen die führende Rolle der Sowjetunion. 1965 erschien das Werk „Die Wörter“, für das Sartre den Nobelpreis erhielt. Er lehnte den Preis jedoch ab, weil er sich weigerte, „sich in eine Institution verwandeln zu lassen“. Das Nobelkomitee hingegen bezeichnete die Entscheidung für Sartre als unwiderruflich. 1975, anlässlich seines 70. Geburtstags, würdigte die Welt Sartre in zahlreichen Artikeln für sein großartiges Lebenswerk. Viele lobten in ihm einen Denker, der stets Widerstand gegen jedwede Unterdrückung geleistet hatte, für die Résistance gearbeitet hatte, für das Ende des Kalten Krieges eingetreten war und im Algerienkrieg gegen den Kolonialismus Stellung bezogen hatte. Umstritten war seine Unterstützung für die Studenten der 60er- und 70er-Jahre und seine Haltung gegenüber der sozialistischen Welt. 1980 starb Sartre in Paris. Mehr als fünfzigtausend Menschen folgten seinem Sarg.

Die Bedeutung Sartres beruht darauf, dass er ein **konsequenter Denker der menschlichen Freiheit** ist, einer Freiheit, die den Einzelnen allein auf sich selbst verweist, sodass jeder Einzelne darüber zu entscheiden hat, wer er sein will und welches Leben er führen will. Und es gibt keinen metaphysischen Haltepunkt, der seiner Existenz Sicherheit gibt.

4.2 Die Freiheit des Einzelnen

Das voluminöse Hauptwerk Sartres „Das Sein und das Nichts" trägt den Untertitel „Versuch einer phänomenologischen Ontologie". Sartre versucht darin, eine Beschreibung der Seinsstrukturen (Ontologie) und die Beschreibung der Erscheinungen für ein Bewusstsein (Phänomenologie) zu verbinden. Seine Absicht ist es, die *seienden* Grundlagen des Erkennenden (Bewusstsein von der Innenwelt, die unzugänglich für andere ist, z. B. bei Schmerz, Hitzegefühl, Heimweh, Erinnerung) und des Erkannten (Bewusstsein der Außenwelt) ausfindig zu machen. Die Verbindung zwischen beiden ist eine subjektive, denn die Erscheinungen haben nur für ein Ich einen bestimmten Sinn, den sie aber an sich nicht haben: So kann beispielsweise ein Fels ein Hindernis auf dem Weg sein oder ein Versteck.

Sartre und Simone de Beauvoir, flanierend in Saint-Germain-des-Prés.

In einem ersten Schritt trifft Sartre eine wichtige Unterscheidung zwischen dem **An-sich-Sein** und dem **Für-sich-Sein.** Unter An-sich-Sein versteht er die Existenz an sich, eine zufällige, grundlose Existenz, ein Phänomen, das da ist, ohne über sich selbst zu reflektieren, ein Stein, ein Berg oder aber auch ein Mensch, der sich weigert, sich zu verändern, der Wahrheit ins Gesicht zu schauen, der die Vernunft verachtet. Sartre erläutert das anschaulich am Antisemitismus:

> Wenn ich den Juden als minderwertiges, schädliches Wesen behandle, so fühle ich mich im gleichen Augenblick zu einer Elite gehörig. Und zum Unterschied von den modernen Eliten, die auf Verdienst und Arbeit aufgebaut sind, erinnert diese in allen Punkten an einen Geburtsadel. Ich brauche nichts zu tun, um ihn zu verdienen. Er wurde ein für allemal verliehen. Er ist ein Ding an sich.
>
> *Jean-Paul Sartre: Betrachtungen zur Judenfrage, in: Drei Essays, S. 119.*

Dieses Sein entspricht aber nicht dem, was sich Sartre unter einem freien Menschen vorstellt: Dieser besitzt wie jeder Mensch Bewusstsein von sich selbst, bevor er anfängt zu denken. Mit dem Einsetzen der **Reflexion** unterscheidet er sich aber von anderen. Sartre nennt dies das Für-sich-Sein. Der Einzelne trifft Unterscheidungen, Veränderungen oder setzt dem Gewesenen ein Nein entgegen. Er ist zwar zufällig in eine Welt hineingeboren, deren möglicher absoluter Sinn sich ihm niemals erschließt, aber er ist frei in dieser Welt und kann entscheiden, welche Bedeutung die Welt für ihn hat.

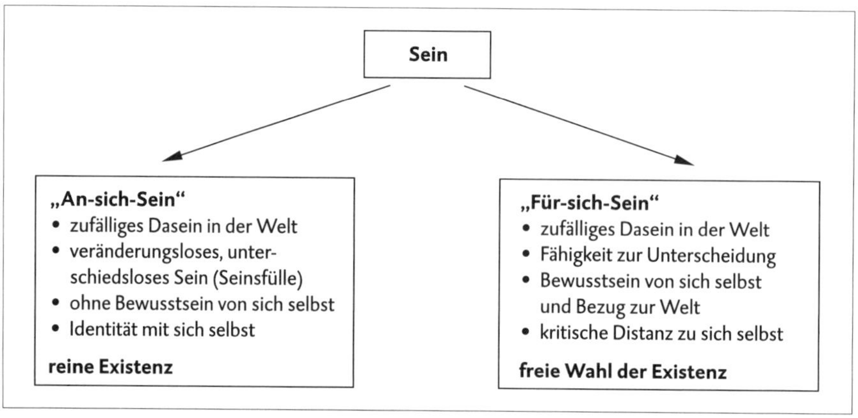

4.3 Essenz und Existenz

Im Jahr 1946 greift Sartre in seinem Aufsatz „Ist der Existentialismus ein Humanismus?“ dieses Thema erneut auf und erläutert es in einem berühmt gewordenen Vergleich: Der Mensch wird in die Welt hineingeboren, besitzt aber noch kein eigenes spezifisches Wesen (Essenz). Dies muss er erst in freier, bewusster Entscheidung gestalten. Die atheistischen Existenzialisten haben die Überzeugung, ...

[...] dass die Existenz der Essenz vorangehe oder, wenn Sie wollen, dass man von der Ichheit ausgehen muss. Was soll man genauer darunter verstehen? Betrachten wir ein Artefakt, z. B. ein Buch oder ein Papiermesser, so ist dieser Gegenstand von einem Handwerker angefertigt worden, der sich von einem Begriff hat anregen lassen; er hat sich auf den Begriff Papiermesser bezogen und zugleich auf eine vorher bestehende Technik der Erzeugung, welche zu dem Begriff gehört und im Grunde ein Rezept ist. Somit ist das Papiermesser zugleich ein Gegenstand, der auf eine bestimmte Art hergestellt wird und andererseits eine bestimmte Verwendung hat; und man kann sich nicht einen Menschen vorstellen, der ein Papiermesser anfertigte, ohne zu wissen, wozu der Gegenstand dienen soll. Wir werden also sagen, dass in Bezug auf das Papiermesser die Essenz d. h. die Summe der Rezepte und Eigenschaften, die erlauben, es anzufertigen und es zu bestimmen, der Existenz vorangeht, und so ist die Anwesenheit mir gegenüber solch eines Papiermessers oder solch eines Buches determiniert. Wir haben hier also ein technisches Bild der Welt, in der, kann man sagen, die Erzeugung der Existenz vorausgeht.

Wenn wir einen Schöpfer-Gott annehmen, so wird dieser Gott meistens einem höher stehenden Handwerker angeglichen; und was für eine theologische Lehre wir auch betrachten, [...] wir räumen immer ein, dass der Wille mehr oder weniger dem Verstand folgt oder ihn wenigstens begleitet und dass Gott, wenn er schafft, genau weiß, was er schafft. Demnach ist der Begriff Mensch im Geiste Gottes dem Begriff Papiermesser im Geiste des Handwerkers anzugleichen, und Gott erzeugt den Menschen nach Techniken und einem Begriff, genau wie der Handwerker ein Papiermesser nach einer Definition und einer Technik anfertigt [...]

Der atheistische Existenzialismus, für den ich stehe, ist zusammenhängender. Er erklärt, dass, wenn Gott nicht existiert, es mindestens ein Wesen gibt, bei dem die Existenz der Essenz vorausgeht, ein Wesen, das existiert, bevor es durch irgendeinen Begriff definiert werden kann, und dass dieses Wesen der Mensch [...] ist. Was bedeutet hier, dass die Existenz der Essenz vorausgeht? Es bedeutet, dass der Mensch zuerst existiert, sich begegnet, in der Welt auftaucht und sich danach definiert. Wenn der Mensch so, wie ihn der Existenzialist begreift, nicht definierbar ist, so darum, weil er anfangs überhaupt nichts ist. Er wird erst in der weiteren Folge sein, und er wird so sein, wie er sich geschaffen haben wird. Also gibt es keine menschliche Natur, da es keinen Gott gibt, sie zu entwerfen. Der Mensch ist lediglich so, wie er sich konzipiert – ja nicht allein so, sondern wie er sich will und wie er sich nach der Existenz konzipiert, wie er sich will nach diesem Sichschwingen auf die Existenz hin; der Mensch ist nichts anderes, als wozu er sich macht. Das ist der erste Grundsatz des Existenzialismus

Jean-Paul Sartre: Ist der Existentialismus ein Humanismus?, in: Drei Essays, S. 9 ff.

4.4 Die Angst

Um zu sich selbst zu finden, muss der Mensch in freier Entscheidung seinen Weg gehen, zumal er in Situationen gestellt ist, die nicht beeinflussbar sind. Weil aber der denkende Mensch nie gewiss ist, ob seine Erwägungen stimmen, weil er nie weiß, wohin seine Entscheidungen führen, entsteht eine Urangst, eine Scheu vor der Wahrheit:

> Nehmen wir das Beispiel des Schwindels. Schwindel kündigt sich durch Furcht an: Ich bin auf einem schmalen Pfad ohne Geländer, der an einem Abgrund entlang führt. Der Abgrund bietet sich mir als etwas zu *Vermeidendes* dar, er ist eine Lebensgefahr. Zugleich erfasse ich eine gewisse Anzahl von Ursachen, die sich aus dem allgemeinen Determinismus ergeben und diese Lebensgefahr in Realität verwandeln können: Ich kann auf einem Stein ausgleiten und in den Abgrund stürzen, die lockere Erde des Pfades kann unter meinen Schritten nachgeben. Über diese verschiedenen Befürchtungen bin ich mir selbst als ein Ding gegeben, bin ich in Bezug auf diese Möglichkeiten passiv, sie kommen von draußen zu mir, insofern ich *auch* ein Gegenstand der Welt bin, der der allgemeinen Anziehungskraft unterworfen ist, sind es nicht *meine* Möglichkeiten. In diesem Augenblick erscheint die *Furcht,* durch die ich mich von der Situation her selbst erfasse als zerstörbares Transzendentes mitten unter Transzendenten, als Gegenstand, der den Ursprung seines künftigen Verschwindens nicht an sich hat.
>
> *Jean-Paul Sartre: Das Sein und das Nichts, S. 93.*

Die Reaktion darauf ist, dass der Mensch sich auf seine Möglichkeiten besinnt, um der Gefahr begegnen zu können. Er beginnt zu reflektieren und wägt die verschiedenen Möglichkeiten von Maßnahmen ab. Diese können sich sogar widersprechen (z. B. umdrehen oder weitergehen). In dieser Phase entsteht die **Angst:** Die Motive des Handelns sind nicht vorgegeben, man bestimmt selbst, ob man hinabstürzen will oder ob man vorsichtig seinen Weg geht. Damit führt Sartre die **zeitliche Struktur des Bewusstseins** ein. Die Möglichkeiten, die jemand hat, sind **auf die Zukunft bezogen,** die Vergangenheit zwingt ihn nicht, bestimmte Möglichkeiten zu wählen, sie determiniert ihn nicht.

In der Reflexion wird sich der Einzelne seiner selbst bewusst (Für-sich-selbst), wählt den Sinn seiner Situation und bestimmt sich selbst als Grund des zukünftigen Handelns. In der Wahl der Möglichkeiten gibt es aber keinerlei Sicherheit: Das Für-sich „ist frei, und seine Freiheit ist sich selbst ihre eigene Grenze. Frei sein heißt **zum Freisein verurteilt** zu sein.“ (Das Sein und das Nichts, S. 253)

4.5 Die Verantwortung

In „Das Sein und das Nichts" hatte Sartre den Menschen, das Individuum, in seiner ursprünglichen Freiheit beschrieben. Aber der Einzelne erfährt doch Grenzen durch das Sein: Mit seinem hinfälligen Körper ist der Mensch Teil der materiellen Welt, mit Gesellschaft und Staat ist er einer Ordnung ausgesetzt, die er nicht geschaffen hat, die er aber respektieren muss, und für die anderen ist er fremd, denn er ist ein Teil ihrer Freiheit.

Unter dem Eindruck des 2. Weltkrieges und der Besatzung revidiert Sartre die Position seines Hauptwerks und verknüpft sie mit der Philosophie von Karl Marx. Der Selbstentwurf des Menschen hat **Folgen.** Eben weil der Mensch die Wahl zwischen verschiedenen Möglichkeiten hat, trägt er auch die Konsequenzen dafür:

> Wir wollen die Freiheit um der Freiheit willen und durch jeden besonderen Einzelumstand hindurch. Und indem wir die Freiheit wollen, entdecken wir, dass sie ganz und gar von der Freiheit der anderen abhängt, und dass die Freiheit der anderen von der unseren abhängt. Gewiss hängt die Freiheit als Definition des Menschen nicht vom anderen ab, aber sobald ein Sichbinden vorhanden ist, bin ich verpflichtet, gleichzeitig mit meiner Freiheit die der anderen zu wollen, und ich kann meine Freiheit nicht zum Ziel nehmen, wenn ich nicht zugleich die Freiheit der anderen zum Ziel nehme.

Jean-Paul Sartre: Ist der Existentialismus ein Humanismus?, in: Drei Essays, S. 32.

Diese Sätze schrieb Sartre 1946; sie bezeichnen seine Wende: Zwar war der Existenzialismus als Philosophie der Freiheit gegenüber dem nationalsozialistischen Deutschland akzeptiert, wurde aber von christlicher Seite als Atheismus gegeißelt. Und die Kommunisten hatten ihm Verantwortungslosigkeit gegenüber der Gesellschaft vorgeworfen. Mit dem Angriff der katholischen Seite hatte Sartre keine Probleme, da seine Philosophie in der Annahme der völligen Freiheit des Einzelnen begründet ist und sich nicht auf einen Gott beruft:

> Dostojewskij hatte geschrieben: „Wenn Gott nicht existierte, wäre alles erlaubt." Das ist der Ausgangspunkt des Existenzialismus. In der Tat, alles ist erlaubt, wenn Gott nicht existiert, und demzufolge ist der Mensch verlassen, da er weder in sich noch außerhalb seiner eine Möglichkeit findet, sich anzuklammern. Vor allem findet er keine Entschuldigungen. Geht tatsächlich die Existenz der Essenz voraus, so kann man nie durch Bezugnahme auf eine gegebene und feststehende menschliche Natur Erklärungen geben; anders gesagt, es gibt keine Vorausbestimmung mehr, der Mensch ist frei, der Mensch ist Freiheit.

Wenn wiederum Gott nicht existiert, so finden wir uns keinen Werten, keinen Geboten gegenüber, die unser Betragen rechtfertigen. So haben wir weder hinter uns noch vor uns, im Lichtreich der Werte, Rechtfertigungen oder Entschuldigungen. Wir sind allein, ohne Entschuldigungen. Das ist es, was ich durch die Worte ausdrücken will: Der Mensch ist verurteilt, frei zu sein. Verurteilt, weil er sich nicht selbst erschaffen hat, anderweit aber dennoch frei, da er, einmal in die Welt geworfen, für alles verantwortlich ist, was er tut.

Jean-Paul Sartre: Ist der Existentialismus ein Humanismus?, in: Drei Essays, S. 16.

Die Kommunisten hatten dagegen den Schwachpunkt der Philosophie Sartres getroffen. Zwar hatte er sich stets – auch unter Einsatz seines Lebens – für die Freiheit des Einzelnen und der Gesellschaft eingesetzt, philosophisch gesehen hatte er das aber nicht begründet. Bis zu seinem Aufsatz von 1946 kreiste sein Denken um die Existenz des Einzelnen, nun aber setzte er den Einzelnen in **Bezug zur Gesellschaft** und begründete seine Verantwortung für diese:

Sartre spricht vor den Arbeitern des Renault-Werkes.

Aber damit wollen wir ebenfalls sagen, dass, indem er sich wählt, er alle Menschen wählt. Tatsächlich gibt es nicht eine unserer Handlungen, die, indem sie den Menschen schafft, der wir sein wollen, nicht gleichzeitig ein Bild des Menschen schafft, so wie wir meinen, dass er sein soll. Wählen, dies oder jenes zu sein, heißt gleichzeitig, den Wert dessen, was wir wählen, bejahen, denn wir können nie das Schlechte wählen. Was wir wählen, ist immer das Gute, und nichts kann für uns gut sein, wenn es nicht gut für alle ist.

Jean-Paul Sartre: Ist der Existentialismus ein Humanismus?, in: Drei Essays, S. 12.

Damit zieht Sartre Kritik auf sich, denn dieser Schluss ist überraschend und nicht aus dem errichteten Gedankengebäude herzuleiten: „Sartre versucht einen Spagat, der nicht gelingen kann. Aus seiner Philosophie der Freiheit, wie sie „Das Sein und das Nichts" begründet, lässt sich kein Humanismus, keine Solidarität der Individuen, die auf der Gemeinsamkeit ihres Menschseins beruht, begründen." (Christa Hackenesch)

Mit dieser **Wende zum Marxismus** aber betont Sartre, dass der Mensch nicht als Einzelmensch gedacht werden kann, sondern dass er Teil einer Gesellschaft ist. Der Marxismus bietet ihm die Möglichkeiten, dieses Bezugssystem zu analysieren.

Dass Sartre aber die Verantwortung des Einzelnen nicht aus dem Materialismus dieses Systems ableitet, zeigt er durch die zahllosen Aktivitäten, die ihn so populär gemacht haben, dass er als Philosoph der Inbegriff des individuellen Widerstands im 20. Jahrhundert geworden ist.

Zusammenfassung: Jean-Paul Sartre – Denker der menschlichen Freiheit

Sartre ist der Philosoph der völligen Freiheit des Menschen. Es gibt im Leben des Einzelnen keine übergeordneten Werte und Normen. Weil der Mensch kein vorgegebenes Wesen hat, muss er **sich stets selbst entwerfen** und zu dem machen, der er sein will. So muss er ständig wählen und entscheiden innerhalb von Umständen, die ihn beschränken (Familie, Schule, Gesellschaft, politische Lage usw.). Dafür trägt er auch allein die Verantwortung. Weil es keine Flucht vor der Freiheit gibt, ist der Mensch **„verurteilt, frei zu sein“.** Er muss stets gewärtig sein, dass es keine Sicherheit gibt, er selbst zu sein. Aber in der ständigen Angst erfährt er, dass er frei ist.

Wer sich dieser Freiheit bewusst ist, muss auch die **Verantwortung** für sein Tun mit der Verantwortung gegenüber der Gesellschaft wahrnehmen. Mit der Hinwendung zum Marxismus will Sartre die Freiheit des Einzelnen in die Solidarität der Individuen einbinden.

Weitere ethische Positionen des 20. Jahrhunderts

1 Analytische Ethik

Seit dem Beginn des 20. Jahrhunderts entwickelt sich im angloamerikanischen Sprachraum eine philosophische Richtung, die so genannte analytische Philosophie, die als Wissenschaftstheorie und Metaphysikkritik das philosophische Denken dieses Jahrhunderts entscheidend prägt. Ihre Begründer, Bertrand Russel (1872–1970), Ludwig Wittgenstein (1889–1951) und Rudolf Carnap (1891–1970) sehen die Hauptaufgabe der Philosophie in der **Analyse der Sprache** als dem grundlegenden Medium unserer Erkenntnis und unserer Orientierung. Dabei wollen die Philosophen zeigen, dass viele unlösbare Probleme der philosophischen Welterklärung nur Scheinprobleme einer ungenauen Sprechweise sind. **Wissenschaftlich** lässt sich unsere Erkenntnis der Welt nur nach Art der **Naturwissenschaft** formulieren: Es muss unterschieden werden, welche Sätze sinnvoll sind, weil sie sich als wahr oder falsch erweisen lassen, und welche sinnlos, weil sich ein entsprechendes Kriterium nicht finden lässt. Nur solche Sätze sind sinnvoll, die sich auf sinnlich wahrnehmbare **Tatsachen** beziehen. Sie enthalten **empirische Begriffe,** die für Dinge und Eigenschaften stehen, und **logische Funktionen,** die diese Begriffe verbinden.

Die Sprache der Moral

Welche Bedeutung kommt demgegenüber moralischen Aussagen zu? Ludwig Wittgenstein formuliert das Problem in einem Vortrag über Ethik so:

Angenommen, einer von ihnen wäre allwissend; er kennt also die Bewegungen aller toten oder lebendigen Körper in der Welt, und er kennt auch sämtliche Bewusstseinszustände aller Menschen, die je gelebt haben, und falls er alles, was er weiß, in ein großes Buch eintrüge, so enthielte dieses Buch die gesamte Beschreibung der Welt. Ich möchte nun darauf hinaus, dass dieses Buch nichts enthielte, was wir ein ethisches Urteil nennen würden.

Ludwig Wittgenstein: Vortrag über die Ethik, S. 12.

Wittgenstein geht nicht so weit, dass er moralische, ethische Urteile für sinnlos hält. Sie funktionieren nur auf einer anderen, nicht wissenschaftlichen Sprachebene. Dies zeigt eine Analyse der moralischen Sprache.

Das Wörtchen „gut"

In der Alltagssprache bezeichnen wir Dinge oder Personen als gut, wenn sie einem bestimmten, vorher festgelegten Maßstab entsprechen. Ein „gutes" Auto ist für den einen ein schnelles, für den anderen ein geräumiges oder ein besonders sicheres Auto; ein guter Lehrer ist einer, der gut erklären kann oder der es versteht, seine Schüler zu motivieren usw. Indem wir angeben können, in Bezug worauf etwas gut ist, fällen wir relative Werturteile über Tatsachen.

In einem **moralischen Urteil** bezieht sich das Wörtchen „gut" nicht auf solche empirischen Eigenschaften, sondern bezeichnet einen absoluten, unbedingt einzuhaltenden Wert. Nach Georg Edward Moore (1873–1958) lässt sich das moralische „gut" nicht definieren. Wer „gut" durch Eigenschaften wie angenehm, nützlich oder lustvoll bestimmt, begeht einen Fehlschluss:[30] Daraus, dass etwas angenehm ist, folgt nicht, dass man es tun soll oder sich schämen muss, wenn man es nicht tut.

„Gut" aus Intuition oder Emotion

Moore behauptet, dass moralische Sätze, auch wenn sie sich nicht empirisch rechtfertigen lassen, sinnvolle Sätze sind. Wenn wir etwas als „gut" bewerten, dann tun wir das auf der Grundlage einer **Intuition,** einer unmittelbar einleuchtenden **Erkenntnis,** die sich in verbindlichen Urteilen formulieren lässt, die evident und objektiv gültig sind. Man bezeichnet diese Richtung der analytischen Ethik als **Intuitionismus.**

Der **Emotivismus** hält dagegen daran fest, dass moralische Sätze nicht in den Bereich rationaler Urteile gehören. Sie sind deshalb jedoch nicht sinnlos. Alfred Jules Ayer (1910–1989) schlägt vor, solche Werte und Aufforderungen als Ausdruck von Emotionen zu bezeichnen. Wenn wir jemanden als gut oder schlecht bezeichnen, so bringen wir damit zum Ausdruck, dass wir ihn gefühlsmäßig schätzen oder ablehnen. Jemandem vorzuwerfen, er habe gelogen, bedeutet dann einfach nur: „Buh!" Wie sich über Geschmacksurteile nicht streiten lässt, so auch nicht über **emotionale, persönliche Stellungnahmen.** Wer seine Ablehnung oder Zustimmung äußert, führt keine rationalen Grün-

30 George Edward Moore: Principia Ethika. Moore wendet sich hauptsächlich gegen „Naturalisten", die aus einer empirisch nachweisbaren Natur des Menschen ethische Prinzipien ableiten wollen. Deshalb wird der von ihm benannte logische Fehler auch als naturalistischer Fehlschluss bezeichnet.

de an, warum wir etwas tun oder lassen sollen. Allerdings, darauf weist Charles Leslie Stevenson (1908–1979) hin, steht diese Gefühlsäußerung nicht für sich, sondern stellt einen **Appell** an andere dar in der Form: „Ich mag dieses oder jenes (nicht). Das solltest du auch tun!“[31]

Moralische Urteile sind also emotionale Stellungnahmen, die durchaus darauf zielen, andere zu beeinflussen und zu überreden, und die zu einer wechselseitigen Anpassung von Einstellungen führen.

Deskriptivismus und Präskriptivismus

Den Aspekt, dass Sprache nicht nur Tatsachen beschreibt, sondern dass wir im Sprechen **handeln,** hebt die **Sprechakttheorie** von John Austin (1911–1960) hervor. Ein Satz wie „Es regnet“ kann eine Tatsachenfeststellung, eine Warnung, eine Empfehlung und anderes mehr bedeuten. Die Redesituation entscheidet darüber, um welche Äußerung es sich handelt. Die Unterscheidung von beschreibenden oder moralisch wertenden Sätzen gilt als Scheinproblem. Eine Beurteilung nach „wahr“ oder „falsch“, „gut“ oder „böse“ erscheint überflüssig. Sprechakte wie „feststellen“, „behaupten“, „versprechen“ oder „wünschen“ funktionieren nach konventionellen Regeln: Wenn jemand etwas behauptet, wird eine Begründung erwartet. Fehlt diese, misslingt die Handlung „behaupten“. Bei einem Versprechen wird erwartet, dass die Absicht, es zu halten, auch umgesetzt wird. Da sich dieser Vorgang eindeutig beschreiben lässt, wird die Richtung auch **Deskriptivismus** genannt (lat. *describere:* beschreiben).

Demgegenüber hält der **Präskriptivismus,** begründet durch Richard M. Hare (geb. 1919), die Besonderheit moralischer Sprache fest. Moralische Sätze sind durch Wertungen gekennzeichnet, die bestimmte Handlungen oder Personen vorzüglich empfehlen bzw. von ihnen abraten. Die Sprache der Moral ist präskriptiv (vorschreibend), nach Hare sind die wichtigsten Worte in moralischen Sätzen „müssen“ bzw. „sollen“. Solche Sätze fordern nicht nur unverbindlich zu etwas auf, sondern **verpflichten** den Sprecher oder Hörer, die geforderte Handlung auch tatsächlich einzuhalten. Dazu kommt ein weiterer Aspekt: Wer sich oder andere verpflichtet, will, dass dies auch für jedermann in gleicher Lage gilt. Verpflichtungen sind **universal.**

Es gibt im Grunde nur zwei Regeln für das moralische Begründen. Sie entsprechen den zwei Merkmalen moralischer Urteile [...], nämlich der Präskriptivität und der Universalisierbarkeit. Wenn wir uns in einem konkreten Fall in der Fra-

31 Diese Redeweise prägt zunehmend unseren Meinungsaustausch darüber, welche Lebensstile angesagt sind oder nicht. Wer nachfragt „warum?“, hat sich schon disqualifiziert, weil er offenkundig den angesagten Geschmack nicht teilt.

ge, was wir tun sollen, zu entscheiden versuchen, dann halten wir dabei [...] nach einer Handlung Ausschau, auf die wir uns selbst festlegen können (Präskriptivität), von der wir aber auch zugleich bereit sind, sie als Beispiel für einen Handlungsgrundsatz zu akzeptieren, der auch für andere in ähnlichen Umständen als Vorschrift zu gelten hat (Universalisierbarkeit). Wenn wir uns irgendeinen Handlungsvorschlag ansehen und finden, dass seine Universalisierung Vorschriften ergibt, die wir nicht akzeptieren können, weisen wir diese Handlung als eine Lösung für unser moralisches Problem zurück – wenn wir die Vorschrift nicht universalisieren können, kann sie kein „sollte" werden.

Richard M. Hare: Freiheit und Vernunft, S. 108 f.

Damit greift Hare auf Überlegungen Kants bzw. der Regelutilitaristen zurück.

Alle analytischen Ethikkonzepte befassen sich mit der Form moralischer Sätze. Sie sind **Metaethiken,** d. h. sie setzen das in der Umgangssprache artikulierte, meist konventionell orientierte Wissen um das Moralische immer schon voraus. Die Frage der traditionellen Ethik – nach dem, was die Menschen tun sollen – findet kaum Beachtung.

Dabei ist die Frage nach dem „sollen" oder „nicht sollen" in unserer technisiert-wissenschaftlichen Welt in bestimmten Bereichen drängend, da die Grundlagen, Umstände und Folgen unserer Handlungen immer komplexer und undurchschaubarer werden. Die im Folgenden beschriebene **Verantwortungsethik** untersucht daher die Prinzipien und Begründungsregeln des wissenschaftlichen Forschens, der technischen Umsetzung und des politischen Handelns.

In unserer gegenwärtigen Lebenswelt wird moralische Orientierung immer diffuser; beliebig austauschbare Standpunkte ersetzen verbindliche Begründungen. Antworten finden sich eher in allgemein-psychologischen Lebensberatungen, die sich um Techniken der Lebensbewältigung für den Einzelnen bemühen. Der **Kommunitarismus** versucht dagegen, den öffentlichen Diskurs um Tugend und Moral, Individuum und Gemeinschaft wieder zu beleben.

Zusammenfassung: Analytische Ethik

Analytische Ethik untersucht die **Sprache der Moral.** Moralische Urteile gelten als Ausdruck einer Intuition oder einer Emotion. Sie lassen sich als **Sprechakte** beschreiben (Sprechakttheorie bzw. Deskriptivismus) oder als **Verpflichtungen** mit universellem Geltungsanspruch verstehen (Präskriptivismus).

2 Verantwortungsethik

Verantwortung ist ein Terminus, der ursprünglich vor allem in der Rechtsprechung verwendet wird als **Antwort** eines freien Menschen auf Fragen der **Anklage** durch eine berechtigte Instanz.

Frage und Antwort liegen nicht auf derselben Ebene: (1) **Wer** sich verantwortet, muss sich (2) für ein bestimmtes **Handeln** und dessen Folgen (3) vor einer **Instanz,** die zu beurteilen und zu verurteilen hat und die nicht infrage gestellt wird, (4) gemäß einer ihm auferlegten **Verpflichtung** verteidigen. Für den Bereich der Moral werden traditionell **drei** Instanzen benannt:

- Unter theologisch-religiösem Aspekt **Gott** oder das letzte Gericht,
- unter weltlich-sozialem Aspekt das **Gericht** und die Normen des Rechts,
- in der Perspektive des Subjekts das vernünftige **Gewissen.**

2.1 Max Weber – Die Entwicklung der Verantwortungsethik

Als eigenständige Ethik ist die Verantwortungsethik ein Kind des 20. Jahrhunderts. Der Begriff „Verantwortungsethik" wurde von Max Weber (1864–1920) 1919 in seinem Vortrag „Politik als Beruf" eingeführt. Vor dem Hintergrund der Niederlage im 1. Weltkrieg, Revolution, Friedensverhandlungen und Verfassungsgebung für eine neue parlamentarische Staatsform diskutiert Weber die Eigenschaften eines Politikers. Er unterscheidet dabei zwei Grundhaltungen, eine „Gesinnungsethik" und eine „Verantwortungsethik".

Max Weber

Weber beschreibt die **Gesinnungsethik** als eine Haltung, die **absolute Forderungen** stellt und nicht nach den Folgen fragt. Eine Handlung wird nach dem Wert der zugrunde liegenden **Absicht** beurteilt; gegenüber den realen Umständen wird ein Standpunkt des alles oder nichts vertreten, sodass man im Nachhinein mit der besten Absicht als unschuldig oder entschuldigt dasteht. „Recht getan, es kommt nicht auf die Folgen an!" Weber gesteht zwar zu, dass die Befolgung einer herausragenden ethischen Gesinnung für den Einzelnen und im privaten Bereich durchaus vorbildlich sein könne.

Für ihn ist dies aber eine „Ethik für Heilige“, die für das politische Geschäft unbrauchbar ist.

Die **Verantwortungsethik** versucht dagegen, die jeweiligen **Ziele** mit den voraussehbaren **Folgen** des Handelns zu vermitteln. Sie lässt sich auf die realen Bedingungen ein und untersucht, was jeweils „drin“ ist. Nicht die Entschuldigung, sondern der Blick in die Zukunft prägt den verantwortlichen Politiker. Verantwortliche politische Ethik lässt sich durch drei Schritte kennzeichnen:

- **Abwägung der Mittel,** vor allem der Machtmittel, die angewendet werden müssen, um ein bestimmtes Ziel zu erreichen,
- **Abwägung der Handlungsfolgen** selbst,
- erhöhte **Aufmerksamkeit für mögliche negative Folgen** des Handelns.

Auch wenn Weber in seinen Beispielen auf die philosophische Ethik anspielt und dabei z. B. Immanuel Kant[32] deutlich abwertet, geht es ihm nicht um eine Begründung eines ethischen Neuansatzes. Mit dem Urteil „Gesinnungsethik“ greift er vielmehr eine bestimmte Form der politischen Argumentation an, die zwar auf lautere und hehre Absichten pocht, letztlich aber bereit ist, alle, auch grausame Mittel und Folgen zu rechtfertigen, ohne sie wirklich verantworten zu können.

Die Entscheidung darüber, welche Mittel für welche Ziele eingesetzt werden sollen und welche Folgen wie verantwortet werden müssen, überlässt Weber allerdings einem Politiker, der mit Sachlichkeit, Verantwortungsgefühl und Augenmaß für die Realitäten handelt. Bei einem solchen sind dann auch Gesinnung und Verantwortung nicht mehr absolute Gegensätze, sondern machen den „echten“ Menschen aus, der von Beruf Politiker ist.

2.2 Hans Jonas – Das „Prinzip Verantwortung“

Einen eigenständigen ethischen Entwurf hat Hans Jonas (1903–1993) mit seiner Untersuchung „Prinzip Verantwortung“ 1979 vorgelegt. Bereits der Untertitel, „Versuch einer Ethik für die technologische Zivilisation“, verweist auf den grundlegenden Wandel der menschlichen Lebenssituation, dem auch mit einer neuen Ethik begegnet werden muss.

32 Der gute Wille bei Kant ist nicht identisch mit der guten Absicht oder Gesinnung, wie Weber sie sieht. Der gute Wille begründet ein vernunft- und selbstbestimmtes moralisches Handeln. Richtig ist, dass für Kant Folgen oder andere Bestimmungsgründe bei der Beurteilung von moralischem Handeln keine Rolle spielen sollen. Dies heißt aber nicht, dass moralisches Handeln verantwortungslos ist. Die Verantwortung besteht bei Kant im unbedingten Vernunftgebot des kategorischen Imperatives.

Die Veränderungen gegenüber früheren Verhältnissen fasst Jonas unter folgenden Gesichtspunkten zusammen:

- Wissen und Technik bewegen sich in Größenordnungen, die weit in die Zukunft reichen und jede individuelle Lebensplanung überschreiten. Von unserem aktuellen Verhalten hängen die **Lebensbedingungen künftiger Generationen** ab. In neuartigen Forschungsfeldern kann der Mensch an sich selbst und der gesamten Umwelt Veränderungen vornehmen, deren **Folgen unabsehbar** sind. Fehlerhafte Entwicklungen können kaum mehr zurückgenommen werden, Teilwirkungen addieren sich unberechenbar, geraten außer Kontrolle und führen dann zur globalen Katastrophe.
- Täter sind nicht mehr Einzelne, sondern das **Kollektiv.** Verantwortung kann nicht mehr eindeutig zugewiesen werden.
- Die gute Absicht ist keine Garantie für gutes Handeln. Deshalb ist die Beurteilung auf die **Einschätzung der Folgen** zu richten. Dazu bedarf es einer größtmöglichen Bereitstellung von Informationen und einer Wissenschaft, die nicht mehr bloß zweckrational und technologisch auf die Umsetzung des nächsten Schrittes gerichtet ist.

Hans Jonas

Das bisherige moralische Denken war auf den Mitmenschen in der jeweiligen Gegenwart gerichtet. Es war eine Ethik der „Nähe“, der Gleichzeitigkeit und der unmittelbaren Sicht auf Wirkungsabläufe, personell, zeitlich und räumlich begrenzt: personell auf den Handelnden und sein Gegenüber, zeitlich auf den Horizont der individuellen Lebensspanne, räumlich auf den überschaubaren Bereich absehbarer Wirkungen:

Alle Gebote und Maximen überlieferter Ethik, inhaltlich verschieden, wie sie immer sein mögen, zeigen die Beschränkung auf den unmittelbaren Umkreis der Handlung: „Liebe deinen Nächsten wie dich selbst“; „Tue anderen, wie du wünschest, dass sie dir tun“; [...] „Ordne dein persönliches Wohl dem Gemeinwohl unter“; „Behandle deinen Mitmenschen niemals bloß als Mittel, sondern immer auch als einen Zweck in sich selbst“; und so fort. Man beachte, dass in all diesen Maximen der Handelnde und der „andere“ seines Handelns Teilhaber einer gemeinsamen Gegenwart sind. Es sind die jetzt Lebenden und in irgendwelchem Verkehr mit mir Stehenden, die einen Anspruch auf mein

Verhalten haben, insofern es sie durch Tun und Unterlassen affiziert. Das sittliche Universum besteht aus Zeitgenossen und sein Zukunftshorizont ist beschränkt auf deren voraussichtliche Lebensspanne. Ähnlich verhält es sich mit dem räumlichen Horizont des Ortes, worin der Handelnde und der andere sich treffen als Nachbar, Freund oder Feind, als Vorgesetzter und Untergebener, als Stärkerer und Schwächerer und in all den anderen Rollen, in denen Menschen miteinander zu tun haben. Alle Sittlichkeit war auf diesen Nahkreis des Handelns eingestellt.

Hans Jonas: Das Prinzip Verantwortung, S. 23 f.

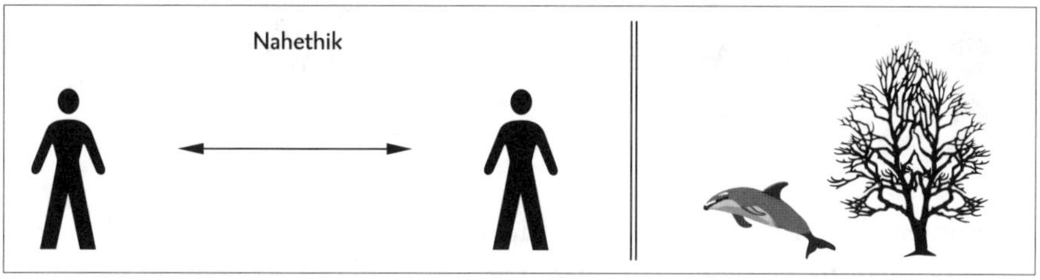

Die neue Ethik muss über die Gegenwart hinaus auf künftige Menschengenerationen ausgeweitet werden, um auch diesen ein menschenwürdiges Dasein zu vermitteln. Die Ethik der Nähe muss durch eine **Ethik der Fernverantwortung** ergänzt werden. Diese Erweiterung darf zudem nicht anthropozentrisch, d. h. nur auf den Menschen beschränkt sein, sondern muss **alle Lebensbedingungen** einschließen.

Jonas formuliert einen neuen kategorischen **Imperativ:**

„Handle so, dass die Wirkungen deiner Handlung verträglich sind mit der Permanenz echten menschlichen Lebens auf Erden“ oder negativ ausgedrückt: „Handle so, dass die Wirkungen deiner Handlungen nicht zerstörerisch sind für die künftigen Möglichkeiten solchen Lebens“; oder einfach: „Gefährde nicht die Bedingungen für den indefiniten Fortbestand der Menschheit auf Erden“, oder wieder positiv gewendet: „Schließe in deine gegenwärtige Wahl die zukünftige Integrität des Menschen als Mitgegenstand deines Wollens ein.“

Hans Jonas: Das Prinzip Verantwortung, S. 26.

Der neue Imperativ erfordert auch neue **Methoden der Beurteilung.** Während die alte Ethik auf das **Gute** gerichtet war, muss sich der Blick jetzt auf das **Übel** richten. Jonas behauptet, dass wir, bevor wir uns noch klar darüber sind, was wir wollen, viel eher wissen können, was wir nicht wollen.

Wenn wir also daran gehen, hypothetisch die Folgen unserer Handlungen zu beurteilen, sollen wir die möglichen Risiken besonders stark herausarbeiten. Jonas plädiert deshalb für eine **„Heuristik der Furcht“**[33]: Die Erkenntnis einer möglichen Gefahr löst eine **Furcht** aus, die vor unabsehbaren Handlungsfolgen **abschreckt.** Wenn die Handlungsfolgen **unabwägbar** geworden sind, dann ist die Unterlassung, der Handlungsverzicht geboten.

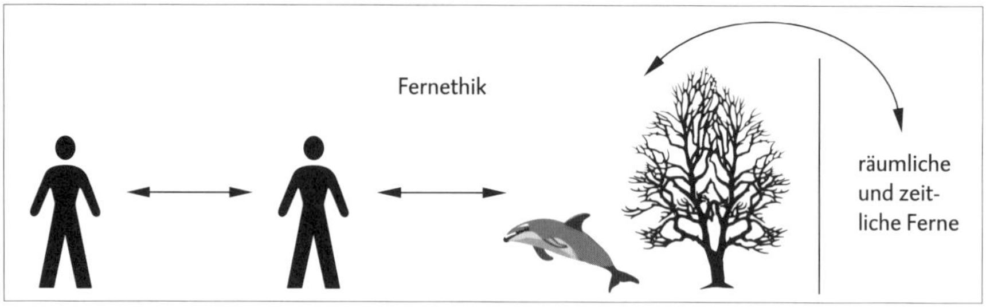

Zusammenfassend werden die wesentlichen Unterschiede zu den bisher vorgestellten deontologischen bzw. teleologischen Ethiktypen herausgestellt.

Kritik an Kant

Die Grundformel des Kategorischen Imperatives bei Kant lautet: „Handle so, dass die Maxime deines Willens jederzeit zugleich als Prinzip einer allgemeinen Gesetzgebung gelten kann.“ Jonas meint, dass Kant hier nur den individuell Handelnden in seinem beschränkten Zeithorizont anspreche. Die Überprüfung sei deshalb auch nur privat, die Hypothese der Verallgemeinerung nur auf logische Widerspruchsfreiheit gerichtet. Es sei aber durchaus widerspruchsfrei zu denken und zu wollen, dass die Menschheit aufhöre zu existieren. Lebenserhaltung in der Perspektive zukünftiger Generationen werde so zum zentralen Überprüfungsmaßstab, die Überprüfung der Wirkungen sei nicht mehr bloß hypothetisch eine Aufgabe der individuellen Vernunft, sondern müsse als reale Kalkulation in der öffentlichen Politik stattfinden.

Kritik am Utilitarismus

Wenn man von Benthams Formel des größtmöglichen Glücks für die größtmögliche Zahl ausgeht, ist auch der Utilitarist einer Ethik der Nähe verpflichtet, nämlich auf das Glück des Handelnden und seiner Gesellschaft bezogen. Es würde allerdings keine große Schwierigkeit bereiten, den Kreis der Betroffenen, nicht nur wie es etwa Mill tut, auf alles Leben, sondern auch auf zukünftige Generationen zu erweitern.

33 Heuristik, von griech. *heuriskein:* finden. Mit Heuristik wird die Kunst bezeichnet, durch methodisches Vorgehen Neues zu entdecken.

Im Kalkül des Nutzens geht ein Utilitarist allerdings von einer möglichen und präzisen Prognose für Folgen aus, setzt zu erwartende positive Handlungsfolgen in ein Verhältnis zu prognostizierbaren negativen Wirkungen und präferiert eine Handlung dann, wenn sich ein positiver Überschuss ergibt. Jonas dagegen rechnet nicht mit positiven Folgen. Die Folgen sind derart unübersehbar und unkalkulierbar geworden, dass man mit den schlimmsten zu erwartenden Folgen rechnen müsse. Ihm geht es hauptsächlich um die Abschreckung vor Risiken. Sein Überprüfungsgrundsatz lautet demnach „in dubio pro malo" („im Zweifel für das Böse"). Der Utilitarist argumentiert optimistisch-reformerisch für eine Verbesserung. Genau diese Haltung hat nach Jonas in die gegenwärtige Krise geführt, sodass es jetzt nur noch um die Erhaltung des Lebens und die Eindämmung negativer Wirkungen gehe.

In der ethischen Diskussion nach Jonas wird vor allem der Gedanke der Fernethik, der Verantwortung für künftige Generationen und der Sorgepflicht für die außermenschliche Natur aufgegriffen. Gleichzeitig wird versucht, andere Ethikansätze zu integrieren, beispielsweise das Prinzip der Universalisierung und der Autonomie bei Kant oder das utilitaristische Kalkül einer Folgenabschätzung. Es geht dabei nicht darum, eine Idealethik zu entwerfen oder eine letzte, unumstößliche Normbegründung aufzustellen, sondern es wird versucht, eine angewandte, praxisorientierte Ethik für die verschiedenen Problemfelder der technologischen Zivilisation zu finden.

Zusammenfassung: Verantwortungsethik

Der Begriff der **„Verantwortung"** lässt sich durch vier Grundfragen beschreiben: (1) **Wer** ist verantwortlich? (2) **Wofür** ist jemand verantwortlich? (3) **Vor welcher Instanz** muss verantwortet werden? (4) **Nach welchen Kriterien oder Normen** wird verantwortet?
Für Max Weber bedeutet Verantwortungsethik, dass **Ziele** und **Mittel** (politischen) Handelns **gegeneinander abgewogen** werden müssen.

Nach Hans Jonas muss unter den Bedingungen unserer technologischen Zivilisation eine neue Form der Handlungsbeurteilung erfolgen. Verantwortung besteht gegenüber den **nachfolgenden Generationen** bzw. dem **Leben überhaupt,** d. h. Jonas fordert eine zeitliche und räumliche **Fernethik.** Dieser werden wir am besten durch eine **Heuristik der Furcht gerecht:** Indem wir uns die Gefährdungen der Umwelt in den schwärzesten Farben ausmalen, erkennen wir erst ihren Wert und können Konsequenzen zu deren Schutz ergreifen.

3 Kommunitarismus

3.1 Die gesellschaftlichen Voraussetzungen des Kommunitarismus

Der Kommunitarismus (engl. *communitarianism* von *community:* Gemeinschaft) versteht sich als Antwort auf grundlegende Probleme unserer modernen Gesellschaft, welche ihre Stabilität und ihren Zusammenhalt gefährden. Um den Ansatz des Kommunitarismus besser zu verstehen, ist es sinnvoll, einen kurzen Blick auf die **Entstehungsgeschichte** der modernen Gesellschaft zu werfen.

Die Menschen des Mittelalters und der frühen Neuzeit waren in ein Netz von sozialen Bezügen eingebunden, die ihr Handeln, ihr Denken und ihr moralisches Empfinden äußerst stark reglementierten, welche ihnen aber auch Orientierung und soziale Sicherheit boten: Sie lebten im Kreis der (Groß-) Familie als Lebens- und Produktionsgemeinschaft und in der Gemeinschaft des Dorfes, sie waren Angehörige eines bestimmten Standes, dem sie durch Geburt zugeteilt waren, und einer bestimmten beruflichen Organisation (Zunft und Gilde in der Stadt, Leibeigenschaft und Lehensverband auf dem Lande), waren Mitglieder der kirchlichen Gemeinschaft, der sie angehörten, und bewegten sich im Rahmen von Traditionen, die ihren Alltag bestimmten. Das Leben unserer Vorfahren war somit geprägt von einem umfassenden System von – negativ ausgedrückt – Zwängen, und Konflikte blieben nicht aus; andererseits gab dieses System dem Einzelnen aber auch Schutz im Falle von Krankheit, Alter und Not und bot ihm eine Orientierung, wie man sich richtig verhält und wie ein – im ethischen Sinne – gutes Leben zu führen ist.

Diese Situation veränderte sich im Verlauf des 18. und 19. Jahrhunderts. Ursache dafür war auf gesellschaftlich-ökonomischem Gebiet der Prozess der Industrialisierung, auf geistig-politischem Gebiet die Aufklärung: Die Handwerker und Händler litten unter den Beschränkungen der Zünfte und des absolutistischen Staates, die sie um die Gewinnmöglichkeiten brachten, welche der technische Fortschritt versprach. Und die Intellektuellen litten unter den staatlichen und kirchlichen Denkverboten, die es verhinderten, alles Bestehende – Moral, Religion, Staat – unter dem Licht der Vernunft zu prüfen und, sollte es sich als unvernünftig herausstellen, so zu verändern, dass es den Maßstäben der Vernunft und den Forderungen von individueller und politischer Freiheit und rechtlicher Gleichheit entspricht. Diese Forderungen nach wirtschaftlicher, gesellschaftlicher und politischer Freiheit wurden von der Theorie des Liberalismus zusammengefasst und philosophisch untermauert.

Die Veränderungen, welche die Industrialisierung und die Aufklärung mit sich brachten, waren auf allen Gebieten außerordentlich. Für den einzelnen Menschen bedeuteten sie die Freisetzung aus traditionellen sozialen Bindungen, Glaubens- und Wertvorstellungen – ein Prozess, der zu unserer Gegenwart hin eine zunehmende Beschleunigung erfahren hat und den man in der Soziologie als „Individualisierung" bezeichnet.

Die Individualisierung bedeutet für den einzelnen Menschen

- einen enormen **Gewinn an Freiheit:** Er selbst kann nun prinzipiell entscheiden, wo er lebt, welchen Beruf er ausübt, mit wem er zusammenleben will, wie er seine Freizeit gestaltet, nach welchen religiösen und moralischen Wertvorstellungen er lebt usw.; der Staat gibt nur den rechtlichen Mindestrahmen vor, um für den Einzelnen größtmögliche individuelle Freiheitsräume zu schaffen und zu sichern; wie der Einzelne sein Leben in diesen Räumen gestaltet, wird zu seiner Privatangelegenheit.
- Individualisierung bedeutet aber auch den **Verlust traditioneller Sicherheiten** – Verhaltensregeln, Glaubensgewissheiten, Normen – und vorgegebener sozialer Bezüge. Der Einzelne *kann* jetzt nicht nur über die Bedingungen seines eigenen Lebens entscheiden, sondern er *muss* es jetzt auch – niemand nimmt ihm die kleinen und großen Entscheidungen bezüglich seiner Lebensgestaltung ab.
- Schließlich bedeutet Individualisierung auch die **Entstehung neuer Abhängigkeiten** – Abhängigkeiten von den Zwängen des Schul- und Ausbildungssystems, vom Arbeitsmarkt, vom Wohnungsmarkt, vom Gesundheitssystem, von den in den Medien propagierten Geschlechterrollen, vom Diktat der Moden usw.

Dieser Prozess, als Befreiung von alten ökonomischen, sozialen und geistigen Zwängen initiiert und als Fortschritt gefeiert, lässt gerade in den letzten beiden Jahrzehnten, in denen er sich extrem beschleunigt hat, immer mehr seine Schattenseiten erkennen: Schlagworte wie Atomisierung, Vereinsamung, Orientierungsverlust und Entsolidarisierung bezeichnen einen Gesellschaftszustand, in dem der Einzelne – überspitzt formuliert – gleichsam als isoliertes Atom, losgelöst von sozialen Molekülverbänden, in einem Single-Dasein existiert, überfordert von der Notwendigkeit, täglich aufs Neue sich seine sozialen Kontakte zu suchen, um der Einsamkeit zu entfliehen, sich dem beruflichen und privaten Konkurrenzkampf zu stellen und sich zurechtzufinden in einem unüberschaubaren Supermarktangebot an Lebensorientierungen und Sinnangeboten. Der Philosoph Peter Sloterdijk (geb. 1947) stellt fest:

> Ständig wachsende Zahlen von losen Einzelnen driften kraft der Logik industriegesellschaftlicher Verhältnisse in eine [...] Einsamkeit unter ihresgleichen, von deren Qualität moralisch besetzte Begriffe wie „apolitisch“ oder „asozial“ keine Vorstellung geben. [...] Immer mehr Individuen lassen sich nach Lebensweise und Selbstbewusstsein als nomadisierende Inseln beschreiben. Im Apartment-Individualismus der postmodernen Großstädte wird Inselhaftigkeit zur Definition des Individuums selbst.
>
> *Peter Sloterdijk: Im selben Boot, S. 74 f.*

Dieser Prozess, der individuell für eine wachsende Zahl von Menschen nicht nur einen Gewinn an persönlicher Freiheit darstellt, sondern auch Einsamkeit, Orientierungslosigkeit und Verlust an Geborgenheit bedeutet und im (zunehmenden) Extremfall in psychische Erkrankung, Drogensucht und Kriminalität mündet, gefährdet gesellschaftlich den Zusammenhalt des Ganzen: Das egoistische Verhalten, das den isolierten Individuen durch Beruf und Gesellschaft abgefordert wird (Wie behaupte ich meinen Arbeitsplatz bei Stellenkürzungen gegenüber meinen Kollegen? Wie steche ich bei der Wohnungssuche meine Mitbewerber aus? Wie gewinne ich einen Partner auf Kosten meiner Konkurrenten? usw.), macht den Einzelnen zunehmend unfähig, ein Gefühl der Solidarität mit seinen Mitbürgern aufzubringen (Warum soll ich einen Solidaritätsbeitrag für die Entwicklung von Deutschlands Osten zahlen? Warum muss ich mit meinen Sozialabgaben und Steuern in Not geratene Mitbürger, Arbeitslose oder Sozialhilfeempfänger mitfinanzieren? Warum soll ich als kinderloser Single für das Kindergeld fremder Familien aufkommen?). Der von der liberalen Theorie vertretene Pluralismus, der das Recht der Menschen auf friedlichen Wettstreit zur Durchsetzung ihrer Interessen und Wertvorstellungen verteidigt, droht hier zum Kampf aller gegen alle zu verkommen, bei dem die sozial Schwachen auf der Strecke bleiben. Diese Entwicklung bedroht auch die demokratische Staatsform:

> Wenn westliche Menschen sich heute mühelos als Demokraten bezeichnen, dann meistens nicht, weil sie den Anspruch erheben, das Gemeinwesen in täglichen Anstrengungen mitzutragen, sondern weil sie die Demokratie zu Recht für die Gesellschaftsform halten, die es ihnen erlaubt, nicht an den Staat und die Kunst des Zusammengehörens zu denken.
>
> *Peter Sloterdijk: Im selben Boot, S. 74.*

Solange es der demokratische Staat schafft, Sicherheit und Wohlstand auf hohem Niveau zu garantieren, sind die Bürger bereitwillig Demokraten. Fordert dieser Staat jedoch in wirtschaftlich schwierigeren Zeiten auch nur kleine Opfer des Einzelnen für die Gemeinschaft, so stellen sich schnell Politikverdrossenheit und Unzufriedenheit ein.

3.2 Die Position des Kommunitarismus

Stellt also der Liberalismus, der einst zu Recht die Forderung nach geistiger, wirtschaftlicher und politischer Freiheit erhoben hat, in seiner unbeschränkten Form eine Gefährdung für den Einzelnen und den Zusammenhalt von Staat und Gesellschaft dar? Die Kommunitaristen erheben diesen Vorwurf. Zu seinen Vertretern gehören Alasdair MacIntyre, Michael Sandel, Michael Walzer, Charles Taylor und Amitai Etzioni. Sie werfen den liberalistischen Theoretikern vor, dass sie den Menschen nur als isoliertes Individuum betrachten und in einem rechtlich gegen die anderen abgeschotteten Vakuum mit sich alleine lassen, sodass die liberalistische Gesellschaft nur eine Anhäufung von prinzipiell unverbundenen Einzelnen darstellt. Den Kommunitaristen zufolge ist der Mensch aber seiner Natur nach ein **gemeinschaftliches Wesen,** das sozialer Bindungen und der Orientierung durch gemeinschaftliche Traditionen und Normen bedarf. Den Liberalisten wird vorgeworfen, dass sie ein stark am ökonomischen Denken orientiertes Menschenbild vertreten, das den Einzelnen zu einem egoistischen, nur von seinen eigenen Interessen bestimmten Denken und Handeln auffordert und das im weltweiten Siegeszug des Neoliberalismus in jüngster Zeit eine Zuspitzung erfahren hat. Dadurch würde die durchaus vorhandene Bereitschaft zu solidarischem Handeln, wie sie unsere kulturellen, religiösen und moralischen Traditionen entwickelt und von Generation zu Generation weitergegeben haben, untergraben und eliminiert. Auch der Gestaltungsspielraum der Politik werde durch die globalisierte Wirtschaft zunehmend eingeengt und abgebaut: Nicht mehr die bessere Verwirklichung der Grundrechte, der Ausbau der sozialen Sicherheit der Bürger, die Eindämmung der Umweltzerstörung usw. sei Richtschnur des Regierungshandelns, sondern der Kampf um ökonomische Standortvorteile, wofür man u. a. bereitwillig den Abbau von Sozialleistungen und Umweltschutzstandards in Kauf nimmt.

Was setzen die Vertreter des Kommunitarismus der liberalistischen Auffassung der Gesellschaft entgegen? So unterschiedlich die Positionen seiner einzelnen Theoretiker auch sein mögen, sind sie sich doch in zwei **Forderungen** einig:

- der Wiedererweckung bzw. Neuschaffung und Stärkung von **sozialen Bindungen** und
- der Bewusstmachung verbindender und **verbindlicher Traditionen,** Werte und Tugenden.

Der Sozialethiker Arno Anzenbacher hält fest:

> Die kommunitaristische Alternative besteht in der Aktivierung und Stärkung von Gemeinschaften, kommunitären Gebilden und Traditionen, in welchen Menschen kulturelle Identität, soziales Ethos, Solidarität bzw. Gemeinsinn erfahren, einüben und verinnerlichen können. Es geht um die soziale Integration [des Einzelnen] in Familie, Verwandtschaft, Nachbarschaft, kirchliche Gemeinde, in Netzwerke und Vereinigungen aller Art und schließlich um die sinnerfüllte soziale Identität der Nation.
>
> *Arno Anzenbacher: Christliche Sozialethik, S. 117.*

Voraussetzung für die soziale Integration und die soziale Identität einer Nation ist eine Beschränkung des ökonomischen Kosten-Nutzen-Denkens zugunsten eines **Gemeinschaftssinns in Politik, Wirtschaft und Gesellschaft.** Michael Sandel etwa fordert den Aufbau von Systemen wechselseitiger Hilfe und Solidarität, Alasdair MacIntyre will den Patriotismus im Sinne von Loyalität zur eigenen Gemeinschaft stärken, Amitai Etzioni schlägt die systematische freiwillige Übernahme von Gemeinschaftsarbeiten durch die Bürger vor, wodurch gleichzeitig die öffentlichen Ausgaben reduziert werden könnten. Die Aufgabe von Erziehung, Sozialisation und Medien muss es dabei sein, entsprechende Tugenden bei Kindern, Heranwachsenden und erwachsenen Bürgern zu entwickeln.

Der **kommunitaristische Tugendbegriff** verweist auf die philosophische Tradition, in der sich der Kommunitarismus sieht:

> Dabei meint Tugend nicht nur die individuelle sittliche Handlung, sondern im ganzen Aristotelismus über Thomas von Aquin bis hin zu Hegel steht diese Haltung wesentlich im Ethoskontext einer Gemeinschaft, bei Aristoteles der durch eine gemeinsame Lebensform bestimmten Polis. Es geht also um das, was Hegel mit Sittlichkeit meint im Unterschied zur bloß subjektiven Moralität, also die Gewissheit über das, was als das an sich Gute und Rechte zugleich auch sozial anerkannt ist bzw. soziale Anerkennung verdient. Während der Liberalismus [...] die Frage nach dem Guten, dem guten Leben, den Wert- und Sinnoptionen des Menschen letztlich privatisiert und in den privaten Freiheitsspielräumen der individuellen oder partikulären Beliebigkeit überlässt, betonen die Kommunitaristen die Notwendigkeit, nicht nur die Frage des Rechten, sondern auch die des Guten in ihrer unverzichtbaren sozialen Relevanz zu sehen.
>
> *Arno Anzenbacher: Christliche Sozialethik, S. 118.*

Die Tabelle stellt die Positionen des Liberalismus und des Kommunitarismus stichwortartig gegenüber:

Liberalismus	Kommunitarismus
• **atomistisches Menschenbild:** Individualismus • **Trennung von Staat und Gesellschaft:** Staat als Garant der Rechte freier und gleicher Bürger; Wertepluralismus und individuelle Freiheitsspielräume in der Gesellschaft. • **Stabilität der Gesellschaft:** Rechtliche Institutionen und Prozeduren sind hinreichend, innerhalb dieses Rahmens sind keine verbindlichen Werte notwendig.	• **gemeinschaftsorientiertes Menschenbild:** tendenzieller Kollektivismus • **Verbindung von Staat und Gesellschaft:** Gemeinschaft – Staat nicht nur als Garant der Rechte der Bürger, sondern auch als Pfleger gemeinschaftlicher Vorstellungen des Guten in der Gesellschaft. • **Stabilität der Gesellschaft:** Nicht nur gemeinsame Rechte, sondern auch gemeinsame Wertbindungen sind notwendig.

Auf die Gefahren, die ein unbeschränkter Liberalismus für den Einzelnen, die Gesellschaft und den Staat mit sich bringen kann und zum Teil tatsächlich bereits gebracht hat, hat der Kommunitarismus hingewiesen. Die Vertreter der liberalistischen Position verteidigen sich, indem sie den Kommunitaristen vorwerfen, dass deren Vorstellung in letzter Konsequenz zur Gesinnungsdiktatur des Weltanschauungsstaates führt, der den einzelnen Bürgern vorschreibt, was sie für gut oder schlecht, für ethisch richtig oder falsch zu halten haben, und der historisch seine schrecklichste Ausformung im Nationalsozialismus und Stalinismus gefunden hat.

Die Frage, die sich die Vertreter von Liberalismus und Kommunitarismus zur Lösung des Dilemmas stellen müssen, ist, „wie ein sozial übergreifender **Wertzusammenhang** beschaffen sein kann, der einerseits durch neue Formen der gesellschaftlichen Solidarität den destruktiven Tendenzen einer weiteren Individualisierung entgegenwirkt, ohne andererseits dem radikalen Pluralismus liberaler Gesellschaften zuwiderzulaufen.“[34]

34 Axel Honneth: Individualisierung und Gemeinschaft, in: Kommunitarismus in der Diskussion, hrsg. von Christel Zahlmann, Rotbuch: Berlin 1992, S. 22 f.

Zusammenfassung: Kommunitarismus

Der neuzeitliche Prozess der Individualisierung hat einerseits zu einem enormen **Freiheitsgewinn** für den einzelnen Menschen geführt, andererseits aber auch neue **Abhängigkeiten** geschaffen und vor allem zu einem **Verlust traditioneller Sinngebungen und vorgegebener sozialer Bezüge** geführt. Für den Einzelnen entsteht daraus die Gefahr der individuellen Orientierungslosigkeit, für die Gesellschaft die Gefahr der Entsolidarisierung, für den demokratischen Staat die Gefahr mangelnder Unterstützung durch seine Bürger.
Um diesen Gefahren zu begegnen, setzt der Kommunitarismus der liberalistischen Überbetonung des Individualismus die Vorstellung der grundsätzlichen **Gemeinschaftsbezogenheit** des Menschen entgegen. Er fordert die Wiedererweckung bzw. Neuschaffung von sozial verbindenden Einrichtungen und die Bewusstmachung von gemeinsamen Traditionen, Werten und Tugenden. Die Frage bleibt, wie man diese Forderungen verwirklichen kann, ohne die Errungenschaften des Liberalismus, vor allem die Freiheitsrechte des Einzelnen, zu beschneiden.

Philosophische Ethik in der Praxis

1 Angewandte Ethik

In den letzten zwanzig Jahren scheint der Ruf nach ethischer Orientierung immer lauter zu werden. Dahinter verbirgt sich nicht mehr nur die traditionelle Klage um den Verlust der Werte und der privaten wie der öffentlichen Moral. Offenkundig lassen sich weite Handlungsfelder unserer Gesellschaft nicht mehr selbstverständlich nach bloßen Sachüberlegungen betreiben: Die bisher üblichen Verfahrensweisen beruflicher Professionalität, die rationale Suche nach geeigneten Mitteln zu gegebenen Zwecken und die Orientierung an abschätzbaren Folgen werden zunehmend problematisiert. Es gibt kaum einen Bereich unserer Gesellschaft, für den nicht Ethikkonzepte gefordert und diskutiert werden. Die „Bereichsethiken" oder „anwendungsorientierten" Ethiken haben Konjunktur. So entwickeln sich Bioethik, Ökologieethik, Medizinethik, Tierethik, Rechts-, Sozial-, Politik-, Wirtschafts- und Medienethik, Wissenschafts-, Forschungs- und Technologieethik und andere mehr.[35]

Die angewandten Ethiken wollen für die unterschiedlichen Problembereiche Richtlinien, Regeln und Normen erarbeiten, die die Handelnden dazu verpflichten, ihre Praxis auf das, was für den Menschen „wirklich" gut ist, zu bedenken und verantwortlich zu rechtfertigen. Dabei versuchen sie, allgemeine Prinzipien und Begründungen der philosophischen Ethik zu integrieren. Die Rechtfertigung vollzieht sich nicht nur in dem engen Kreis der Spezialisten und auch nicht nur in der Öffentlichkeit eines interessierten Publikums.

2 Diskursethik

Die theoretischen Grundlagen für solche öffentlichen Auseinandersetzungen entwickelte der Sozialphilosoph Jürgen Habermas (geb. 1929) in der Diskurstheorie bzw. Diskursethik.

Der Begriff **Diskurs** (lat. *discursus:* das Hin- und Herlaufen, die Auseinandersetzung) bezeichnet die argumentative, verschiedene Gesichtspunkte abwägende Prüfung von Standpunkten und Geltungsansprüchen. Das Modell einer solchen Auseinandersetzung findet sich bereits bei Sokrates: Im Dialog werden

35 Einen Überblick gibt: Annemarie Piper/Urs Thurnherr (Hg.): Angewandte Ethik. Eine Einführung, Verlag C. H. Beck: München 1998.

konkurrierende moralische Standpunkte erörtert, Meinungen bezweifelt und Argumente auf ihre Wahrheitsansprüche hin überprüft. Nur das kann gelten, was im Gespräch als gemeinsame Überzeugung erarbeitet wurde.

Nach Habermas lassen sich in unserer „Lebenswelt" zwei **Handlungsarten** unterscheiden:

- **Strategisches Handeln:** Wenn wir strategisch handeln, verfolgen wir unsere Ziele erfolgsorientiert; die Zustimmung anderer Personen interessiert uns nur relativ dazu.
- **Moralisches Handeln** zielt dagegen auf eine Verständigung darüber, *wie* wir handeln sollen. Dafür steht uns ein breites Repertoire an bestimmten Traditionen, Sitten und Normen zur Verfügung. Erst wenn diese Regelungen ihre selbstverständliche Akzeptanz verlieren – etwa in Konfliktsituationen –, ergibt sich die Aufgabe, eine Verständigung über die Gültigkeit bestimmter Normen herzustellen.

Diese Verständigung erfolgt nach dem **Universalisierungsprinzip:** „Jede gültige Norm muss der Bedingung genügen, dass die Folgen und Nebenwirkungen, die sich aus ihrer *allgemeinen* Befolgung für die Befriedigung der Interessen *jedes* Einzelnen (voraussichtlich) ergeben, von *allen* Betroffenen akzeptiert (und den Auswirkungen der bekannten alternativen Regelungsmöglichkeiten vorgezogen) werden können."[36]

Nach Habermas genügt es nicht, dass – wie bei Kant – der Einzelne überlegt, ob er einer bestimmten sittlichen Norm zustimmen könnte. Erforderlich ist vielmehr ein **intersubjektiver Verständigungsprozess,** der zu einem Einverständnis aller Beteiligten, idealerweise zu einem gemeinsamen Willen führt.

Das Universalisierungsprinzip gibt lediglich die Argumentationsregeln an, wie Normen und Handlungen gerechtfertigt werden. Die Argumentation vollzieht sich **formal vernünftig,** entsprechend den logischen und semantischen Regeln. Aus diesem Prinzip lassen sich aber keine bestimmten normativen Inhalte ableiten: Weder wird eine Natur des Menschen noch ein Wertezusammenhang postuliert, aus dem sich bestimmte Grundnormen ergeben sollen. Auch die Frage, wie gerechtfertigte Normen in bestimmten Situationen angewendet und wie die erzielten Einsichten verwirklicht werden können, bleibt in der Diskursethik offen. Insofern ist die Diskursethik eine bloß formale oder „schwache" Moraltheorie.

36 Jürgen Habermas: Moralbewußtsein und kommunikatives Handeln, Suhrkamp Verlag: Frankfurt a. M. 1983, S. 74.

Damit Diskurse gelingen, bedarf es bestimmter **Voraussetzungen:**

- Jedes sprach- und handlungsfähige Subjekt darf teilnehmen.
- Jeder Teilnehmer darf jede Behauptung aufstellen und problematisieren und seine Gefühle, Wünsche und Bedürfnisse äußern.
- Innerhalb und außerhalb des Diskurses darf es keine Zwänge geben, die diese beiden Voraussetzungen beeinträchtigen.

Jürgen Habermas

Habermas beschreibt das Modell eines **idealen, herrschaftsfreien Diskurses.** Er geht allerdings davon aus, dass solche Bedingungen in den realen gesellschaftlichen Diskursen – zumindest weitgehend – hergestellt und sogar institutionalisiert werden können. Dies ist dann freilich nicht mehr die Aufgabe einer Ethik, sondern einer politischen Theorie bzw. Praxis.

Wenn man nun in einem bestimmten Handlungsfeld einen moralischen Konflikt klären und lösen möchte, lässt sich der Prozess einer diskursethischen Diskussion durch folgende Schritte beschreiben:

- Alle betroffenen Personen bzw. vertretenen Positionen werden einbezogen,
- alle äußern ihre Bedürfnisse und Interessen offen und ehrlich,
- alle respektieren die Gleichheit und freie Selbstbestimmung aller Beteiligten wechselseitig,
- alle suchen nach Lösungen, denen alle zustimmen können,
- alle überzeugen durch Argumente,
- alle treffen schließlich eine verbindliche Übereinkunft.

Auch in der Diskursethik geht es um Handlungskonflikte, die sich anhand rationaler Argumente entscheiden lassen. Fragen des „guten Lebens" müssen unbeantwortet bleiben. Wer möchte sich denn in institutionalisierten Diskursen zu bestimmten Weisen seiner persönlichen Lebensführung verpflichten lassen? Wie wir ein gutes, gelingendes Leben führen, welche Maßstäbe wir dabei akzeptieren, welche Haltungen, welchen Charakter wir ausbilden wollen, müssen wir schon selbst entscheiden. Nur in gegenseitiger Belehrung und Verständigung im privaten Gespräch, in Freundschaft und Partnerschaft, in Erziehung und Selbsterziehung können wir besser werden, wenn wir wollen. Auch hier gilt die Aufforderung aus Kants Schrift zur Aufklärung: „Sapere aude" – „Wage es, dich deines eigenen Verstandes zu bedienen!"

Literaturempfehlungen

1 Gesamtdarstellungen

Einen verlässlichen Überblick zur Geschichte der Philosophie bietet:
Dtv-Atlas zur Philosophie. Tafeln und Texte, Deutscher Taschenbuch Verlag: München 1991.

Als erzählende, biografisch orientierte Einführung zur Geschichte der Philosophie:
Wilhelm Weischedel: Die philosophische Hintertreppe (diverse Ausgaben, auch dtv).

Ebenso erzählend, aber in Romanform angelegt:
Jostein Gaarder: Sophies Welt, Deutscher Taschenbuch Verlag: München 1999.

Einen konzentrierten Überblick zu den Fragestellungen der Ethik gibt:
Héctor Zagal/José Galindo: Ethik für junge Menschen. Grundbegriffe, Positionen, Probleme, Reclam Verlag: Stuttgart 2000.

2 Einzelne Positionen

Zur antiken Philosophie und Ethik, amüsant und immer wieder Bezüge zur Gegenwart herstellend:
Luciano De Crescenzo: Geschichte der griechischen Philosophie, 2 Bände, Diogenes Verlag: Zürich 1985 (inzwischen auch als Taschenbücher).

Umfassend zur neueren Ethik:
Annemarie Piper (Hg.): Geschichte der neueren Ethik, 2 Bände, Franke Verlag: Tübingen 1992 (UTB).

Zu den großen Texten der philosophischen Ethik gibt es „Lese-Einführungen für Anfänger“ bei dtv. Dort sind unter anderem bisher erschienen:
Immanuel Kant: Der Kategorische Imperativ
Arthur Schopenhauer: Die Welt als Wille und Vorstellung
Friedrich Nietzsche: Jenseits von Gut und Böse
Søren Kierkegaard: Entweder – Oder

Einzelausgaben zu verschiedenen Philosophen:
Kant für Anfänger: Der kategorische Imperativ. Eine Leseeinführung von Ralf Ludwig, Deutscher Taschenbuch Verlag: München 1995.

Michael Hauskeller: Vom Jammer des Lebens. Einführung in Schopenhauers Ethik, Verlag C. H. Beck: München 1998.

Rüdiger Safranski: Nietzsche. Biographie seines Denkens, Hanser Verlag: München 2000 (speziell Kapitel 13).

Christel Zahlmann (Hg.): Kommunitarismus in der Diskussion, Rotbuch Verlag: Berlin 1992.

3 Textsammlungen

Einen Blick in die Originaltexte in Auszügen gewährt:
Otfried Höffe: Lesebuch zur Ethik. Philosophische Texte von der Antike bis zur Gegenwart, Verlag C. H. Beck: München 1998.

Ausgewählte Textauszüge verbunden mit Erläuterungen und Kommentaren:
Ekkehard Martens: Ich denke, also bin ich. Grundtexte der Philosophie, Verlag C. H. Beck: München 2000.

Stichwortverzeichnis

Namensverzeichnis

Alexander der Große 40, 59, 60 f., 68, 72
Anaxagoras 12
Anaximander 11
Anaximenes 11
Aristoteles 2, 13, 16, 40–58, 76, 80
Aurelius Augustinus 76
Austin, John 168
Ayer, Alfred Jules 167

Beauvoir, Simone de 157, 159
Bentham, Jeremy 108–110, 116, 174
Bruno, Giordano 83

Cicero 9, 65

Demokrit 12
Descartes, René 84–86
Diogenes 60 f., 72 f.

Epiktet 65
Epikur 59, 61–64

Gorgias 26 f.

Habermas, Jürgen 183–185
Heraklit 11
Hare, Richard M. 168 f.
Hobbes, Thomas 87–89
Höffe, Otfried 57
Hume, David 90–92

Jaspers, Karl 147–155, 157
Jesus von Nazareth 74 f., 77
Jonas, Hans 171–175

Kallikles 28–31
Kant, Imanuel 1, 21, 39, 93 ff., 107 f., 117 ff.,169, 171, 174, 184 f.
Kierkegaard, Søren 127–134, 147, 151
Kleanthos 65
Kopernikus, Nikolaus 83

Leukipp 12
Locke, John 89

Marc Aurel 65
Menon 26
Mill, John Stuart 111–113, 116
Moore, George Edward 167

Nietzsche, Friedrich 135 ff.

Parmenides 12
Paulus 74 f., 77
Perikles 13 f.
Phillipp II. v. Makedonien 40, 59
Piaget, Jean 5

Pico della Mirandola 84
Platon 11, 13, 16, 23–41, 61
Polos 27 f.
Prodikos 15
Protagoras 15 f., 25 f.
Pyrrhon 68
Pythagoras 11

Rousseau, Jean-Jacques 89 f.
Russel, Bertrand 166

Sartre, Jean-Paul 156–165
Schopenhauer, Arthur 117–126
Seneca 65
Sextus Empirikus 68 f.
Sloterdijk, Peter 177 f.
Sokrates 9, 17–24, 40, 183
Solon 13
Stevenson, Charles Leslie 168

Thales von Milet 11, 13
Thomas von Aquin 76–82
Thukydides 14

Weber, Max 170 f.
Whitehead, Alfred N. 39
Wittgenstein, Ludwig 166 f.

Zenon 65

Sachverzeichnis

Seiten, auf denen sich Worterklärungen finden, sind fett gedruckt.

Affekt 66
Agnostizismus **15**
Akademie (Platons) 23, 41
Analytische Ethik 166–169
Anamnesis **26,** 38
Angewandte Ethik 183
Angst 64, 128, 162
Anthropologie 1
Apathia **67**
Apeiron **10**
Aponia **63**
A priori-Prinzip 95
Arche **10**
Arete **20**
Argumentationstypen, moralische **6**
Ataraxia **63**
Athen 13 f.
Äthos **2**
Atom 13
Autonom 6
Autonome Moral 94 f., 145 f.
Autorität 7

Bedürfnislosigkeit 60
Besonnenheit 30, 34
Bosheit 119 f.
Brauch **3**

Charakter **125 f.**
Christliche Ethik 76 ff.
Christliche Tugenden (theologische Tugenden) 80, 82

Daimonion 18
Dasein 150
Demokratie 13 f.
Deontologische Argumentation 108
Deskriptive Äußerungen 5, 168
Deskriptive Ethik 7
Dialektik der Existenzbestimmung 129
Diskursethik 183–185
Dualismus Körper – Seele 85 f.

Egoismus 118 ff.
Eigentlichkeit 151 f.
Elite 142 ff.
Erkenntnistheorie 1
Essenz 160 f.
Ethik (Begriff) **2**
Ethik der Fernverantwortung 173
Ethos **2**
Eudaimonia **42 f.**
Eunomia 13
Existenz 150
– ästhetische Existenz 130 f.
– ethische Existenz 131 f.
– religiöse Existenz 133
Existenzphilosophie
– bei Jaspers 147 ff.
– bei Kierkegaard 127 ff.
– bei Nietzsche 135 ff.
– bei Sartre 156 ff.
– Sprache der E. 128

Faktum 7
Folgen 7, 109
Folgeneinschätzung 115 f.
Freier Wille 86
Freiheit
– bei Jaspers 150 f.
– bei Sartre 160, 162
Freiwillig – unfreiwillig 49

Gefühl 6
Gefühlsurteil/Emotivismus 91 f., 167
Gemeinschaft
– Formen der 52
Gemeinsinn 179 ff.
Genügsamkeit 63
Gerechtigkeit 121 ff.
– bei Aristoteles 53
– bei Platon 32
Gesellschaft und Moral 176 ff.
Gesetz **3**
Gewissen 7
– bei Thomas von Aquin 81
Geworfenheit 150
Grenzsituationen 150
Gute, das
– bei Aristoteles 44 f.
– bei Platon 25, 37 f.
Guter Wille 103 f.

Handlungsethik 1, 8
Handlungsfolgen 109
Handlungsutilitarismus 112–115
Hedonismus 28 f., 46, 109 f.
– qualitativer Hedonismus 111
Hedonistischer Kalkül 110
Hellenismus 59 f.
„Herrenmoral“ – „Sklavenmoral“ 138 ff.
Heteronom 5
Heteronome Moral 94 f.

Heuristik der Furcht 174
Höhlengleichnis 35 f.
Homo-mensura-Satz 16
Hypothetischer Imperativ 96 ff.

Ideenlehre Platons 37 f.
Individualisierung 177 ff.
Intuitionismus 167
Isonomia 13

Kardinaltugenden 34, 80
Kategorischer Imperativ 96 ff.
Kausalitätsprinzip 102 f.
Kommunikation 153 ff.
Kommunitarismus 176 ff.
Konvention **3**
Kyniker 60

Lebensethik 8
Leviathan 88
Lex aeterna bei Thomas von Aquin 78
Lex naturalis bei Thomas von Aquin 79 f.
Liberalismus 176 ff.
Logik 1
Logos **10,** 12, 18 f., 27
Loswahl der Seele 38
Lust 43, 63 f., 109 f.

Marxismus und Existenzialismus 163 ff.
Maximen 95 f., 123 f.
Menschenwürde 84
Mesoteslehre **47–50**
Metaethik **8,** 169
Metaphysik 1
Mitleid 120 ff.
Mittel-Zweck-Relation 100 f.
Moral 2, **3,** 118
Moralentwicklung 5
Moralische Urteile 90, 167
Moralkodex 7
Mythos **10,** 15, 18

Nächstenliebe **122 ff.**
Naturzustand 87, 89
Nikomachische Ethik 41
Nomos 15
Normative Ethik 8
Normen **3**

Ontologie 1, **12, 159**

Pflichtethik 93 ff., 104
Phänomenologie 159
Philosophische Praxis 22
Physis 15
Polis 9, 13, 16, 19, 31
Politeia 32
Präskriptive Äußerungen 5, 168
Provisorische Moral 86

Qualitativer Hedonismus 111

Recht der Natur 28
Redekunst, Rhetorik 16, 26 f., 29
Reflexion
– objektive Reflexion 128
– subjektive Reflexion 129
Regelutilitarismus 113–115
Relativismus 16, 25
Ressentiment 138 f.

Schicksal 64
Schuld 151

Seele 26, 29, 31, 33 f., 45 f.
Sein
- bei Jaspers 150, 153
- bei Kierkegaard 129
- bei Sartre (An-sich Sein/Für-sich-Sein) 159 ff.
Selbstbestimmung 84, 134
Selbsterhaltung 87
Selbstgestaltung 142 ff.
Selbstgewissheit 85
Sinn der Existenz 140 ff.
Sitte **2**
Skepsis 68
Skeptizismus 16, 68–71
Sokratischer Dialog 20
Sophisten 9, 15 f., 25–30
Sprachphilosophie 1
Sprechakttheorie 168

Tapferkeit 34
Teleologisch 108
Telos 42
Theologie 1
Tierethik 124 f.
Totengericht 31
Transzendenz 152 ff.
Transzendieren 150
Tugend 50–52, 121 ff., 179 f.
- bei Aristoteles 44 f., 48
- bei Platon 25 f., 35 f.
- bei Sokrates 20
- dianoetische 45 f.
- ethische 45 f.
- Tugend aktuell 57
Tugendethik
- bei Thomas von Aquin 78 ff.

„Übermensch" 140 ff.
Uneigentlichkeit 151
Universalisierungsprinzip 184
Ursprung der Motive des Handelns 119 ff.
Utilitarismus 107–116

Verantwortung 170, 163 ff.
Verantwortungsethik 170–175
Verfassung des Staates
- bei Aristoteles 54–56
- bei Platon 33 f.
Vernunft
- bei Aristoteles 54–56
- bei Jaspers 153
- bei Platon 33 f.
- praktische Vernunft 95
Vertragslehre 87–90
Verzweiflung 133
- eigentliche Verzweiflung 129 f.
- uneigentliche Verzweiflung 129

Wahl der Existenz 130 ff., 150
Weisheit 34, 51
Werte **3**
Wille **117**
Willensfreiheit **93 f., 102 f.**
Wissenschaft 148 f.
Wissenschaftstheorie 1
Wollen, moralisches 118

Zoon Politikon 52
Zweifel 68, 85

Bildnachweis

Umschlagbild: © Scala, Florenz

S. 12 li. u. mi., S. 111: aus: Philosophie von Platon bis Nietzsche, Digitale Bibliothek, © DIRECTMEDIA Publishing GmbH, Berlin 1998.

S. 12 re., 17, 87, 91, 105, 109, 170: © bpk, Berlin 2002.

S. 24: Archäologisches Nationalmuseum, Neapel.

S. 32: Metropolitan Museum of Art, New York.

S. 36: © University of London/The Warburg Institute.

S. 40: Ancient Art & Architecture Collection.

S. 61: British Library.

S. 65: aus: Glyptothek München: Sokrates in der griechischen Bildniskunst, Sonderausstellung der Glyptothek und des Museums für Abgüsse Klassischer Bildwerke © Staatliche Antikensammlung und Glyptothek.

S. 75: © The Victoria and Albert Museum, London.

S. 85, 93, 117, 136, 185: © Deutsches Literaturarchiv/Schiller Nationalmuseum.

S. 119: © AKG, Berlin.

S. 130: aus: Otfried Höffe. Kleine Geschichte der Philosophie, Verlag C. H. Beck: München 2001, S. 229.

S. 148: © Hans Haustein.

S. 156: aus: Standpunkte der Ethik, hrsg. von Hermann Nink, Schöningh Verlag: Paderborn 2000, S. 254.

S. 158: © The Nobel Foundation, Stockholm.

S. 159: © René Saint-Paul; aus: Lilane Sandyk-Siegel: Sartre, Images d'une vie. Commentaires de Simone de Beauvoir. Paris (Edition Gallimard) 1978.

S. 164: © Studio Ethel; aus: Lilane Sandyk-Siegel: Sartre, Images d'une vie. Commentaires de Simone de Beauvoir. Paris (Edition Gallimard) 1978.

S. 172: © Isolde Ohlbaum, München.

Textnachweis

S. 9: aus: Cicero: Gespräche in Tusculum, zit. nach Wolfgang Pleger: Sokrates. Der Beginn des Philosophischen Dialogs, Rowohlt: Hamburg 1998.

S. 13: aus: Spruchweisheiten der sieben Weisen, in: Lesebuch zur Ethik, hrsg. von Otfried Höffe, Verlag C. H. Beck: München 1999.

S. 17: aus: Xenophanes: Erinnerungen an Sokrates, übers. von Rudolf Preiswerk, Reclam Verlag: Stuttgart 1982.

S. 21: aus: Immanuel Kant: Abriss einer Geschichte der Philosophie, in: Werke in 10 Bdn., hrsg. von Wilhelm Weischedel, WBG Darmstadt 1983, Bd. 5.

S. 28 ff., S. 38: aus: Platon: Gorgias, Politeia, zitiert nach: Platon: Sämtliche Dialoge, hrsg. von Otto Apelt u. a., Bd. 1, © Felix Meiner Verlag, Hamburg 1993 (1988).

S. 43 f., 54 f.: aus: Aristoteles: Nikomachische Ethik, Politeia, übers. und hrsg. von Olof Gigon, dtv: München ^{4}1981.

S. 67: Stobaeus, zitiert nach Malte Hossenfelder: Antike Glückslehren. Quellen in deutscher Übersetzung mit Einführungen, Kröner Verlag: Stuttgart 1996.

S. 72: aus: Gesta Romanorum CLXXXIII. Sammlung von Erzählungen, Anekdoten, und Legenden aus dem 13./14. Jahrhundert n. Chr.
S. 88: aus: Thomas Hobbes: Leviathan, übersetzt und hrsg. von J. P. Mayer, Reclam Verlag: Stuttgart 1978, S. 5 ff.
S. 89: aus: Jean-Jacques Rousseau: Der Ursprung der Ungleichheit unter den Menschen, in: Schriften Bd. 1, übersetzt und hrsg. von Henning Ritter, Ullstein Verlag: Frankfurt a. M./Berlin 1981, S. 230.
S. 96, 99, 101, 103 f.: Immanuel Kant: Grundlegung zur Metaphysik der Sitten.
S. 110: aus: Jeremy Bentham: Eine Einführung in die Prinzipien der Moral und der Gesetzgebung, in: Einführung in die utilitaristische Ethik, hrsg. von Otfried Höffe, Franke Verlag: Tübingen 1992.
S. 112 f.: aus: John S. Mill: Der Utilitarismus, Übersetzung, Anmerkungen und Nachwort von Dieter Birnbacher, Universal-Bibliothek Nr. 9821 [2], Philipp Reclam jun.: Stuttgart 1976, durchgesehene Ausgabe 1985.
S. 130 ff.: aus: Søren Kierkegaard: Entweder – Oder, aus dem Dänischen von Heinrich Fauteck, hrsg. von H. Diem u. W. Rest, München ²1978, © für die deutsche Übersetzung: 1975 Deutscher Taschenbuch Verlag, München.
S. 131: aus: Søren Kierkegaard: Die Krankheit zum Tode; hrsg. von Lieselotte Richter, © Europäische Verlagsanstalt: Hamburg 1991.
S. 137 f., 143: Friedrich Nietzsche: Zur Genealogie der Moral, Reclam Verlag: Stuttgart 1997.
S. 141: Friedrich Nietzsche: Also sprach Zarathustra, in: Friedrich Nietzsche: Werke Bd. II, Carl-Hanser-Verlag, München ^{6}1969.
S. 147: Thomas Seibert: Existenzphilosophie (Sammlung Metzler, Bd. 303); © 1997 J. B. Metzlerische Verlagsbuchhandlung und Carl Ernst Poeschel Verlag GmbH Stuttgart.
S. 149 ff., 154: Karl Jaspers: Philosophie I. Philosophische Weltorientierung (1932), Springer Verlag: Berlin/Heidelberg/New York ^{4}1973.
S. 151: Karl Jaspers: Philosophie II. Existenzerhellung (1932). Springer Verlag: Berlin/Heidelberg/New York ^{4}1973.
S. 157: Jean-Paul Sartre: Die Wörter. Copyright © 1965 by Rowohlt Verlag GmbH, Reinbek bei Hamburg.
S. 158: Jean-Paul Sartre: Die Fliegen. Aus: Jean-Paul Sartre, Gesammelte Dramen. Copyright © 1969 by Rowohlt Verlag GmbH, Reinbek bei Hamburg.
S. 160: Jean-Paul Sartre: Betrachtungen zur Judenfrage. Copyright © 1994 by Rowohlt Verlag GmbH, Reinbek bei Hamburg.
S. 161, 163 f.: Jean-Paul Sartre: Ist der Existentialismus ein Humanismus? Aus: Jean-Paul Sartre, Gesammelte Werke. Philosophische Schriften I. Copyright © 1994 by Rowohlt Taschenbuch Verlag GmbH, Reinbek bei Hamburg.
S. 162: Jean-Paul Sartre: Das Sein und das Nichts. Copyright © 1952, 1961, 1992 by Rowohlt Verlag GmbH, Reinbek bei Hamburg.
S. 166: aus: Ludwig Wittgenstein: Vortrag über die Ethik, hrsg. und übers. von Joachim Schulte, © Suhrkamp Verlag: Frankfurt a. M. 1989.
S. 168 f.: aus: Richard M. Hare: Freiheit und Vernunft, übers. von Georg Meggle, © Suhrkamp Verlag: Frankfurt a. M. 1983.
S. 172 f.: aus: Hans Jonas: Das Prinzip Verantwortung, © Insel Verlag: Frankfurt a. M. 1979.
S. 178: aus: Peter Sloterdijk: Im selben Boot. Versuch über die Hyperpolitik, © Suhrkamp Verlag: Frankfurt a. M. 1993.
S. 180: aus: Arno Anzenbacher: Christliche Sozialethik. Einführung und Prinzipien, Verlag Schöningh: Paderborn 1998 (UTB GR 8155).

Wir danken allen Rechteinhabern für die Abdruckerlaubnis.
Der Verlag war bemüht, die Urheber der abgedruckten Bilder und Texte ausfindig zu machen. Wo dies nicht gelungen ist, bitten wir diese, sich ggf. an den Verlag zu wenden.

Ihre Meinung ist uns wichtig!

Ihre Anregungen sind uns immer willkommen. Bitte informieren Sie uns mit diesem Schein über Ihre Verbesserungsvorschläge!

Titel-Nr.	Seite	Vorschlag

Bitte hier abtrennen

Die echten Hilfen zum Lernen ... **STARK**

13-V1T

Bitte ausfüllen und im frankierten Umschlag an uns einsenden. Für Fensterkuverts geeignet.

Zutreffendes bitte ankreuzen!

Die Absenderin/der Absender ist:

- ☐ Lehrer/in in den Klassenstufen: ______
- ☐ Fachbetreuer/in
  Fächer: ______
- ☐ Seminarlehrer/in
  Fächer: ______
- ☐ Regierungsfachberater/in
  Fächer: ______
- ☐ Oberstufenbetreuer/in
- ☐ Schulleiter/in
- ☐ Referendar/in, Termin 2. Staatsexamen: ______
- ☐ Leiter/in Lehrerbibliothek
- ☐ Leiter/in Schülerbibliothek
- ☐ Sekretariat
- ☐ Eltern
- ☐ Schüler/in, Klasse: ______
- ☐ Sonstiges: ______

Unterrichtsfächer: **(Bei Lehrkräften!)**

______

STARK Verlag
Postfach 1852
85318 Freising

Kennen Sie Ihre Kundennummer?
Bitte hier eintragen.

Absender **(Bitte in Druckbuchstaben!)**

Name/Vorname

Straße/Nr.

PLZ/Ort

Telefon privat **Geburtsjahr**

E-Mail-Adresse

Schule/Schulstempel **(Bitte immer angeben!)**

Bitte hier abtrennen

(Bitte blättern Sie um)

Deutsch

Training Methoden Deutsch
Grundlagen, Arbeitstechniken und Methoden .... Best.-Nr. 944062
Deutsch 11. Klasse .... Best.-Nr. 90405
Aufsatz Oberstufe .... Best.-Nr. 84401
Abitur-Wissen
Erörtern und Sachtexte analysieren .... Best.-Nr. 944064
Abitur-Wissen
Textinterpretation Lyrik, Drama, Epik .... Best.-Nr. 944061
Abitur-Wissen Deutsche Literaturgeschichte .... Best.-Nr. 94405
Abitur-Wissen Prüfungswissen Oberstufe .... Best.-Nr. 94400
Lexikon Autoren und Werke .... Best.-Nr. 944081

Französisch

Landeskunde Frankreich .... Best.-Nr. 94501
Wortschatz .... Best.-Nr. 94503
Literatur .... Best.-Nr. 94502
Textarbeit Oberstufe .... Best.-Nr. 94504
Abitur-Wissen Literaturgeschichte .... Best.-Nr. 94506

Latein

Kurzgrammatik .... Best.-Nr. 94601
Wortkunde .... Best.-Nr. 94603
Abitur-Wissen Lateinische Literaturgeschichte .... Best.-Nr. 94602

Englisch

Textaufgaben *lieferbar ab ca. Jan. 04* .... Best.-Nr. 94468
Übersetzungsübung .... Best.-Nr. 82454
Grammatikübung Oberstufe .... Best.-Nr. 82452
Wortschatzübung Oberstufe .... Best.-Nr. 82451
Grundlagen der Textarbeit .... Best.-Nr. 94464
Grundfertigkeiten des Schreibens .... Best.-Nr. 94466
Sprechfertigkeit mit CD .... Best.-Nr. 94467
Textaufgaben zur Literatur .... Best.-Nr. 94462
Englisch – Übertritt in die Oberstufe .... Best.-Nr. 82453
Abitur-Wissen Landeskunde Großbritannien .... Best.-Nr. 94461
Abitur-Wissen Landeskunde USA .... Best.-Nr. 94463
Abitur-Wissen Literaturgeschichte .... Best.-Nr. 94465
Kompakt-Wissen Kurzgrammatik .... Best.-Nr. 90461
Kompakt-Wissen Wortschatz .... Best.-Nr. 90462

Fachübergreifend

Richtig Lernen
Tipps und Lernstrategien für die Oberstufe .... Best.-Nr. 10483
Referate und Facharbeiten für die Oberstufe .... Best.-Nr. 10484
Training Methoden
Meinungen äußern, Ergebnisse präsentieren .... Best.-Nr. 10486

Erdkunde

Training Methoden Erdkunde
Grundlagen, Arbeitstechniken und Methoden .... Best.-Nr. 94901
Erdkunde *lieferbar ab Frühjahr 04* .... Best.-Nr. 94909
Abitur-Wissen Entwicklungsländer .... Best.-Nr. 94902
Abitur-Wissen USA .... Best.-Nr. 94903
Abitur-Wissen Europa .... Best.-Nr. 94905
Abitur-Wissen Asiatisch-pazifischer Raum .... Best.-Nr. 94906
Lexikon Erdkunde .... Best.-Nr. 94904

Religion

Katholische Religion 1 – gk .... Best.-Nr. 84991
Katholische Religion 2 – gk .... Best.-Nr. 84992
Abitur-Wissen gk ev. Religion
Der Mensch zwischen Gott und Welt .... Best.-Nr. 94973
Abitur-Wissen gk ev. Religion
Die Verantwortung des Christen in der Welt .... Best.-Nr. 94974
Abitur-Wissen Glaube und Naturwissenschaft .... Best.-Nr. 94977
Abitur-Wissen Jesus Christus .... Best.-Nr. 94978
Abitur-Wissen Die Frage nach dem Menschen .... Best.-Nr. 94990
Abitur-Wissen Die Bibel .... Best.-Nr. 94992
Abitur-Wissen Christliche Ethik .... Best.-Nr. 94993
Lexikon Ethik und Religion .... Best.-Nr. 94959

Ethik

Ethische Positionen
in historischer Entwicklung – gk .... Best.-Nr. 94951
Abitur-Wissen Philosophische Ethik .... Best.-Nr. 94952
Abitur-Wissen Glück und Sinnerfüllung .... Best.-Nr. 94953
Abitur-Wissen Freiheit und Determination .... Best.-Nr. 94954
Abitur-Wissen Recht und Gerechtigkeit .... Best.-Nr. 94955
Abitur-Wissen Religion und Weltanschauungen .... Best.-Nr. 94956
Abitur-Wissen
Wissenschaft – Technik – Verantwortung .... Best.-Nr. 94957
Abitur-Wissen Politische Ethik .... Best.-Nr. 94958
Lexikon Ethik und Religion .... Best.-Nr. 94959

Sport

Bewegungslehre – LK .... Best.-Nr. 94981
Trainingslehre – LK .... Best.-Nr. 94982

Kunst

Grundwissen Malerei – LK .... Best.-Nr. 94961
Analyse und Interpretation – LK .... Best.-Nr. 94962